本书获得国家自然科学基金应急管理项目（72241403）“双碳目标下构建我国零碳金融宏观管理框架的总体思路研究”以及国家社会科学基金重点项目（18AZD013）“中国绿色金融体系构建及发展实践研究”的支持。

本书由中央财经大学中央高校基本科研业务费专项资金资助（Supported by Fundamental Research Fund for the Central University，CUFE）。

绿色金融科技创新

——基础理论与行业实践

王　遥◎主　编
许余洁　任玉洁◎副主编

中国金融出版社

责任编辑：肖 炜 董梦雅
责任校对：潘 洁
责任印制：陈晓川

图书在版编目（CIP）数据

绿色金融科技创新：基础理论与行业实践／王遥主编；许余洁，任玉洁副主编．—北京：中国金融出版社，2023.6
ISBN 978-7-5220-1897-3

Ⅰ．①绿… Ⅱ．①王… ②许… ③任… Ⅲ．①金融—科学技术—研究 Ⅳ．①F830

中国国家版本馆 CIP 数据核字（2023）第 025820 号

绿色金融科技创新——基础理论与行业实践
LÜSE JINRONG KEJI CHUANGXIN——JICHU LILUN YU HANGYE SHIJIAN

出版发行 中国金融出版社
社址 北京市丰台区益泽路 2 号
市场开发部 （010）66024766，63805472，63439533（传真）
网 上 书 店 www.cfph.cn
（010）66024766，63372837（传真）
读者服务部 （010）66070833，62568380
邮编 100071
经销 新华书店
印刷 保利达印务有限公司
尺寸 169 毫米×239 毫米
印张 16.75
字数 275 千
版次 2023 年 6 月第 1 版
印次 2023 年 6 月第 1 次印刷
定价 79.00 元
ISBN 978-7-5220-1897-3

前言

PREFACE

近年来，依托绿色金融发展成就、金融科技产业的长足进步以及强有力的政策支撑，我国绿色金融科技也实现了飞速发展，在促进经济转型升级、赋能绿色金融创新、助力金融风险防范、推动金融对外开放等方面发挥了重要作用。笔者通过对国内外绿色金融科技的发展历程进行梳理发现，国内外在顺应“金融+数据”融合发展趋势，推动投资决策绿色化、生产和生活方式绿色化、投资方式多元化等方面存在共性特征。笔者也经常在公开场合呼吁领头机构开发更多金融科技在推动绿色金融方面的应用场景，这需要监管和市场的共同努力，不但需要政策推动，还需要金融机构加强科技支持与投入。

从全球范围来看，应用科技创新推动绿色金融发展可以追溯到2014年联合国环境规划署发起的“可持续金融体系设计探索”项目。该项目首次研究发展数字金融支持可持续发展的可能性。2017年11月，联合国环境规划署和世界银行制定了《可持续金融体系路线图》，强调数字金融或创新金融技术在防范环境风险和支持可持续发展融资转型方面具有潜力。2018年，G20可持续金融研究小组将“利用金融科技推动可持续金融”列为研究课题之一，并形成了提交领导人峰会的书面报告。2019年，欧盟委员会发布《欧洲绿色协议》报告，探索建立欧盟经济全面绿色转型和数字化转型的框架，提出应用数字技术为产业循环发展和绿色投融资活动提供可持续解决方案。该报告认为，大数据、人工智能、物联网、5G和云计算等技术的发展是实现各项可持续发展目标的关键，并推出了可持续欧洲投资计划，将环境和气候风险逐步纳入金融体系。

从国内看，我国政府2016年发布的《中华人民共和国国民经济和社会发展第十三个五年规划纲要》就已指出，加快环境保护大数据建设，深化大数据在各行业的创新应用，探索与传统产业协同发展新业态的新模式，发展新兴领域人工智能技术。自2017年开始，政府工作报告持续提及绿色金融、“互联网+”、数字经济、人工智能等，为绿色金融科技发展营造了良好的政策环境。2017年6月以来，中国先后在七省（区）十地开展绿色金融改革创新试点，应用金融科技支持绿色金融发展是重点方向之一。

2020年9月，中国人民银行研究局局长王信在外滩会议上指出，金融科技可以通过大数据、人工智能、物联网、云计算、区块链等数字化技术的应用，有效缓解相关痛点和困难。因此，绿色金融作为绿水青山到金山银山的重要桥梁和转换器，能够引导更多的社会资本流向绿色产业，这些离不开数字技术的支撑。2020年12月，中国人民银行行长易纲在新加坡金融科技节上表示，中国人民银行将继续探索利用金融科技发展绿色金融，支持绿色金融改革创新试验区开展金融科技创新。经过一段时间的探索，金融科技在绿色金融领域的应用不断深入。从具体应用场景来看，金融科技广泛应用于环境风险管理、ESG评估、环境效益计算、绿色信贷等领域。从缓解绿色金融发展痛点的角度来看，绿色金融科技可以在推动标准化绿色金融基础设施建设、促进绿色金融产品创新、提升绿色金融服务质量和效率三个方向继续发挥作用。

随着“双碳”目标的提出，我国转型发展的需求越发强烈，绿色金融科技行业也应乘势而上，发挥其“金融+科技”复合背景，进一步推动经济社会绿色转型和可持续发展。2022年6月1日，原中国银行保险监督管理委员会印发《银行业保险业绿色金融指引》，要求银行保险机构从战略高度推进绿色金融，加大对绿色低碳循环经济的支持，防范环境、社会和治理风险，促进经济社会发展全面绿色转型，助力实现碳达峰，碳中和。当前，我国绿色金融在政策标准构建、产品体系创新、地方试点实践及国际合作等方面取得了一定的成绩，我国金融机构、科技公司围绕绿色金融科技已经展开了相当有益实践。研究发现，金融行业的关键基础设施，在金融科技快速发展和数字化转型的浪潮中，起着非常重要的作用。金融机构可利用大数据、云计算、区块链等手段，强调对数据的挖掘、分析和应用，推动存贷款和融资，支付与清算结算，投资管理等领域金融产品和服务创新，探索相关应用场景。此外，金融科技在金融基础设施和监管基础设施中也逐步得到应用，助力全面风险管理，有效提升金融机构运营效率，利用数据和信息技术开发多元化金融产品和服务，缓解企业的融资痛点，更好地服务实体经济。

全书分为上下篇，上篇为理论篇，笔者用四章内容介绍了当前绿色金融科技的发展背景、理论基础、基本内涵与底层技术。下篇为实践篇，笔者用六章介绍了绿色金融科技在银行、证券基金、保险、信托、碳金融及监管各个行业与业务领域的具体应用。应用章节主要围绕我国不同金融行业领域绿色金融发展现状、痛点问题以及金融科技在该领域的运用等维度进行阐述，并对应业内典型案例进行分析。

本书写作的具体分工如下：中央财经大学绿色金融国际研究院周杰俣、黎峥主笔第一章，王遥主笔第二章、第三章（许余洁、任玉洁、傅奕蕾、黎峥、段丹晨参与）、第四章（王璐参与），许余洁、任玉洁主笔第五章（傅奕蕾、黎峥、汪洵参与），李雪雯主笔第六章，汤盈之主笔第七章，汪洵主笔第八章，崔莹、周杰俣主笔第九章，吴祯姝主笔第十章。许余洁博士对本书提出了不少修改意见，统稿三次并不断修改完善。实际上，本书构思始于 2016 年，笔者在统筹安排书稿的框架之后，多次组织研究团队对重点章节内容反复修改与打磨，来自中央财经大学的八名学生，冯云飞、陈苇杭、蓝焕琪、瞿斯逸、唐仁凡、章茜、李欣怡、尹艺璇，以及研究人员马庆华为本书的资料收集和初稿撰写付出了诸多努力。在本书的写作期间，笔者零零散散发表过一些研究报告，经过六年的思考沉淀，以及不断的观察与研究，加上参与本书写作的同事们的共同努力，本书终于得以面世，展现我们近期对于绿色金融科技的研究积累，以飨读者。

本书的完稿得到了很多方面的支持。首先，特别感谢中国国际经济交流中心副理事长、国际货币基金组织前副总裁朱民，中国证监会科技监管局局长 、信息中心主任姚前，上海联科熙和碳中和产业战略研究院院长、国际华人科技工商协会会长庞阳对本书的指导和推荐。其次，感谢中央财经大学教育基金会、财经研究院、中央财经大学—北京银行双碳与金融研究中心及北京财经研究基地各位同事的支持；最后，感谢中国金融出版社对本书出版的重视，以及肖炜老师、董梦雅编辑的耐心与细致的工作。需要特别说明的是，绿色金融科技作为新兴领域，发展时间较短，相关顶层设计、产品服务也处于不断完善阶段，甚至其定义也尚未达成共识。再加上作者自身水平所限，书中难免有错误和疏漏之处，与序作者、推荐人、书中提及的机构以及提供支持的专家学者无关。尽管书中仍有诸多不尽如人意的地方，笔者仍然希望本书能够起到抛砖引玉的效果。未来，笔者将带着业内同仁和专家们关心的问题继续研究与探索，为金融科技如何支持绿色低碳发展提出更优方案。

王　遥

2023 年 3 月初　于北京

目　录

CONTENTS

上篇：理论篇

绿色金融科技之理论基础、基本内涵与底层技术

下篇：实践篇
绿色金融科技的行业与业务实践

上篇：理论篇

绿色金融科技之理论基础、基本内涵与底层技术

第一章　科技为绿色金融赋能的国内外大背景

自21世纪以来，全球传染病事件频繁发生。与此同时，气候变化持续加剧，极端气候事件日益增多，同时环境污染、水土流失、生物多样性损失等环境问题不断加重，人类可持续发展面临严峻的气候环境挑战。这些挑战对人类的经济、社会与国际关系稳定等造成了显著的不利影响。作为本书开篇，本章分为两部分，第一部分论述人类可持续发展面临严峻的气候环境挑战，尤其是气候风险给金融系统与金融稳定带来的潜在影响，以及人类为推动解决这些问题正在采取的共同行动。第二部分主要说明新冠病毒感染造成了负面影响，世界格局也发生了巨大变化，人工智能、物联网、5G技术、大数据等数字科技创新和工具应用，已经成为当前各国推动绿色经济复苏的重要手段。

第一节　人类可持续发展面临严峻的气候环境挑战

当前，可持续发展已成为全球各国的重要目标，共同应对全球变暖并将升温控制在2摄氏度乃至1.5摄氏度以内、共同行动以推动全球生物多样性保护等举措已成为全球各主要经济体的共识。

一、联合国可持续发展目标的提出

2015年，联合国成员国通过《2030年可持续发展议程》① 并提出17项可持续发展目标（SDGs）。这一系列目标以2000年联合国8项千年发展目标为基础，并根据新的发展形势与新的需求进行更新、拓展。在这些目标中，无论是经济适用的清洁能源目标，产业、创新和基础设施目标以及可

---

① 2015年9月25—27日，“联合国可持续发展峰会”在纽约联合国总部召开。会议开幕当天通过了一份由193个成员国共同达成的成果文件，即《2030年可持续发展议程》。该纲领性文件包括17项可持续发展目标和169项具体目标，将推动世界在今后15年内实现3个史无前例的非凡创举——消除极端贫穷、战胜不平等和不公正以及遏制气候变化。资料来源：中华人民共和国商务部（2016）. http：//genevese. mofcom. gov. cn/article/wjysj/201604/20160401295679. shtml。

持续城市和社区目标等人类生产生活目标，抑或气候行动、陆地生物、海洋生物等气候环境目标，均旨在重新引导与调动公共与社会资本，彻底解决经济、环境维度的发展问题，倡导世界可持续发展。

17 项可持续发展目标中，与气候环境挑战直接相关的是目标 13“气候行动”，其余紧密相关的是目标 7“经济适用的清洁能源”、目标 9“产业、创新和基础设施”、目标 11“可持续城市和社区”、目标 12“负责任消费和生产”、目标 14“水下生物”和目标 15“陆地生物”，各目标内容之间存在交叉（见图 1–1）。

图 1–1　与气候、环境相关的联合国可持续发展目标

（资料来源：联合国官网）

其中，目标 13“气候行动”是与应对气候变化最直接关联的目标。“气候行动”旨在通过气候变化减缓与适应两方面的行动及与之配套的资金促进应对气候变化目标实现。应对气候变化一方面需要着力减少碳排放并向净零排放目标迈进，以努力实现《巴黎协定》将温升控制在 2 摄氏度以内的目标；另一方面也要对气候变化带来的风险提前做出研判与规划，并以此为基础提高适应能力，减少气候相关灾害造成的损失。

目标 7“经济适用的清洁能源”重点关注两个进程：现有化石燃料体系的清洁能源替代和新增能源供给的低碳化。一方面，全球经济运行目前高度依赖化石燃料，引发了不断增强的气候变化，亟须对现有能源体系实施清洁能源替代，以遏制碳排放增加、促进实现全球零碳发展的目标；另一方面，全球能源需求仍在不断增长，约有五分之一的人口面临电力基础设施缺乏的难题，未来新增的能源供给实现低碳化将减少大量潜在的碳排放。

目标 9“产业、创新和基础设施”重点关注基础设施和创新领域的持续投资。技术革新始终在推动经济增长与社会发展中占据核心地位，也是寻求解决经济和环境问题长久之计的关键，包括提高能效、推动产业可持续、创造新岗位等。基础设施具有“路径依赖”的特点，当下建设的高碳基础设施将在未来数十年的生命周期内造成大量排放，气候友好型基础设施则可有效避免这类情况的发生。

目标 11“可持续城市和社区”重点关注城市建设与管理的可持续化改进。城市已容纳全球过半人口，且比例仍在持续增长，可持续城市建设具有必要性，对城市规划、城市管理、低碳化转型、气候韧性增强等方面提出更高要求。

目标 12“负责任消费和生产”重点关注消费与生产的共同转型。生产活动与气候密切相关，如电力与工业生产部门燃烧化石燃料造成了全球绝大多数排放，是低碳转型中最重要的一环；农业生产则占人类淡水消耗总量的约 70%，在气候变化加剧水资源供给不稳定的情况下尤为脆弱。同时，当前消费端的高碳消费惯性、浪费与回收不足等现象也亟须扭转。

目标 14“水下生物”与目标 15“陆地生物”重点关注人类活动直接造成的海陆环境污染、土壤退化、荒漠化等问题以及气候变化所引起的海洋酸化、森林火灾、气候对生物自然栖息地和生物多样性的威胁，以及其对人类造成的更大损失，包括遏制过度捕捞、森林可持续管理、生态保护修复等一系列行动。

可持续发展目标涉及的范围不局限于应对气候变化与环境保护，还包括更广泛的健康、平等、治理与合作等社会层面可持续转型。其中，目标 1“无贫穷”、目标 2“零饥饿”、目标 3“良好健康与福祉”和目标 6“清洁饮水和卫生设施”侧重人民健康水平提升；目标 4“优质教育”、目标 5“性别平等”和目标 10“减少不平等”关注各领域不平等问题的解决；目标 8“体面工作和经济增长”、目标 16“和平、争议与强大机构”和目标 17“促进目标实现的伙伴关系”重点关注构建更有效的治理体系与合作机制。

中国对联合国可持续发展目标提供了大力支持。2016 年 9 月，中国公布了《中国落实 2030 年可持续发展议程国别方案》，在总结中国此前落实 8 项千年发展目标的成就与经验的基础上，结合中国在新的可持续发展目标提出的背景下经济进入“新常态”，面临经济增速换挡、结构调整、新旧动能转换等多重挑战与脱贫攻坚、解决城乡和区域发展不平衡、补齐生态环境短板、完善国家治理体系等切实需要，对 17 项可持续发展目标分别结合中国国情提出了如何实现并超越的详细规划。①

此后，自 2017 年开始，中国每年公布《中国落实 2030 年可持续发展议

---

① 外交部 . 中国落实 2030 年可持续发展议程国别方案［EB/OL］. 2016. https：//www.fmprc.gov.cn/web/ziliao_674904/zt_674979/dnzt_674981/qtzt/2030kcxfzyc_686343/201610/P020210929391201738984.pdf.

程进展报告》，对推动实现可持续发展目标的进展情况进行总结，并对每个目标在未来的下一步工作做出具体安排。目前，中国在所有 17 项目标的推进上都取得了显著成果，如 2015 年至 2020 年，非化石能源占比由 14.5%增长到 19.6%；单位 GDP 二氧化碳排放量较 2015 年下降 18.8%；国际清洁能源合作与共建“一带一路”高质量发展持续推进；创新驱动战略持续发力，城市防灾减灾能力持续提高；垃圾分类与循环经济加速建设；海陆环境与生物多样性保护工作推进取得积极成果，2016 年至 2019 年，海洋灾害年均直接经济损失和死亡失踪人数比上一个五年分别下降 41%和 33%，陆地植树造林、湿地保护修复、水土流失治理与野生动植物保护等工作均大幅推进；撬动社会资金参与可持续发展建设能力不断增强。①

二、挑战人类可持续发展的气候变化风险

气候变化引发的风险可分为两类：即物理风险与转型风险。物理风险即未能有效解决气候变化问题导致自然灾害日益增加，并造成经济停摆、人员伤亡与财产损失等风险；转型风险即公共与私人部门为控制气候变化采取行动以推动气候转型时，当前的经济运行机制不能完全适应而形成的风险。两种风险都使人类可持续发展面临严峻挑战。

（一）物理风险持续加剧

2021 年 8 月，政府间气候变化专门委员会（IPCC）第六次评估报告（AR6）第一工作组报告发布。该报告由来自 66 个国家的 234 名作者完成，总结了全球和主要区域气候变化的最新研究成果。报告指出，2011—2020 年平均温升相比工业化前（1850—1900 年）增高了 1.09 摄氏度，陆地温升幅度远大于海洋。报告明确提出，工业革命以来温室气体浓度的增加主要由人类活动造成，与人类的影响相比，气候系统内部的一些变化和太阳活动、火山活动在数百年增暖当中的贡献几乎可以忽略。报告同时首次对复合型事件进行分析，指出人类的影响可能增加了复合型极端天气事件发生的概率，如果没有人类活动对气候系统的影响，近些年一些极端热事

① 中国国际发展知识中心．中国落实 2030 年可持续发展议程进展报告（2021）[EB/OL]. 2021. https://www.fmprc.gov.cn/web/ziliao_674904/zt_674979/dnzt_674981/qtzt/2030kcxfzyc_686343/202109/P020211019126076276210.pdf.

件极不可能发生。①

在未来几十年里，所有地区的气候变化都将加剧，为全球各国带来显著增加的物理风险。例如，极端高温和降水事件将越来越频繁；气候变化正在影响降雨分布，在高纬度地区，降水可能增加，而亚热带的大部分地区则可能减少；进一步的变暖将加剧多年冻土的融化、季节性积雪的损失、冰川和冰盖的融化、夏季北极海冰的损失等。按照目前的发展趋势，到21世纪末温升将超过2摄氏度，南极冰盖崩塌、海洋环流突变、森林枯死等气候系统临界要素一旦发生，将造成不可逆的严重影响。②

中国是全球气候变化的敏感区和影响显著区。由于人口众多、气候条件复杂、生态环境脆弱以及社会经济发展水平落后于发达国家等方面的原因，适应气候变化的能力较弱。对中国而言，到21世纪末，热浪的数量可能增加三倍。水稻生产可能在80%的年份遭受热害，远超目前约20%的年份，将可能导致中国约20%的粮食生产损失。由于冰川缩减了近70%，中国西部地区的缺水情况将更为严重，加之干旱等极端事件影响，西部地区面临水资源短缺的人口将增加约2倍。至2050年，将有约1亿人和32万亿元人民币的GDP规模暴露在沿海洪水风险之下。③

气候变化对中国自然生态系统和经济社会发展带来了现实的威胁，如台风等气象灾害更为频繁、局部旱涝高温危害严重、农牧业生产不稳定性增加、森林病虫害的爆发范围扩大，森林火灾发生频率和受灾面积增加、水资源短缺形势与干旱化趋势加重、海平面上升引发海水入侵、土壤盐渍化、海岸侵蚀等，对气候适应提出了更高要求。④

（二）转型风险日益显著

气候转型的政策、资金、科技等要求与现实情况存在矛盾，对现有经

---

① IPCC. Climate change 2021: the physical science basis (AR6) [EB/OL]. 2021. https://www.ipcc.ch/report/ar6/wg1/downloads/report/IPCC_AR6_WGI_Full_Report.pdf.

② 翟盘茂，气候变化严峻性数千年未见需提前部署防灾减灾工作［EB/OL］. 2021. http://sd.cma.gov.cn/gslb/lcsqxj/qxfw/qxkp/202110/t20211025_3893751.html.

③ Climate Change Committee. UK-China Cooperation on Climate Change Risk Assessment: Developing Indicators of Climate Risk [EB/OL]. 2018. https://www.theccc.org.uk/wp-content/uploads/2018/10/Developing-Indicators-of-Climate-Risk-Full-Report.pdf.

④ 国务院，中国应对气候变化的政策与行动［EB/OL］. 2008. http://www.gov.cn/zwgk/2008-10/29/content_1134378.htm.

济运行机制带来显著风险。在气候减缓方面，气候变化背景下对低碳能源、林业碳汇与负排放技术的需求不断增加，而当前仍面临储能成本过高、新能源发电不稳定、负排放技术可靠性不足等大量技术难题，导致新能源在能源结构中的占比高度受限，相关供给增速慢，而林业碳汇发展潜力远小于排放增量。气候减缓同时要求不断减少化石能源的消耗，但是出于经济、社会稳定及全球商品生产与供应链稳定等原因，减少化石能源消耗存在巨大困难。在气候适应方面，气候变化背景下需要基础设施、社会制度、经济金融制度等对气候风险的抵御能力显著增强，而当前科技与资金面临供给不足的双重难题。

中国同样面临显著的气候转型风险，现有煤炭、钢铁、水泥等高排放行业的相关资产面临提早贬值，甚至转为负债的风险，成为“搁浅资产”。例如，中国是煤炭大国，虽然能源结构不断优化，但2020年煤炭消费量占能源消费总量比例仍然过半，达到56. 8%。当前中国已宣布将在“十四五”期间严控煤炭消费增长，在“十五五”期间逐步减少，同时宣布不再新建境外煤电项目。这一能源转型过程将对现有煤炭相关资产和此前积累的煤炭相关技术的预期投资回报造成显著压力（见图1-2）。①

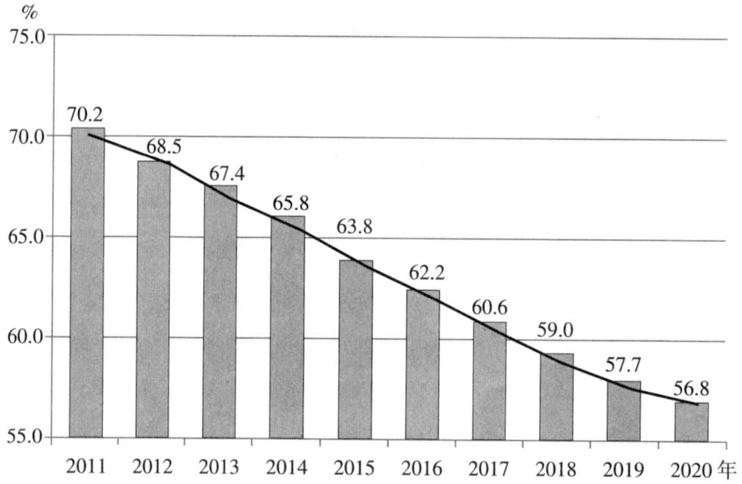

图1-2　2011—2020年中国煤炭消费量占能源消费总量比例

［资料来源：国务院新闻办公室（2021）］

① 国务院新闻办公室，中国应对气候变化的政策与行动［EB/OL］. 2021. http：//www. gov. cn/zhengce/2021-10/27/content_5646697. htm.

（三）气候风险影响金融稳定

气候变化物理与转型风险可能对金融体系造成系统性冲击，其中物理风险主要通过金融机构资产负债表、银行信贷供求和市场流动性等渠道影响金融稳定；转型风险主要通过资产价格、政策节奏和可信度等渠道影响金融稳定。① 具体而言，物理风险方面，极端天气事件导致资本更多从生产性用途（如技术创新）转移到重建和替代上。未来损失的不确定也导致更高的预防性储蓄与更少的投资，并冲击中央银行货币政策，影响货币稳定性。转型风险方面，市场风险重新定价可能导致资产向绿色领域突然转移，棕色企业公司可能因为更为严格的环保法规面临财务状况危机与信用风险，并由于气候变化相关诉讼与索赔面临经济损失（见表 1-1）。

表 1-1 气候变化物理与转型风险对金融系统的潜在影响

类型	气候相关风险	潜在影响
物理风险	急性 极端天气事件（如飓风和洪水）的严重性增加 慢性 ——降水模式和天气模式的极端变化 ——平均气温上升 ——海平面上升	——生产能力下降或中断（如倒闭、运输困难、供应链中断） ——劳动力管理和规划的影响（如健康、安全、缺勤） ——注销和提前淘汰现有资产（如高风险地区的财产和资产损坏） ——增加运营成本（如水力发电厂供水不足） ——增加资本成本（如损坏设施） ——降低销售收入 ——增加保险费和降低高风险地区财险的可行性
转型风险	政策和法律	
	——增加温室气体排放的价格 ——增强排放报告义务 ——对现有产品和服务的授权和监管 ——接触风险	——增加运营成本（如合规成本） ——由于政策变化，现有资产的核销和提前淘汰 ——损害资产 ——增加保险费 ——罚款和判决

① 中国人民银行工作论文，气候相关金融风险——基于央行职能的分析［EB/OL］. 2020. http：//www. pbc. gov. cn/yanjiuju/124427/133100/3982993/4027256/2020052216072629562. pdf.

续表

类型	气候相关风险	潜在影响
转型风险	技术	
	——用较低排放的产品和服务替代现有产品和服务 ——对新技术的失败投资 ——向低排放技术过渡的前期成本	——现有资产的核销和提前淘汰 ——减少对产品和服务的需求 ——新技术和替代技术的前期研究与开发（R&D）支出 ——技术开发前期资本投资 ——采用/部署新实践和流程的前期成本
	市场	
	——改变客户行为 ——市场信号的不确定性 ——增加原材料成本	——由于消费者偏好的转变，减少对商品和服务的需求 ——由于输入价格（如能源、水）和产出要求（如废物处理）的变化而增加了生产成本 ——能源成本突然和非预期的变化 ——改变收入结构和来源 ——资产重新定价和重新定价速度（如化石燃料储量、土地估值、证券估值）
	声誉	
	——消费者偏好的转变 ——行业歧视 ——增加利益相关者关注或负面利益相关者反馈	——减少对商品/服务的需求 ——生产能力减少或中断（如倒闭、规划审批延迟、供应链中断） ——影响员工的管理和规划（如对员工的吸引力和员工留存） ——资本可用性减少

资料来源：TCFD（2017）。

三、生物多样性损失带来的负面影响

根据1992年联合国环境和发展大会通过的《生物多样性公约》，生物多样性是指所有来源的形形色色生物体，这些来源除其他外还包括陆地、海洋和其他水生生态系统及其所构成的生态综合体；也包括物种内部、物种之间和生态系统的多样性①。生物多样性是地球生命存续的基础，在维持气候、保护水源、土壤和维护正常的生态学过程等方面有重要意义。对于人类来说，生物多样性的价值体现在直接使用价值、间接使用价值和潜在使用价值三个方面。

① 联合国．生物多样性公约［EB/OL］．1992. https：//www. un. org/zh/documents/treaty/files/cbd. shtml.

一是直接使用价值，即人类社会运行所依赖的食物、纤维、药物、建筑与家具材料及大量其他生活与生产原料均来自不同种类的生物。

二是间接使用价值，即生态系统结构和功能的维系提供了人类生存的基本条件，保护人类免受自然灾害和疾病之苦。生物多样性的减少标志着生态系统的稳定性遭到破坏，人类的生存环境也要受到影响。

三是潜在使用价值，即人类对生物的直接与间接功能的研究仍在起步阶段，存在大量未知的潜在使用价值。一种生物一旦从地球上消失就无法再生，其潜在使用价值也就不复存在。[①]

联合国《全球生物多样性展望》[②] 报告草案指出，2010—2020 年，全球试图落实爱知 2020 年生物多样性保护目标的努力或已全面失败；世界自然基金会（WWF）及全球 40 多个机构、127 位科学家联合完成的《地球生命力报告》[③] 指出，截至 2016 年，全球各地监测到的哺乳类、鸟类、两栖类、爬行类和鱼类的物种种群规模平均下降了 68%；生物多样性和生态系统服务政府间科学政策平台（IPBES）发布的《全球生物多样性和生态系统服务评估报告》[④] 指出，地球 70%的土地系统、50%的淡水和 40%的海洋已发生显著变化。地球上约 800 万种动植物物种中，大约有 100 万种濒临灭绝，近 23%的鸟类、25%的植物、33%的珊瑚礁、40%的两栖动物、10%的昆虫和三分之一以上的海洋哺乳动物受到威胁。得益于生物多样性，大自然每年提供价值 125 万亿～140 万亿美元的环境服务，是全球 GDP 规模的 1.5 倍以上，因而生物多样性损失会大幅削弱人类从自然获益的能力，严重威胁人类自身的生存与发展。

同时，生物多样性也会影响全球气候变化。生物基因与物种多样性水平的改变会导致生态系统的结构、功能的改变，及其与水、碳、氮等生物地球化学循环相互作用的改变，进而影响到地区与全球气候。完整的生态系统是促进减缓和适应气候变化的有利条件。值得注意的是，大自然对气候变化的抑制作用并非一成不变。利兹大学相关研究表明，亚马逊雨林的

---

① 生态环境部（2010）. 生物多样性概念和意义［EB/OL］. 2010. https://www.mee.gov.cn/home/ztbd/swdyx/2010sdn/sdzhsh/201001/t20100114_184321.shtml.

② 联合国生物多样性公约秘书处. 全球生物多样性展望［EB/OL］. 2020. https://www.cbd.int/gbo/gbo5/publication/gbo-5-zh.pdf.

③ 世界自然基金会. 地球生命力报告 2020［EB/OL］. 2020. https://f.hubspotusercontent20.net/hubfs/4783129/LPR/PDFs/ENGLISH-FULL.pdf.

④ IPBES. 全球生物多样性和生态系统服务评估报告［EB/OL］. 2018. https://zenodo.org/record/5657041#.YbsNehUq2gk.

碳汇从20世纪90年代中期开始减少，至2010年碳吸收能力已下降近三分之一，加之碳排放的增加与雨林面积的减少，热带雨林对人类产生的二氧化碳的吸收从20世纪90年代的17%大幅下降至目前的6%。虽然更高的二氧化碳浓度会促进树木的生长，但高温和干旱将导致树木生长减缓甚至死亡。如果以目前的情况继续发展，至2030年亚马逊河流域将成为碳源而非碳汇，亚马逊雨林将在未来数十年内变为热带稀树草原，生物多样性降低的大自然将加速而非减缓气候变化。① 而另一份研究则进一步显示，2010年至2019年，在人类活动与野火的影响下，巴西境内的亚马逊雨林排放了166亿吨二氧化碳，而吸收量仅为139亿吨，亚马逊雨林成为碳源的实际进程可能比此前研究所显示的更快。②

中国同样面临生物多样性损失的局面及其带来的风险。地理空间上，中国“胡焕庸线”③ 以东生物多样性更加丰富，但栖息地破碎化程度高，同时自然保护区覆盖度较低，对东部和南部地区的生物多样性保护还存在较大空缺。④ 目前，中国脊椎动物灭绝风险仍高于世界平均水平，鸟类、爬行动物和两栖动物种群数量持续减少；一些大型食肉动物如豹、狼、豺等，分布范围仍不断缩小，种群未得到有效维持。淡水及海洋生物类群仍面临着严重的栖息地破坏和资源过度利用的困境，长江超过30%的鱼类面临灭绝的风险。生物多样性的损失正在显著削弱我国从大自然获益的能力。

四、人类共同应对行动

（一）全球共同应对气候变化行动

在不断增加的气候变化风险面前，人类已采取行动以促进共同解决这

---

① Hubau, W. et al. Tropical forests' carbon sink' already rapidly weakening' [EB/OL]. University of Leeds, 2020. https://www.leeds.ac.uk/news/article/4555/tropical_forests_carbon_sink_already_rapidly_weakening.

② Qin, Y., Xiao, X., Wigneron, JP. et al. Carbon loss from forest degradation exceeds that from deforestation in the Brazilian Amazon. Nat. Clim. Chang [J]. 11, 442-448 (2021). https://doi.org/10.1038/s41558-021-01026-5.

③ “胡焕庸线”，又称“黑河—腾冲线”，是地理学家胡焕庸在1935年提出的划分我国人口密度的对比线。资料来源：中华人民共和国教育部（2018）。http://www.moe.gov.cn/jyb_xwfb/moe_2082/zl_2019n/2019_zl51/201907/t20190729_392561.html.

④ Xu et al. Strengthening protected areas for biodiversity and ecosystem services in China. PNAS. https://www.pnas.org/content/pnas/early/2017/01/25/1620503114.full.pdf.

一全球性难题。1992 年，154 个国家签署了《联合国气候变化框架公约》[①]（UNFCCC，以下简称《公约》），标志着人类共同应对气候变化行动的开端。《公约》同时确立了“共同但有区别的责任”原则，即发达国家有义务限制自身温室气体的排放，并向发展中国家提供资金，而发展中国家不承担有法律约束力的限控义务。2015 年，具有里程碑意义的《巴黎协定》[②]在《联合国气候变化框架公约》《京都议定书》[③]《巴厘路线图》[④] 等一系列成果基础上通过，明确提出气候减缓、气候适应、加强资金流向一致性三个主要目标，及技术、能力建设、透明度等支撑要素，同时采用国家自主贡献[⑤]（NDC）的自下而上推动气候目标实现的方法，体现了世界各国利益和全球利益的平衡、减缓和适应兼顾、行动和支持相匹配、责任和义务相符合、力度雄心和发展空间相协调的要求，凝聚了各方最广泛的共识。

2021 年 11 月，在英国格拉斯哥召开的 UNCCC 缔约方大会第二十六次会议（COP26）取得积极成果。165 个国家提交更新的自主贡献目标，增强

---

① 《联合国气候变化框架公约》于 1992 年 5 月 9 日联合国大会第 237/18 号决议通过，最终目标是将大气中温室气体的浓度稳定在防止气候系统受到危险的人为干扰的水平上。《公约》是世界上第一个为全面控制二氧化碳等温室气体排放，以应对全球气候变暖给人类经济和社会带来不利影响的国际公约，也是国际社会在对付全球气候变化问题上进行国际合作的一个基本框架，制定了“共同但有区别的原则”。《公约》的诞生是人类应对气候变化的里程碑，是国际气候谈判的基石。资料来源：联合国。https：//www. un. org/zh/documents/treaty/files/A – AC. 237 – 18（PARTII）– ADD. 1. shtml。

② 《巴黎协定》于 2015 年 12 月 12 日由 197 个国家在 COP21 气候变化大会通过，是具有法律约束力的国际条约，旨在大幅减少全球温室气体排放，将 21 世纪全球气温升幅限制在 2 摄氏度以内，努力进一步限制在 1. 5 摄氏度以内。《巴黎协定》共 29 条，涵盖了长期目标、减缓、适应、损失损害、资金、技术、能力建设、透明度及全球盘点等主要内容。《巴黎协定》确立了以“国家自主贡献”为主体的全球气候变化治理体系，是全球应对气候变化努力的里程碑和转折点。资料来源：联合国。https：//www. un. org/zh/climatechange/paris-agreement。

③ 《京都议定书》于 1997 年 12 月在日本京都 COP3 气候变化大会通过，目标是“将大气中的温室气体含量稳定在一个适当的水平，进而防止剧烈的气候改变对人类造成伤害”。《京都议定书》遵循《公约》制定的“共同但有区别的责任”原则，要求作为温室气体排放大户的发达国家采取具体措施限制温室气体的排放，而发展中国家不承担有法律约束力的温室气体限控义务；要求发达国家缔约国通过资金支持或者技术援助等形式，帮助发展中国家开展减少温室气体项目的开发与合作。资料来源：联合国。https：//unfccc. int/resource/docs/convkp/kpchinese. pdf。

④ 2007 年 12 月，在印度尼西亚巴厘岛举行的 COP13 气候变化大会通过《巴厘路线图》，其重中之重是《巴厘行动计划》，主要包括 4 个方面的内容：减缓、适应、技术和资金。资料来源：联合国（2007）。https：//news. un. org/zh/audio/2007/12/288192。

⑤ 国家自主贡献是在 2013 年华沙气候变化大会上提出的国家自主承诺减排承诺机制，旨在由各国自主提出应对气候变化的行动目标。资料来源：生态环境部环境与经济政策研究中心（2015）。http：//www. prcee. org/yjcg/zlzb/201805/t20180510_439086. html。

气候雄心。近200个与会国家在COP26大会上最终达成了《格拉斯哥气候公约》，首次明确提出逐步减少煤电、逐步取消化石燃料补贴等，并要求发达国家尽早实现在2009年哥本哈根气候大会上做出的承诺，即为发展中国家每年提供1000亿美元的气候资金支持，并且2025年至少要将援助资金在2019年的基础上增加一倍。

COP26大会也在多年谈判后就《巴黎协定》第六条①有关国际碳市场机制相关安排和透明度相关要求的实施细则达成了一致。其中，最重要的是新的减排量生成机制与转移机制。第6.4条设立了一个新的减排量生成机制，以取代《京都议定书》下的清洁发展机制（CDM）②，符合新机制相关规定的减排活动产生的减排量经核证签发后可用于《巴黎协定》缔约国完成国家自主贡献目标或其他各种减排机制、自愿抵消和碳中和的需求等。第6.2条则对国际间减排成果（ITMOs）转移提供了指南，《巴黎协定》缔约方可以通过购买另一缔约方的减排成果完成自身的NDC目标。针对两种机制的具体规则、方法、流程等需要后续进一步完善。

此外，COP26大会在森林保护、甲烷排放、绿色交通、国际合作等方面也取得了重大突破。全球超过120个国家和地区的领导人承诺到2030年停止砍伐森林和扭转土地退化现象，100多个国家将在2030年前把强大温室气体甲烷的排放量减少到比2020年水准低30%，拥有130万亿美元资产的全球近500家金融服务公司承诺实现《巴黎协定》中设定的气候目标，中国和美国两个碳排放大国联合发布《中美关于在21世纪20年代强化气候行动的格拉斯哥联合宣言》，承诺将在关键的下一个十年在标准、政策、技术等多领域促进气候合作（见表1-2）。③

---

① 《巴黎协定》第六条最关键的是第6.2和第6.4条：第6.2条允许各国将碳排放交易的规模纳入国家自主贡献（NDC）目标的成果中；第6.4条则规定，建立一种新的市场交易机制，允许一个国家将自身的具体减排成果计算在其他国家的目标中。资料来源：联合国（2015）。https：//www.un.org/zh/documents/treaty/files/FCCC-CP-2015-L.9-Rev.1.shtml。

② 清洁发展机制（CDM）：允许附件Ⅰ国家的投资者从其在发展中国家实施的、并有利于发展中国家可持续发展的减排项目中获取“经核证的减排量”（CERs）。资料来源：联合国气候变化学习伙伴关系（2003）。https：//www.uncclearn.org/wp-content/uploads/library/unep61_chn_0.pdf.

③ 钱立华，方琦，鲁政委．新目标、新阶段、新金融——2022年绿色金融发展趋势展望[EB/OL]．2021.https：//open.weixin.qq.com/connect/oauth2/authorize?appid=wxf7eeddbe7ba26a5c&redirect_uri=https%3A%2F%2Fapp.cibresearch.com%2FshareUrl%3Fname%3D000000007d769341017d9290300c13cc&response_type=code&scope=snsapi_base&state=STATE#wechat_redirect.

表 1-2　《联合国气候变化框架公约》谈判进程

时间	会议	地点	成果
1992 年 6 月	联合国环境与发展会议	巴西里约热内卢	通过《联合国气候变化框架公约》，于 1994 年 3 月 21 日正式生效
1995 年 4 月	COP1	德国柏林	通过《柏林授权书》，要求各缔约方进行谈判，以通过量化目标和规定时限进行减排，以期最迟于 1997 年签订一项议定书
1996 年 7 月	COP2	瑞士日内瓦	通过《日内瓦部长宣言》，但会议并未能就《柏林授权书》所涉及的“议定书”达成一致意见，决定由全体缔约方参加的“特设小组”继续讨论
1997 年 12 月	COP3	日本东京	通过《京都议定书》，规定 2008—2012 年主要发达国家的温室气体排放量要在 1990 年的水平上平均减少 5.2%，并为履约国设立 3 种灵活机制；其生效条件为 55 个《公约》缔约方批准，且其中的附件 I 国家缔约方 1990 年温室气体排放量之和占全部附件 I 国家缔约方 1990 年温室气体排放总量的 55%以上
1998 年 11 月	COP4	阿根廷布宜诺斯艾利斯	通过《布宜诺斯艾利斯行动计划》，通过一个具体实施《京都协议书》时间表，把 2000 年定为最后期限，要求国际社会必须在此之前解决有关减少温室气体排放的机制问题
1999 年 10 月	COP5	德国波恩	通过《公约》附件所列缔约方国家信息通过编制指南、温室气体清单技术审查指南、全球气候观测系统报告编写指南，并通过“技术的开发与转让”“发展中国家的能力建设”“经济转型国家的能力建设”等决定
2000 年 11 月	COP6	荷兰海牙	各国无法就碳汇、国内减量计划的补充性、遵约机制等关键议题取得共识；美国坚持大幅度折扣其减排指标，使会议陷入僵局，会议被迫延期至 2001 年 7 月继续举行
2001 年 7 月	COP6-2	德国波恩	2001 年 3 月美国宣布退出《京都议定书》，因而在没有美国的参与下，大会通过了《波恩协议》，使得《京都议定书》得以继续实施；协议规定建立三个机制，允许发达国家在第一承诺期使用碳汇作为履约工具
2001 年 10 月	COP7	摩洛哥马拉喀什	通过《马拉喀什协定》，确定清洁发展机制的具体规则，允许 2000 年 1 月 1 日之后实施的 CDM 项目获得核证减排量，并成立清洁发展机制执行理事会（EB）制定具体的运作程序

续表

时间	会议	地点	成果
2002 年 10 月	COP8	印度新德里	通过《德里宣言》，删除发达国家所提出的在《京都议定书》生效前与发展中国家就后者履行承诺问题进行进一步对话的要求
2003 年 12 月	COP9	意大利米兰	达成森林碳汇标准，并通过了约 20 条具有法律约束力的环保决议
2004 年 12 月	COP10	阿根廷布宜诺斯艾利斯	2004 年 11 月俄罗斯正式批准《京都议定书》，满足《京都议定书》正式生效条件；会议讨论了如何落实将于 2005 年 2 月生效的《京都议定书》及资金机制、技术转让问题
2005 年 11 月	COP11	加拿大蒙特利尔	2005 年 2 月 16 日，《京都议定书》正式生效，已有 156 个国家和地区批准了该项协议；召开了首次《京都议定书》缔约国大会，大会设定了《控制气候变化的蒙特利尔路线图》，并启动《京都议定书》第二阶段温室气体减排谈判，达成了 40 多项重要决定
2006 年 11 月	COP12	肯尼亚内罗毕	达成“内罗毕工作计划”，就“适应基金”问题达成一致意见，以帮助发展中国家提高应对气候变化的能力
2007 年 12 月	COP13	印度尼西亚巴厘岛	通过《巴厘岛路线图》，启动加盟《公约》和《京都议定书》全面实施的“双轨制”谈判进程，以期在两年内达成新协议
2008 年 12 月	COP14	波兰波兹南	启动“适应基金”，通过 2009 年工作计划，推动谈判进程
2009 年 12 月	COP15	丹麦哥本哈根	达成不具法律约束力的《哥本哈根协议》，提出 21 世纪内将全球气温升幅控制在 2 摄氏度以下的目标，坚持“共同但有区别的责任”原则；设立绿色气候基金，发达国家承诺在 2020 年以前每年筹集 1000 亿美元资金用于解决发展中国家的减排需求；附录 I 各缔约方需在 2010 年 1 月 31 日之前提交经济层面量化的 2020 年排放目标，并承诺单独或者联合执行这些目标
2010 年 11 月	COP16	墨西哥坎昆	通过了《坎昆协议》，一项是《京都议定书》附件 I 缔约方进一步承诺特设工作组决议，另一项为《公约》长期合作行动特设工作组决议

续表

时间	会议	地点	成果
2011 年 11 月	COP17	南非德班	通过了四项决议，包括批准《京都议定书》工作组和《公约》下“长期合作行动特设工作组”、实施《京都议定书》第二承诺期、启动绿色气候基金、建立德班增强行动平台特设工作组
2012 年 11 月	COP18	卡塔尔多哈	通过了《京都议定书》修正案，确保 2013 年 1 月 1 日开始实施第二承诺期，承诺期延长到 2020 年 12 月 31 日；通过了长期气候资金、《公约》长期合作行动特设工作组成果、德班增强行动平台以及损失损害补偿机制等方面的四项决议；俄罗斯、日本和加拿大退出《京都议定书》
2013 年 11 月	COP19	波兰华沙	达成三项成果：德班增强行动平台基本体现“共同但有区别的责任”原则；发达国家再次承认应出资支持发展中国家应对气候变化；就损失损害补偿机制问题达成初步协议，同意开启有关谈判；日本、澳大利亚减排目标出现严重倒退
2014 年 12 月	COP20	秘鲁利马	决定德班增强行动平台问题特设工作组将加紧工作，以求在 2015 年 5 月之前出台一份《公约》之下对所有缔约方适用的议定书、另一法律文书或某种有法律约束力的议定结果的谈判案文；强调致力于在 2015 年达成一项有力度的协定，在顾及国情差异的情况下反映“共同但有区别的责任”和“各自能力”的原则
2015 年 12 月	COP21	法国巴黎	通过《巴黎协定》，该协定共 29 条，包括目标、减缓、适应、损失损害、资金、技术、能力建设、透明度、全球盘点等内容；达成关于 2020 年后加强应对气候变化的协作；根据协定，各方将以“自主贡献”的方式参与全球应对气候变化行动；发达国家承诺到 2020 年前每年为发展中国家提供 1000 亿美元的资金支持，并建立技术转让机制；从 2023 年开始，每 5 年将对全球行动总体进展进行一次盘点，以帮助各国提高力度、加强国际合作，实现全球应对气候变化长期目标
2016 年 11 月	COP22	摩洛哥马拉喀什	通过决议对 2018 年促进性对话的召开做出筹备安排；强调了《京都议定书》多哈修正案的重要性；呼吁尚未批准多哈修正案的《京都议定书》缔约方需加速批准进程

续表

时间	会议	地点	成果
2017年11月	COP23	德国波恩	落实《巴黎协定》规定的各项义务，为2018年完成《巴黎协定》实施细则的谈判奠定基础
2018年12月	COP24	波兰卡托维兹	通过《巴黎协定》中大部分内容的实施细则，包括透明度框架的实施、设立2025年后的气候资金新目标相关进程、实施2023年全球盘点机制的细则、如何评估技术发展和转移的进展等
2019年12月	COP25	西班牙马德里	通过“智利·马德里行动时刻”的决议，在性别与气候变化、损失与损害华沙国际机制的程序性成果、海洋与气候变化以及长期全球目标的阶段性评估等方面取得了一定进展。各国广泛认同采取气候行动的紧迫性，但未能在一些重要领域达成共识。多数技术细节问题被搁置，留待后面的气候大会继续讨论
2021年11月	COP26	英国格拉斯哥	通过《格拉斯哥气候协议》，就气候减缓与适应提出了新的目标与举措。通过《巴黎协定》第六条和第十三条实施细则谈判，包括国际转让减排成果、共同时间框架和透明度。要求资金常设委员会继续完善气候融资定义，并敦促发达国家尽快实现1000亿美元气候融资承诺，同时加大适应资金支持力度

注：COP为《联合国气候变化框架公约》缔约方大会，后面的数字表示《联合国气候变化框架公约》第几次缔约方会议。

资料来源：杨星等（2014）；根据UNFCCC网站公开资料整理。

（二）全球共同保护生物多样性行动

与气候变化类似，生物多样性同样是全球性难题，需要人类共同行动以推动解决。1992年6月5日，各国首脑参与的联合国环境与发展大会在巴西里约热内卢举行，会议上包括中国在内的153个国家签署了《生物多样性公约》（Convention on biological diversity，CBD），这是生物多样性保护和可持续利用的第一项全球协议，公约确立了3个主要目标：保护生物多样性、生物多样性组成成分的可持续利用、以公平合理的方式共享遗传资源的商业利益和其他形式的利用，从而促进世界各国认识到必须以不导致生物多样性长期下降的方式取得发展。此后，生物多样性大会持续召开。目前，有196个国家及地区加入了《生物多样性公约》，包括195个国家和以一个整体缔约的欧盟（见图1-3）。

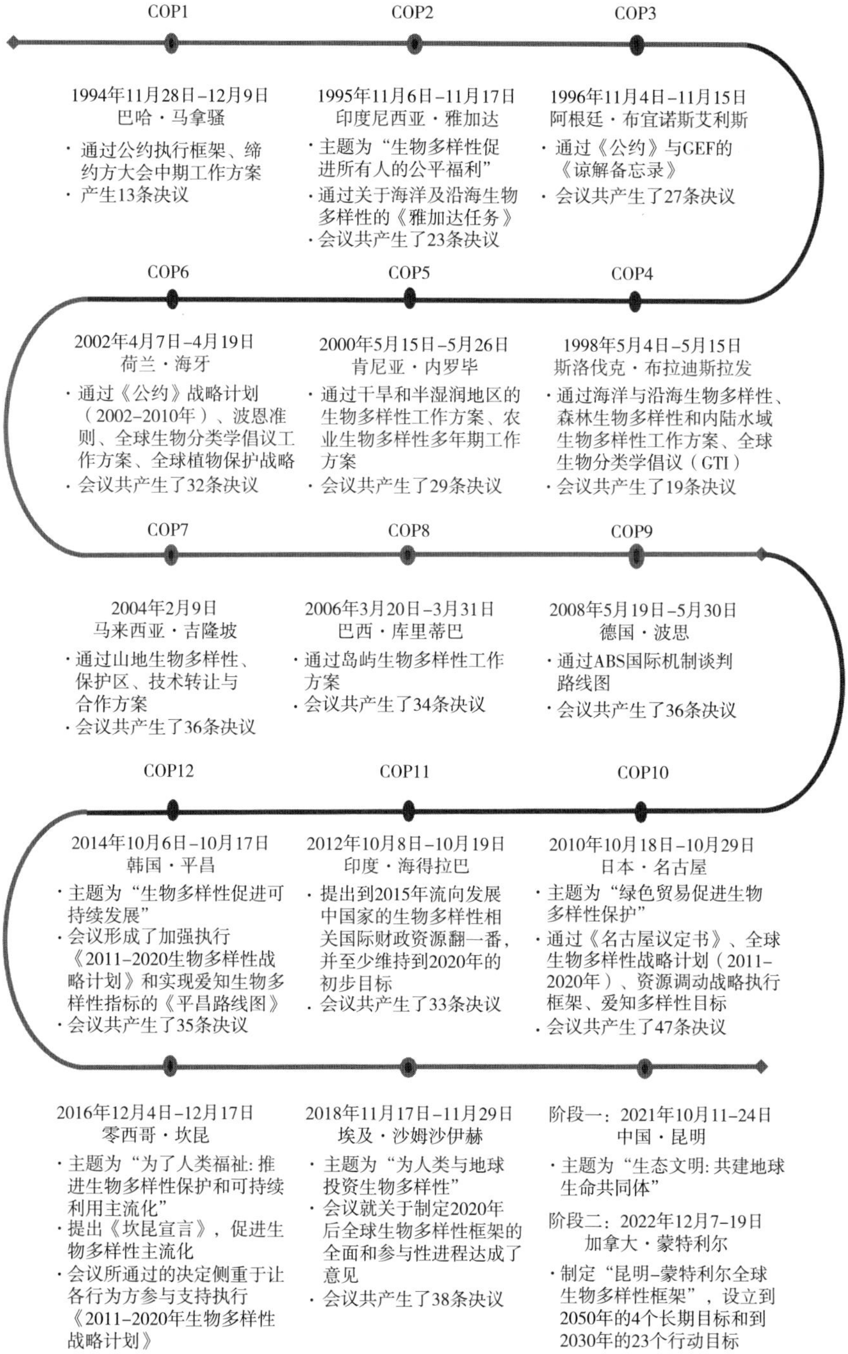

图 1–3　历届生物多样性大会主要内容

（资料来源：根据公开资料整理）

2021 年 10 月，联合国《生物多样性公约》缔约方大会第十五次会议（COP15）第一阶段会议在昆明召开。会议上，中国国家主席习近平宣布投资 15 亿元人民币设立昆明生物多样性基金，以支持发展中国家的生物多样性保护；来自 9 个国家的元首和 99 个国家的部长通过了《昆明宣言》①，缔约方承诺将制定、通过和实施有效的 2020 年后全球生物多样性框架，使生物多样性最迟到 2030 年走上一条通向恢复的道路，并且到 2050 年全面实现“人类与自然和谐相处”的愿景。2022 年 12 月 7 日至 20 日，《生物多样性公约》第十五次缔约方大会（COP15）第二阶段会议在加拿大蒙特利尔举办，会议通过了“昆明—蒙特利尔全球生物多样性框架”，历史性地描绘了 2060 年与自然和谐共生的愿景，是全球生物多样性治理历史上的一座里程碑。

第二节　新冠病毒感染催化经济绿色复苏

一、新冠病毒感染带来的世界政治经济格局影响

新冠病毒感染作为全球范围内的“灰犀牛”事件，不仅影响全世界人类健康与生存环境，对世界经济、政治也造成了巨大的冲击和影响，在造成全世界“二战”以来最大经济衰退的同时，进一步改变了世界政治格局。

（一）新冠病毒感染造成“二战”以来最严重全球经济衰退

自新冠病毒感染发生以来，各国为应对它采取的各项措施，包括暂停生产、停止航贸、关闭边境等措施，对国内居民的就业和收入造成严重冲击。2020 年，除中国外，全球各主要经济体生产总值（GDP）均出现不同程度的衰退，部分国家 GDP 减少程度接近甚至超过 10%。根据世界银行（The World Bank）统计，2020 年全世界平均 GDP 降低 3.4%，新冠病毒感染的影响已经超过 2008—2009 年的国际金融危机，是“二战”以来发生的最严重一次经济衰退（见图 1-4、表 1-3）。

---

① Convention on Biological Diversity（2021）. Kunming Declaration. https：//www. cbd. int/doc/c/df35/4b94/5e86e1ee09bc8c7d4b35aaf0/kunmingdeclaration-en. pdf.

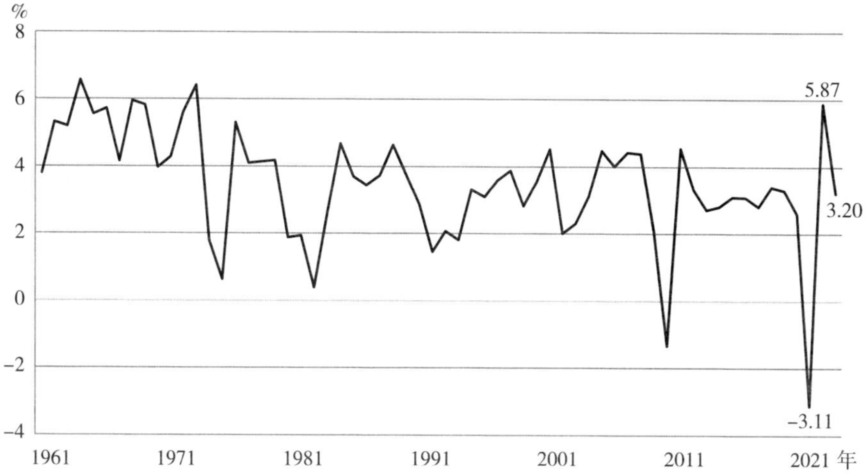

图 1-4　世界 GDP 增长率（1961—2022 年）

［资料来源：世界银行，经合组织（OECD）］

表 1-3　世界主要经济体 GDP 增长率（2019—2022 年）　　单位：%

区域/国家	2019 年	2020 年	2021 年	2022 年
全球	2.8	-3.0	6.0	3.2
发达经济体	1.6	-4.5	2.3	2.3
美国	2.3	-3.4	5.7	1.6
日本	-0.4	-4.6	1.7	1.7
英国	1.7	-9.3	7.4	3.6
加拿大	1.9	-5.2	4.5	3.3
欧元区	1.6	-6.1	5.2	3.1
德国	1.1	-3.7	2.6	1.5
法国	1.9	-7.9	6.8	2.5
意大利	0.5	-9.0	6.7	3.2
西班牙	2.1	-10.8	5.1	4.3
新兴市场和发展中经济体	3.6	-1.9	6.6	3.7
中国	6.0	2.2	8.1	3.2
印度	3.7	-6.6	8.7	6.8
俄罗斯	2.2	-2.7	4.7	-3.4
巴西	1.2	-3.9	4.6	2.8
墨西哥	-0.2	-8.1	4.8	2.1
沙特阿拉伯	0.3	-4.1	3.2	7.6

续表

区域/国家	2019 年	2020 年	2021 年	2022 年
尼日利亚	2.2	-1.8	3.6	3.2
南非	0.3	-6.3	4.9	2.1

注：2022 年数据为国际货币基金组织预测数据。

资料来源：国际货币基金组织。

具体到经济金融发展的细分领域，全球旅游业发展几乎完全停滞，全球航班数量大幅减少。国际贸易规模下降显著，世贸组织（WTO）2021 年发布的年度报告《全球贸易数据与展望》显示，2020 年世界商品贸易量下降了 5.3%。疫情蔓延下采取的限制性措施对全球产业链合作生产系统造成显著的影响，包括汽车、计算机、服装纺织、电子等全球化程度较高的产业都受到严重冲击，如韩国现代汽车、日产汽车、美国通用汽车，以及苹果、耐克等企业在 2020 年都因疫情影响被迫临时停产。产业和经济的衰退也引发了全球金融市场的大幅波动，美股在 2020 年 3 月的两周内经历四次熔断，同期巴西、加拿大等国家也多次触发熔断机制；欧盟、日本等国家和地区的股市也出现大幅下跌，2020 年 3 月 12 日欧洲斯托克 600 指数跌幅扩大至 10%，为历史最大单日跌幅，德国 DAX 指数、法国 CAC40 指数跌超 10%，英国富时 100 指数跌近 10%。疫情引发的经济衰退也导致多国货币大幅贬值。

（二）新冠病毒感染加速世界格局变化

新冠病毒感染的蔓延带来了保护主义、仇外主义和民族主义，国家之间为应对疫情采取的一系列措施，“逆全球化”呈现上升态势，同时也进一步加快了国际政治格局变革。其中，中美两国不同的表现，反映了不同全球化、全球治理和思维模式的冲突和较量。中国积极对全球抗疫工作提供经验、技术、人力及资金支持，发出“打造人类卫生健康共同体”的积极倡议，成为“共商共建共享”的新型全球治理观的主要引领者。

二、新冠病毒感染导致生产方式和消费模式发生改变

新冠病毒感染对全球生产和生活方式都造成了深刻的影响，交通运输、文化娱乐、住宿旅游等行业发展倒退，抗疫过程中对劳动力流动的限制又限制了工业、建筑业的复工复产，进而推动了从生产到数字化生活转型热

潮，在线教育、远程办公、在线医疗等一批新的业态异军突起，疫后经济复苏环境下各领域发展的挑战与机遇并存。总体来看，在疫情常态化状况下的新一轮国际竞争当中，人工智能、物联网、5G 技术、大数据等数字科技创新和工具应用是各国推动经济复苏的重要手段。

（一）生产方式智能化转型

生产过程中的数字化转型及远程智能服务被更多的应用，例如基于工业互联网的远程智能服务，通过 AR、AI 等技术进行远程指导，对设备的运行状态监控进行故障预警；通过人工智能及数字化管理，优化生产流程、能源使用和人工配置，提高生产效率和降低生产成本，使其更合理的应对市场需求的波动。智能工厂、智能制造得到进一步发展，例如推进自动化生产减少生产岗位，聘请或培养更多科技型、复合型人才来应对疫情带来的劳动力波动问题。此外，在供应链环节，病毒感染在全球的蔓延对全球供应链合作产生了巨大的冲击，包括运输受限、材料采购成本上升、生产供给不足等，对供给端和需求端都造成了影响，基于此各国寻求通过科技手段推动物流智能化、加强供应链抗风险能力，以及在全球范围内的供应链协同化和平台化加速发展。

（二）经营消费数字化转变

疫情推动消费活动向线上转移，包括餐饮、零售、文化娱乐等服务消费领域，相关企业战略性收缩线下布局，进一步向线上转移，以保障自身的业绩和持续经营。从消费者端来看，线上购物、线上娱乐、线上教育等模式成为常态，此外疫情中出现的 O2O 到家服务、无人自提、机器人配送、无人零售店等模式也得到一定发展。从企业到消费者，上下游共同构建协作形成高效的数字生态消费体系。在此背景下，快速发展的人工智能、物联网和大数据等数字技术在消费品供给和运输端都得到充分利用，实现精准刻画消费画像和精准选品、低价高质商品采购、保质运输、精准配送等赋能，有效提高消费者终端服务体验。进入 2021 年以后，全球已经处于疫情常态化的发展阶段，随着复工复产进程持续进行，旅游、餐饮、交通业等行业逐步复苏，甚至出现报复性反弹。但是在此过程中形成的数字化消费行为的转变已经深入人心，住宿餐饮、旅游等传统线下场景产业将更积极地运用数字科技，走线上线下融合化、绿色化的发展之路，实现相应资源要素、产业链的优化调整与迭代提升①。

三、各国经济绿色复苏计划

病毒感染引发了全球“二战”以来最严重的一次经济衰退，为应对经济下行带来的失业、收入减少、贫困等问题，世界各国纷纷在后疫情时期推动大规模的经济刺激计划。与此同时，后疫情时期的经济复苏正值应对气候变化和实现可持续发展的关键时期②，绿色复苏成为各国疫后经济复苏中的重要内容，世界主要经济体在发布的政策中都强调环境和气候变化相关问题。

（一）欧盟

在新冠病毒感染暴发前，2019 年 12 月，欧盟委员会公布了“欧洲绿色协议”（The European Green Deal），该协议以提升欧盟适应和应对气候变化能力、推动可持续发展为目标，提出欧洲地区于 2050 年实现“碳中和”的发展目标。欧盟为此制定了详细的路线图和政策框架，包括加大对清洁能源、循环经济、数字科技等产业的投入，加快先进技术、高效设备的应用和转变能源结构，推动欧盟经济从传统模式向可持续发展模式转型。如在交通运输方面，欧盟计划通过提升铁路和航运能力，大幅降低公路货运的比例；同时加大与新能源汽车相关的基础设施建设，计划 2025 年前在欧盟国家境内新增 100 万个充电站，双管齐下降低碳排放量③。新冠病毒感染发生后，欧盟委员会将该“绿色协议”纳入欧洲经济复苏计划的一部分，通过 2020 年工作计划继续坚定地履行该“绿色协议”内容，包括调整工作重点，以及在推动欧洲疫后经济复苏所需行动中纳入绿色低碳转型行动等。

实现“欧洲绿色协议”中提出的碳中和目标需要大量的资金支持，公共和私营部门需要共同合作以实现这一目标。欧盟早在 2011 年就决定在 2014—2020 年的七年财政预算计划中分配 20%用于能源、交通、农业与技术创新等各领域推动减缓与适应气候变化，并通过欧盟委员会公布的方法

① 李志萌，盛方富．新冠病毒感染对我国产业与消费的影响及应对［J］．江西社会科学，2020（3）．

② 郑馨竺，张雅欣，李晋等．后疫情时期的经济复苏与绿色发展：对立还是共赢［J］．中国人口·资源与环境，2021，31（2）：1-13．

③ 人民日报，《欧盟加速推进“欧洲绿色协议”》，http：//paper. people. com. cn/rmrb/html/2020-02/11/nw. D110000renmrb_20200211_4-17. htm。

学对资金进行具体追踪与计算，对产生显著贡献、产生一定贡献和不产生贡献的支出将其以 100%、40%和 0 计入气候支出。[①] 在新冠病毒感染影响下，为保障“绿色协议”目标的顺利实现，欧盟 2020 年公布了新的财政支出计划“欧盟下一代”（Next Generation EU），将 2021—2027 年欧盟 1.82 万亿欧元预算中的 30%投向应对气候变化领域，即在未来七年内，欧洲将有超过 5000 亿欧元的资金投向落实碳中和目标的相关领域[②]。

此外，欧盟重视在气候相关基础设施领域动员全球资金。欧盟 2021 年 7 月 12 日通过“全球联通欧洲”基础设施融资计划，通过整合能源与气候相关的外交安全政策，特别关注石油、天然气管道及其生产和运输的基础设施。欧盟能源与气候 2030 年战略确定其能源政策核心目标：能源供应安全、可持续和竞争力。与此同时，欧盟在 2021 年 12 月推出“全球门户计划”，通过欧盟 2021—2027 年多年期财政框架提出的多项新的投融资工具来提供资金，以开发性融资机构带动私人资本投入到能源、气候等领域的基础设施中。计划在 2027 年前动员 3000 亿欧元，积极吸引私人部门参与，并针对非洲启动 1500 亿欧元的一揽子投资计划。

（二）美国

美国在疫后经济复苏的路径和重点与其执政方有紧密的联系，共同党执政时期，绿色经济在美国经济复苏计划中所占的比重较少。2020 年 4 月，特朗普签署了美国甚至世界历史上最大的经济复苏计划《冠状病毒援助、救济和经济安全法》，其总额约为 2 万亿美元，相当于美国国内生产总值的 10%。预计影响包括强制性支出增加 9880 亿美元，收入减少 4460 亿美元，可自由支配支出增加 3260 亿美元，涵盖了包括企业、个人和社会保障在内的众多领域。然而高额的经济复苏计划不包括任何直接的绿色或气候承诺；并且从类别划分救助金额，可以看到该计划的总体布局也不像其他国家那样侧重于基础设施投资，这直接降低了将投资投向低碳能源、运输或农业等基础设施的可能性[③]。

---

① European Parliament（2018）. *The EU spending on fight against climate change.* [EB/OL]. 2018. https://www.europarl.europa.eu/RegData/etudes/IDAN/2018/603830/IPOL_IDA（2018）603830_EN.pdf.

② 资料来源：https://platform2020redesign.org/countries/europeancommission/.

③ 中央财经大学绿色金融国际研究院：《美国新冠疫情经济复苏计划中绿色金融的作用及其对中美合作与“一带一路”的影响》，https://mp.weixin.qq.com/s/dsQuOWoGaOqfAO51jLSpqA。

2020 年 7 月，拜登在竞选期间曾提出一项在未来 4 年间由联邦财政投资 2 万亿美元的气候投资方案，正式就任总统后，该方案由于美国国内现实经济原因和来自共和党方面的阻力等一再缩水①。2022 年，拜登在白宫签署了支出规模约为 4300 亿美元的《通胀削减法案》（以下简称《法案》），标志着美国试图以应对气候变化为突破口推动通胀、经济下行、产业竞争力下降等各项问题解决。其中，《法案》在能源安全和气候变化领域投入 3690 亿美元，在提高气候韧性领域投入 40 亿美元，使应对气候变化成为《法案》支出部分的最主要组成部分。《法案》明确为购买新的清洁能源汽车（仅限于在北美组装的电动车）的消费者提供高达 7500 美元的税收抵扣，且有超过 600 亿美元将被用于支持本土清洁能源和运输技术的供应链的清洁能源设施建设，旨在提高美国的能源安全并大力发展国内清洁能源制造业，通过补贴的方式提高国内新能源相关产业链的竞争力。《法案》作为一种旨在通过补贴手段提高美国本土新能源产业竞争力的贸易保护措施，已招致欧盟、英国、日本、韩国、印度等全球多个主要经济体的反对与批评。

（三）中国

中国在经济复苏的关键时间提出碳中和目标，展示我国应对气候变化决心的同时也引领世界经济绿色复苏。2020 年 9 月 22 日，中国国家主席习近平在联合国大会上的讲话中郑重承诺中国二氧化碳排放力争于 2030 年前达到峰值，努力争取 2060 年前实现碳中和的目标，并指出各国要推动疫情后世界经济“绿色复苏”，汇聚起可持续发展的强大合力，这表明了中国积极推动国内与世界经济，在疫情后朝着绿色可持续方向发展的坚定决心。2021 年 9 月，习近平在第七十六届联合国大会一般性辩论上再次强调中国实现“30 · 60”目标的决心，并进一步提出支持发展中国家能源绿色低碳发展，不再新建境外煤电项目。2021 年 10 月以来，中国相继发布《关于完整准确全面贯彻新发展理念做好碳达峰碳中和工作的意见》《2030 年前碳达峰行动方案》，完成碳达峰碳中和“1+N”政策体系中的总纲领和顶层设计，对碳达峰阶段的目标任务和重点任务做出具体部署，从产业、能源、交通运输、城乡建设、科技、生态系统、对外开放等多个领域提出实现碳

---

① 周杰俣，崔莹：《应对气候变化财税政策国际经验和对中国的启示》，中央财经大学绿色金融国际研究院，https：//mp. weixin. qq. com/s/vJfgLON0xaoTptRHu3XiNg。

达峰碳中和的具体路径和重点任务。

在支持绿色复苏计划的财政金融支持方面，得益于2016年以来中国绿色金融体系的持续建设，在市场端已经有大量资金进入绿色低碳领域，有力支持了中国经济的绿色复苏。截至2022年末，我国本外币绿色贷款余额22.03万亿元，投向基础设施绿色升级产业、清洁能源产业和节能环保产业领域[①]；2022年我国境内绿色债券新增发行规模为8746.58亿元，同比增长44.04%，其中碳中和债券新增发行规模为2122.56亿元，蓝色债券新增发行规模为111.47亿元，重点支持清洁能源、基础设施绿色升级、生态修复和保护等领域[②]。自中国全国碳交易市场于2021年7月正式启动运营以来，累计成交量2.34亿吨，累计成交额106.87亿元[③]。

---

① 中国人民银行，《2022年第四季度金融机构贷款投向统计报告》，http：//www.gov.cn/xinwen/2023-02/03/content_ 5739947.htm

② 资料来源：中央财经大学绿色金融国际研究院绿色债券数据库。

③ 资料来源：全国碳排放权交易市场，中央财经大学绿色金融国际研究院整理。

第二章　绿色金融及金融科技的兴起

经济的绿色发展，需要转变社会生产方式，调整产业结构，优化资源配置，基于金融与经济发展的相互关系，需要金融在经济绿色化的过程中贡献力量，发挥资源配置、风险管理和市场定价功能，绿色金融是经济绿色低碳转型发展的重要支撑。此外，伴随着经济数字化转型过程中的科技创新与发展，科技与现代金融融合需求也会越来越高。本章首先论述经济绿色化、数字化转型中金融发展的机遇与挑战，然后分别讲述国际和国内绿色金融的发展历程和市场近况，最后就金融科技的内涵及其国内外发展历程进行了分析。通过回顾国内外金融科技的发展历程发现，在顺应“金融+数据”融合发展趋势、科技运用领域等方面，国内外金融科技存在共性特征。

第一节　金融与经济绿色化、数字化转型

一、金融与经济绿色发展

（一）经济绿色化背景下金融发展的机遇

1. 经济绿色化发展的巨大需求，催生金融发展空间

“双碳”目标的提出，将对经济运行带来巨大改变，市场机构测算中国实现“双碳”目标所需资金规模将达到 100 万 ~ 300 万亿元，依靠财政资金将远远不够，需要充分发挥金融对“双碳”转型的支持与引导，金融发展空间将进一步拓展（见表 2-1）。

表 2-1　各机构/专家测算实现"双碳"目标资金投入金额

测算机构/专家	实现"双碳"目标测算所需金额
中国人民银行行长易纲① 中金公司②	2020—2060 年总投资需求为 139 万亿元 2030 年前中国碳减排需每年投入 2.2 万亿元 2030—2060 年需每年投入 3.9 万亿元
北京绿色金融与可持续发展研究院③	全国碳中和所需绿色投资在 100 万~300 万亿元
落基山研究所、中国投资协会	2020—2050 年约有 70 万亿元流向绿色基础设施建设
清华大学气候变化与可持续发展研究院④	2020—2050 年总投资需求为 174.38 万亿元
中央财经大学绿色金融国际研究院	实现碳达峰目标所需投资金额为 14.2 万亿元
渣打研究⑤	2020—2060 年总投资需求为 127 万~192 万亿元
高盛⑥	2020—2060 年总投资需求为 102.25 万亿元

2. 经济绿色化发展的多样形态，推动金融供给创新

经济绿色化是以生态农业、循环工业和可持续服务业为基础的经济发展，除了稳固资源节约型和环境友好型的新兴绿色产业，还需带动高能耗、高污染、高排放的棕色产业转型，推动经济发展模式从粗放型向集约型转变；既需要大型企业积极求变，发挥其在人力、财力、智力、技术等方面的扎实基础，率先在转型发展中找到先机，也需要供应链上的中小微企业主动应变，在转型中找到新的发展方向。由此"双碳"转型过程是复杂的、多样的、关联的，新兴业态与转型升级的经济特点将倒逼金融供给侧改

① 易纲．在中国人民银行与国际货币基金组织联合召开的"绿色金融和气候政策"高级别研讨会上的开幕致辞［EB/OL］．2021-04-15. http：//www.pbc.gov.cn/goutongjiaoliu/113456/113469/4232138/index.html.

② 中金公司．碳中和之绿色金融：以引导促服务，化挑战为机遇［EB/OL］．2021-03-23. https：//mp.weixin.qq.com/s/igQCuCsXtB5Lrc-lKtqMGA.

③ 马骏．未来 30 年其带来的投资规模将达 100 万~300 万亿元［EB/OL］．2021-04-12. https：//baijiahao.baidu.com/s？id=1696830765837946583&wfr=spider&for=pc.

④ 清华大学气候变化与可持续发展研究院．中国长期低碳发展战略与转型路径研究．综合报告［J］．中国人口·资源与环境，2020（11）．

⑤ 新华网．渣打银行-为达成碳中和，中国需投资 127 万亿~192 万亿元，http：//www.xinhuanet.com/money/2021-05/21/c_1127472300.htm.

⑥ Goldman Sachs. Carbonomics-China net zero：the clean tech revolution［R］．2020.

革，同时也为金融改革提供新的应用场景，譬如绿色金融将向转型金融、普惠金融拓展，绿色直接融资市场将需加速发展等，未来基于绿色转型发展的金融改革将持续深化。此外，经济绿色化的过程会带动以碳核查、碳减排等为代表的减排降碳勘察服务的发展，同时基于技术进步也将带来对产业生命周期全过程的用能及碳中和路径的监测等，均将为金融创新提供配套支持。

3. 经济绿色化发展的市场机制，助力金融发展可持续性

在绿色化发展的大背景下，绿色效益向经济效益转化的市场化机制正在显现，这使得金融支持绿色转型发展的模式将更具有可持续性。截至2022年12月末，深市从事绿色产业的上市公司约300家，累计股权融资约9700亿元，总市值近6万亿元，占深市上市公司总市值的近20%，涵盖新能源、新能源汽车和节能环保行业，绿色产业集聚和品牌效应逐步显现①。在高碳行业转型方面，碳减排机制的建设推动着高碳行业减排定价，在建立市场化减排机制的同时，也将进一步完善金融定价的市场基础，使金融创新获得可持续发展的市场依据。

（二）经济绿色化背景下金融发展的挑战

1. 经济绿色转型基础的薄弱，加剧金融改革难度

我国碳排放总量巨大，约占全球碳排放量的28%，是美国碳排放的两倍，欧盟碳排放的三倍②，且我国目前仍处于工业发展阶段，产业结构偏重，能源结构偏煤，降低能源强度基础弱、压力大，绿色转型难度较高，保持经济平稳增长和加快绿色低碳转型协调难度大，短期转型效益较难显现。与国际从碳达峰到碳中和平均40~70年的周期相比，我国从碳达峰到碳中和仅30年窗口期，转型路径鲜有先例可循。薄弱的绿色转型基础与不确定性的发展路径，也使得金融改革面临挑战。

2. 经济绿色转型技术的复杂性，加大金融创新难度

创新与技术变革非一蹴而就。熊彼特创新理论下，创新周期短则40个月，长可达60年；而技术扩散存在“S形”规律，进一步加剧转型发展的

---

① 证券时报．以ESG理念推动中国上市公司高质量发展［EB/OL］．https：//baijiahao.baidu.com/s？id=1758729236634171100&wfr=spider&for=pc，2023-02-25.

② 世界银行．二氧化碳排放量（千吨）［EB/OL］．［2022-06-24］．https：//data.worldbank.org.cn/indicator/EN.ATM.CO2E.KT？contextual=aggregate&locations=CN&view=chart.

不稳定性。就我国当前经济绿色化技术创新的基础来看，虽然国家创新能力综合排名上升，但在关键领域突破核心技术依然存在执行上的难点，譬如储能、氢能源开发等仍需持续攻坚克难。长周期叠加技术不稳定性，金融创新难度进一步加大（见图 2-1）。

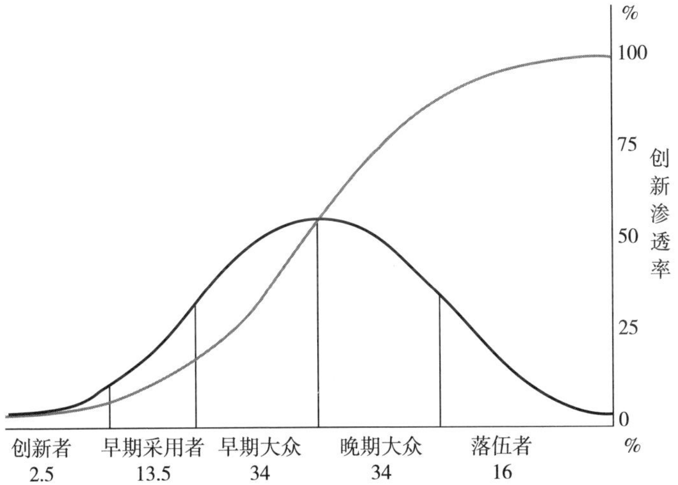

图 2-1 埃弗雷特·罗杰斯的创新扩散理论模型——S 形曲线①

3. 经济绿色转型的潜在风险，加大金融风险管理难度

在经济绿色化的进程中，政策、金融与产业主体转型进程的错配加大了金融风险敞口，信用风险与行业风险激增。一方面，“双碳”目标提出早期，部分地方出现通过“一刀切”的响应方式，对“两高一剩”企业进行能源及资金供给限制的风险，企业生产经营、供应链关系、产业结构易在短期内失衡，进而造成流动性资金周转问题，影响企业融资信用评级，也增大金融机构的信用风险；另一方面，金融机构的投资偏好在“双碳”目标背景下发生巨大转变，从倾向为基础设施建设和大型制造业等碳密集型企业提供资金支持②，转变至优先将资金投向绿色产业。然而，绿色金融是一种新兴投资模式，金融机构面临环境效益监测成本高、投资流程不成熟、

① 埃弗雷特·罗杰斯最早提出新事物发展 S 形曲线理论。他认为创新的扩散，总是一开始比较慢，然后当采用者达到了一定的数量（即“临界数量”）后，扩散过程突然加速（即“起飞阶段”），这个过程一直延续，直到系统中所有可能采纳创新的人大部分都已采纳创新，达到饱和点，扩散速度又逐渐放慢，采纳创新者的数量随着时间的推移呈现出 S 形曲线的变化轨迹。

② 蔡晓陈，徐红霞．经济政策不确定性与绿色经济效率［J］．南京财经大学学报，2022，(1)：54-63.

回报周期及收益不明朗等担忧与困境，这可能会在短期内加大新产业授信的预期偏差，一定程度上增大金融机构的行业风险。

二、金融与数字经济

数字经济是指以数字化的知识和信息作为关键生产要素，以数字技术为核心驱动力，以现代信息网络为重要载体，通过数字技术与实体经济深度融合，不断提高数字化、网络化、智能化水平，加速重构经济发展与治理模式的新型经济形态，具体可分为四大部分，分别为数字产业化、产业数字化、数字化治理、数据价值化[①]（见图 2-2）。

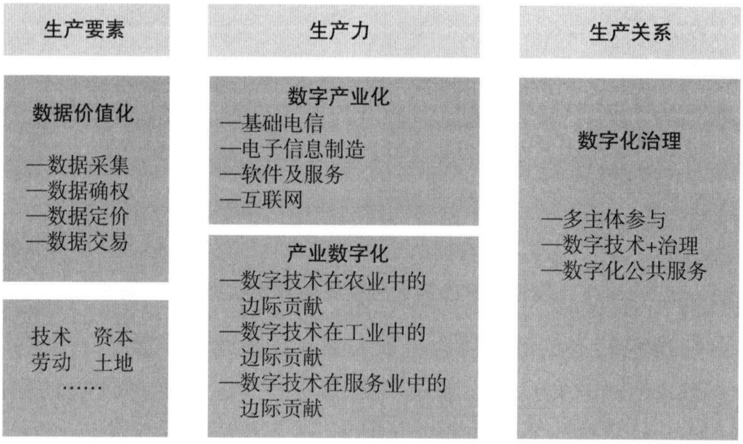

图 2-2　数字经济的“四化”框架

（资料来源：中国信息通信研究院）

金融业是数字经济的载体之一，在大数据、区块链、人工智能、云计算等新技术的支持下，金融科技、互联网金融和科技金融得以蓬勃发展。2016 年，国务院将金融科技列入“十三五”创新规划中，金融科技正式进入规范发展阶段。随后，金融科技基础技术区块链技术和人工智能技术相关规划出台，区块链技术纳入“十三五”国家信息化规划、人工智能发展规划颁布。2019 年 8 月人民银行发布金融科技首个发展规划《金融科技（FinTech）发展规划（2019—2021 年）》，确定了金融科技发展的具体任务和目标，保障金融科技规范有序发展。

金融机构可利用大数据、云计算、区块链等手段，强调对数据的挖掘、

① 中国信息通信研究院 .2021 年中国数字经济发展白皮书［R］. 2021.

分析和应用，推动存贷款和融资，支付与清算结算，投资管理等领域金融产品和服务创新，探索相关应用场景。此外，金融科技在金融基础设施和监管基础设施中也逐步得到应用，助力全面风险管理，有效提升金融机构运营效率，利用数据和信息技术开发多元化金融产品和服务，缓解企业的融资痛点，更好地服务实体经济。

（一）数字经济带来的金融发展机遇

1. 提升金融生态环境

金融生态环境是指支持金融体系良性运作的实施环境。随着数字经济的发展，在信息集中化、规模化的环境影响下，金融生态环境也得以提升。以平台经济为例，其中平台经济作为数字化业务的载体，在提升金融服务半径、升级服务渠道方式上发挥着积极的作用，未来平台或将依托整合多边客户及多元金融场景至同一平台，实现主体间助力价值互换，拓展需求对接维度及深度，为公司金融、产业金融、贸易金融等业务体系提供新思路。同时平台经济的建立也将需求与供给通过技术连接升级，利用共享、集聚的新模式推动金融算力和机构算力深化发展，探索全链路数字综合解决方案，拉动金融集约化内涵式增长。

2. 推动金融业务深化

数字经济的发展激活了数据的内在价值，从而更充分地发挥了数字在金融产品创新、客户管理等多维度的积极作用，推动金融深化发展。在金融产品创新方面，金融机构可进一步挖掘数字价值，发展数字金融，如数据抵质押信贷、数据资产证券化等产品，拓宽金融创新思路。在客户管理方面，数据分析推动金融客户管理精度与广度的提升。精度上，大数据有利于准确绘制客户画像并针对营销需求高效实现金融资源推广；广度上，大数据在客户资料收集方面较人工调研拥有时效与质量优势，有效拓宽金融机构潜在客户名单及项目领域。在未来广度、精度提升的双重作用下，金融机构在增强现有客户黏度的同时将拓宽业务范畴，向普惠与绿色等利基市场发力，从而获得金融市场竞争力。

3. 助力金融风险监管

数字经济赋能金融监管机制是信息技术与金融的创新结合，其中自动化风险预警在提升金融业务及风控能力升级方面发挥重要作用，在未来科技浪潮派生网络小贷、网络担保等非银机构的欠规范化金融活动挑战下，数字化对于属地管理、集中度指标、资额限制的动态审查对于金融业健康发展意义重大；同时网络化支持数据综合式、穿透式监管的机制，也能更好应对未来金融市场混业经营、交叉服务、产品迭代模式激增的发展趋势，譬如数字经济网络化互联使得金融监管全流程保留在信息链上，在保证各方金融参与主体权责方面发挥作用。

（二）数字经济发展带来的金融挑战

在数字经济的发展中，数据是基础，储存、管理、分析数据是各金融机构面临的难题，在数字化条件下，金融风险防控的技术手段、重点环节都与传统金融风险有所变化。[①] 若使用不恰当的数据，或运用不恰当的方法论、模型，可能引致金融风险。

1. 短期数字化转型成本增高加剧信用风险

发展数字经济需要实体经济进行数字化转型，在转型的过程中，企业需基于对自身业务的深刻理解，对转型风险、数字化技术、组织机制进行协同调整[②]。企业需要加大研发投入、人才储备、升级基础设施，相比大型企业，中小型企业融资渠道较少，融资较为困难，实施数字化转型通过前期投入、运营、后期维护等方面增大了中小型企业运营成本。中小企业在资源配置、基础设施等方面资源投入相对不足，数字化转型可能达不到预期，增加了企业的试错成本，从而增大了已存信贷的信用风险敞口。

2. 数据失真加剧了金融风险

在数字化进程中，数据作为一切的基础需要客观地反映出事物的真实信息才有被使用的价值。但在现实中，数据往往存在失真问题。一是因为历史数据的颗粒度、体量与现时数字金融所需要的维度不一致；二是数字金融因其所使用的数据具有商业性与敏感性，金融机构间难以做到数据共享，金融数据割裂[③]；三是因为信息不对称性，可能导致原始数据失真。当使用失真数据为金融产品进行定价、风险计量时，所得的结果不能反映客观存在的现实，加剧了金融机构所遭遇的信用风险、流动性风险等金融

---

① 全国政协经济委员会主任尚福林．如何防范数字化下的金融风险？［EB/OL］．［2020-10-27］．https：//finance. sina. com. cn/zl/bank/2020-10-27/zl-iiznezxr8272855. shtml.

② 王炯．数字化信用风控体系实施路径［J］．中国金融，2021（21）：11.

③ 刘晓鑫，毕文祥．数字金融发展中的数据治理问题研究［J］．吉林金融研究，2021，（12）：11-14.

风险。

3. 复杂的数据治理增大了数字经济的实施难度

在多主体经济学①下交易责任识别将加大难度。数字化经济时代，商业合约已突破甲乙双方，数字金融涵盖数据治理的全流程，包括产生、采集、录入、存储、传输、共享、维护到应用，其中不乏需要人工介入的流程，最终产品与服务的交互在多环节都存在潜在的数据操作风险，在责任归属监管模糊的情况下，若其中一环出现数据问题，则会影响到最终结果，产生“蝴蝶效应”，加剧金融机构的金融风险②。

4. 数字经济可能造成金融业垄断现象

由于用户黏性与习惯，金融机构获取的数据在体量上是存在差异的，获取数据体量较大的金融机构，可根据数据分析创新金融产品、实施更为精准的风险管理，从而在产品定价上获得优势，在用户的广度与深度上均具有核心竞争力，同时形成了数据壁垒，最终可能导致金融业垄断现象，不利于国家金融体系稳定性。

第二节　绿色金融是绿色低碳转型发展的重要支撑

一、绿色金融的定义

绿色金融是将绿色理念与金融相结合，实现可持续发展目标的金融服务。与绿色金融表达主旨相类似的还有“可持续金融”“气候金融”“低碳金融”等。2016年8月，中国人民银行等七部门在《关于构建绿色金融体系的指导意见》中指出：“绿色金融是指为支持环境改善、应对气候变化和资源节约高效利用的经济活动，即对环保、节能、清洁能源、绿色交通、绿色建筑等领域的项目投融资、项目运营、风险管理等所提供的金融服务③。”同年，由中国发起成立的G20绿色金融研究小组在《2016年度G20绿色金融综合报告》中将“绿色金融”界定为“能产生环境效益以支持可

① 突破传统合约理论对交易主体数量的限制，讲述主体间因素均衡变化而引发的市场参数调整。

② 英国石油公司（BP）. 世界能源统计年鉴（第70版）[R]. 2021.

③ 中国人民银行等. 关于构建绿色金融体系的指导意见［C/OL］. 2016-08-31. http://www.mee.gov.cn/gkml/hbb/gwy/201611/t20161124_368163.htm.

持续发展的投融资活动[①]。”

二、国际绿色金融发展历程

由于以环境为代价换取的经济快速发展，环境污染问题备受关注，绿色发展理念应运而生，绿色金融作为其中一种推进全球绿色化的工具，在全球推进可持续发展和应对气候变化合作的过程中逐渐发展壮大。2016 年由全世界 178 个缔约方共同签署《巴黎协定》，提出了 1.5 摄氏度的长期温控目标，全球达成了绿色低碳发展转型的共识，并陆续制定碳中和目标，自此绿色金融作为支持碳中和目标实现的重要金融工具，进入了高速发展阶段。

1. 环境污染问题引发绿色金融萌芽

20 世纪 90 年代前，发达国家在“二战”后亟须发展社会经济，在经济发展的过程中产生了严重的环境污染，环境保护问题开始受到各国关注，至此，绿色发展理念初步形成，金融业也开始萌发绿色金融的概念。随之，发达国家开展了对环境经济学的研究，1972 年，以环保意识为投资理念的德赖费斯第三世纪基金成立，随着新型投资理念的出现，众多基金投资机构开始关注“环境、民众权利和消费者保护”投资理念，初步形成了企业社会责任（CSR）[②]。同年，联合国人类环境会议通过了《联合国人类环境会议宣言》，指导与鼓励社会积极参与环境保护与改善相关活动。

1987 年 2 月，“可持续发展”概念正式被提出并作出明确定义，即“既满足当代人的需要，而又不危及后代人满足其需求的发展”。[③] 1989 年 3 月，琼·巴伐利亚因原油泄漏事故，下定环境保护的决心，带领一批美国环保主义者、投资者，共同成立非营利组织环境责任经济联盟（CERES）[④]，该联盟倡议将气候变化相关风险纳入商业风险。[⑤] 在绿色金融发展的萌芽阶段，随着环保理念基金和环境责任经济联盟的设立，气候变化

---

① G20 绿色金融研究小组 . G20 绿色金融综合报告［R］. 2016.

② Townsend，B. From SRI to ESG：The Origins of Socially Responsible and Sustainable Investing［J］. The Journal of Impact and ESG Investing，2020，1（1）：10-25.

③ World Commission on Environment and Development. The Brundtland Report：Our Common Future［R/OL］. 1988. https：//doi. org/10. 1080/07488008808408783.

④ Ceres.（2018）. About us. https：//www. ceres. org/about-us.

⑤ Pattberg，P. How Climate Change Became a Business Risk：Analyzing Nonstate Agency in Global Climate Politics［J］. Environment and Planning C：Government and Policy，2012.

相关投资、风险管理概念油然而生，联合国及国际组织相继发布气候风险相关报告，国际政治、经济发展和社会运动形成绿色金融发展的驱动力量。

2. 应对气候变化全球合作推动绿色金融发展

绿色金融发展的第二阶段为20世纪90年代到2015年，气候变化引发的全球灾害使得国际社会认识到共同应对气候变化的重要性，推动国际绿色投融资合作成为全球应对气候变化的重要内容，绿色金融也逐步发展出气候投融资、ESG投资等不同细分领域。1992年5月，联合国大会通过《联合国气候变化框架公约》，旨在将全球大气温室气体浓度维持在一个稳定水平，是世界上首个为控制二氧化碳等温室气体排放以减缓给人类经济社会带来负面影响的国际公约；同年，联合国环境规划署在里约热内卢的地球峰会上成立了金融倡议，希望金融机构能把环境、社会和治理因素纳入决策过程，发挥金融力量促进可持续发展。此后，在此国际框架下陆续达成《京都议定书》《巴厘路线图》及《哥本哈根协议》等重要协定，国际应对气候变化合作持续加深，各项绿色金融相关的合作和倡议也随之出现，包括联合国环境署金融倡议（1992）、赤道原则（2003）、责任投资原则（2006）、联合国可持续证券交易所倡议（2009）、全球价值银行联盟（2009）、可持续银行网络（2012），以及联合国环境署金融倡议发起的可持续保险原则（2012）等，这些可持续金融倡议对于绿色金融的发展起到重要的推动作用。

21世纪初期，ESG概念被正式提出，ESG概念最早来源于具有里程碑意义的研究报告 *Who Cares Wins*，该研究成果由联合国全球契约组织发布，报告指出资本市场在运行过程中，纳入环境、社会和治理因素可以为企业带来更高的商业价值，并能促进社会的可持续发展。2003年11月，联合国在研究讨论气候变化风险的机构投资者峰会中建立了气候风险投资者网络（CERES的一个项目），目的是支持广大投资者积极应对气候及其他关键性可持续风险。同时，联合国环境署金融倡议（UNEP FI）发行了《弗雷什菲尔德报告》（*Freshfield Report*），报告论证了ESG与上市公司估值之间的相关性，ESG属于股票估值的影响因素之一。环境、社会和治理（ESG）概念在资产管理领域逐渐深入，国际投资机构对ESG价值驱动力因素的关注逐步加强。①

① Townsend，B. From SRI to ESG：The Origins of Socially Responsible and Sustainable Investing [J]. The Journal of Impact and ESG Investing，2020，1（1）：10-25.

3.《巴黎协定》下碳中和目标推动绿色金融进入新的发展阶段

绿色金融发展的第三阶段为 2015 年至今，《巴黎协定》标志着全球关于应对气候变化共同目标的形成，在各国碳中和目标要求下绿色金融被赋予更高的责任和更多的期待。2015 年 12 月，《巴黎协定》在联合国气候大会第二十一届会议上通过，175 个国家元首及各国代表于 2016 年 4 月在位于美国纽约的联合国大厦正式签署，《巴黎协定》提出控制全球温升不超过 2 摄氏度并努力控制在 1.5 摄氏度以下的长期目标，代表了全球绿色低碳转型的大方向。实现 1.5 摄氏度的温控目标，需要全球各方进行快速、深远和前所未有的变革，当前应对气候变化和推动经济社会可持续发展所需的资金存在很大的缺口。

世界主要经济体均作出了碳中和承诺，并从国家层面做了一系列路径规划，绿色金融作为支持碳中和目标实现的重要金融工具，也进入各国的国家发展战略中，以英国、欧盟、中国为代表的发达国家和新兴经济体已经逐步构建自身绿色金融体系、培育绿色金融市场，“绿色新政”“可持续发展战略”“可持续发展规划”等国家级战略在世界各国提出，从国家层面为绿色金融的发展构筑良好的外部环境的同时，也对绿色金融在标准、产品和服务、国际合作等各项领域提出了更高的要求。

三、国内绿色金融发展历程

自 2007 年至今，中国绿色金融历经初始发展、深化发展和全面推进三个发展阶段（见图 2-3）。

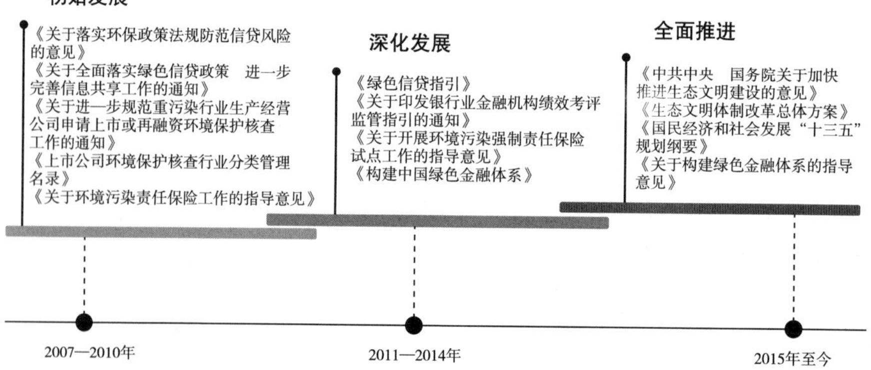

图 2-3　中国绿色金融发展阶段

1. 初始发展阶段（2007—2010 年）

在此期间，中国政府鼓励发展绿色信贷、绿色证券和绿色保险的若干措施出台，主要内容包括鼓励发展绿色信贷、开展上市公司环保核查、进行环境污染责任保险试点等。

2007 年，《关于落实环保政策法规防范信贷风险的意见》（以下简称《意见》）出台，《意见》要求加强环保和信贷工作协调，从严审查信贷环保要求，防范信贷风险。2009 年，原国家环保总局发布《关于全面落实绿色信贷政策 进一步完善信息共享工作的通知》，强调建立绿色信贷信息共享机制，更大范围报送企业环境违法信息。

证券业和保险业也经历了类似的探索阶段，从证券业来看，2007 年至 2008 年，原环境保护部先后发布《关于进一步规范重污染行业生产经营公司申请上市或再融资环境保护核查工作的通知》和《上市公司环境保护核查行业分类管理名录》，规范细化环保部门开展针对申请上市企业和申请再融资的上市企业环保核查工作。国务院办公厅在 2008 年的《关于印发节能减排工作安排的通知》中，提出“支持发行节能减排方面的企业债券，开展污水处理项目收益债券试点”[①]。从保险业来看，2007 年原国家环保总局、原保监会发布《关于环境污染责任保险工作的指导意见》，环境污染责任保险在我国启动试点[②]。一方面，促进企业在生产活动中树立环保责任意识和风险防范意识；另一方面，因突发意外污染事故造成损失，企业可通过保险赔偿的方式将损失降到最低，分散企业经营风险，履行社会责任。

2. 深化发展阶段（2011—2014 年）

2012 年上半年，《绿色信贷指引》与《关于印发银行业金融机构绩效考评监管指引的通知》相继发布，要求金融机构建立健全绿色信贷标识制度，探索绿色信贷考核评价体系和奖惩机制，明确绿色信贷支持的重点领域。2013 年，原银监会正式在全球首先实行绿色信贷统计制度，绿色信贷政策得到完善。同年，原环保部和原保监会下发的《关于开展环境污染强制责任保险试点工作的指导意见》，明确试点企业范围，指导设计保险条款、理赔程序和机制。此后，一系列行业标准及管理办法相继出台，绿色

---

① 国务院．关于印发 2008 年节能减排工作安排的通知［C/OL］．2008-07-15. http://www.gov.cn/zhengce/content/2016-09/22/content_5110758.htm。

② 环境责任保险：是以企业发生污染事故对第三者造成的损害依法应承担的赔偿责任为标的的保险。

保险体系构建日益完善。2014 年，中国人民银行牵头成立中国绿色金融工作小组，并于 2015 年发布了《构建中国绿色金融体系》，提出“构建绿色金融体系的框架性设想以及 14 条具体建议”，指出基于微观经济学理论，将环境问题外部性内部化；利用消费偏好，培养绿色消费观念；强化企业社会责任意识，代替财政补贴来推动绿色投资等。

3. 全面推进阶段（2015 年至今）

2015 年 4 月，中国金融学会绿色金融专业委员会成立，在绿色金融标准、评估机制、环境风险分析等方面开展研究，绿色金融能力建设和培训工作有序推进。2015 年 9 月，《中共中央 国务院关于加快推进生态文明建设的意见》和《生态文明体制改革总体方案》出台，纳入多条发展绿色金融的内容，标志着发展绿色金融成为国家战略。2016 年 3 月，《国民经济和社会发展第十三个五年规划纲要》强调建立绿色金融体系，设立绿色发展基金。同年 8 月，中国人民银行等七部门联合发布《关于构建绿色金融体系的指导意见》，之后，人民银行、银保监会、证监会、国家发展改革委、生态环境部等相关主管部门陆续推出若干政策细则。中国成为全球第一个出台系统绿色金融政策框架的国家。

“双碳”目标提出后绿色金融加快发展，《关于完整准确全面贯彻新发展理念做好碳达峰碳中和工作的意见》《关于印发 2030 年前碳达峰行动方案的通知》等顶层设计中，对绿色金融制度建设、产品创新、国际合作等方面作出指引性安排，进一步推动了绿色金融的加快发展，至此，绿色金融“三大功能”“五大支柱”① 的发展路径也已正式确立。

第三节　金融科技是金融与科技创新的高度融合

一、金融科技与科技金融、互联网金融、数字金融的区别

金融科技（FinTech），是金融（Finance）和科技（Technology）的合成词，关于金融科技的定义，目前认可度较高的是国际金融稳定理事会（FSB）提出的定义：“金融科技是技术带来的金融创新，它能够产生新的商

① “三大功能”主要是指金融支持绿色发展的资源配置、风险管理和市场定价；“五大支柱”主要是指完善绿色金融标准体系、强化金融机构监管和信息披露要求、逐步完善激励约束机制、不断丰富绿色金融产品和市场体系、积极拓展绿色金融国际合作空间。

业模式、应用、过程或者产品，从而对金融市场、金融机构或金融服务的提供方式产生重大影响。”随着金融科技不断发展，金融科技的内涵不断丰富，外延不断扩展，不同的国际组织、主权国家、金融机构、科技公司、研究机构等从各自角度阐述了金融科技的内涵（见表 2-2）。

表 2-2 金融科技定义

分类	机构	定义
国际组织	金融稳定理事会（FSB）	技术带来的金融创新，能创造新的业务模式、应用、流程或产品，从而对金融市场、金融机构或金融服务的提供方式产生重大影响
	国际证监会组织（IOSCO）	有潜力改变金融服务行业各种创新的商业模式和新兴技术
主权国家	美国国家经济委员会（NEC）	以金融科技涵盖不同种类的技术创新，这类金融创新影响各种各样的金融活动，包括支付、投资管理、资本筹集、存贷款、保险、监管合规以及金融服务领域里的其他金融活动
	美国金融行为监管局（FCA）	创新公司利用新技术对现有金融服务公司进行去中介化
金融机构	中国银行	互联网公司或者高科技公司利用云计算、大数据、移动互联等新兴技术开展的低门槛金融服务
	高盛	以技术为基础，并专注于金融产品与服务价值链上一部分或大部分，主要包括支付、科技等支持型借贷、保险、市场结构、资产管理和资金筹集等，分别对应并包含市场上的互联网支付公司、P2P 公司、互联网保险公司、互联网流量平台、数字化资产配置公司行业
科技公司	京东金融	遵从金融本质，以数据为基础，以技术为手段，为金融行业服务，帮助金融行业提升效率、降低成本
	蚂蚁金服	基于移动互联网、云计算和大数据等技术、实现金融服务和产品的发展创新和效率提升

从表 2-2 中可以看出，不同组织和机构由于视角不同对金融科技的定义各有侧重。国际组织和主权机构对金融科技的定义为宏观层面的总体概述；金融机构强调了传统金融业务中信息技术的运用；科技公司更关注技术层面带来的金融创新。

“金融科技”与“科技金融”的概念内涵有所不同。2016 年 7 月国务院印发的《“十三五”国家科技创新规划》明确了科技金融的性质和作用。科技金融属于产业金融的范畴，具体是利用金融创新，高效服务于科技创新创业的金融产品和服务，侧重支持科技企业融资。金融科技的内涵则侧重科技为金融赋能，科技对金融产品和服务带来的变革等。一方面，金融科技提供传统金融机构转型的助力，解决传统金融机构存在的问题，优化金融产业链；另一方面，通过技术的迭代和创新，发展出传统金融模式无法提供的、由科技公司提供支持的高壁垒性新产品和新服务。

“金融科技”的概念范畴较“互联网金融”的概念更加深入。互联网金融使用互联网技术辅助传统的金融产品和服务，但并未在很大程度上变革金融业的生产方式。金融科技则通过技术创新实现金融产品和服务创新，使用信息技术产生了新的业态和组织形态。金融科技从业务形态和组织形态等方面对金融业务进行深度变革，科技在金融领域的应用更加深入，影响更广泛，科技从推进金融发展的渠道演变成金融发展的核心部分①（见图 2-4）。

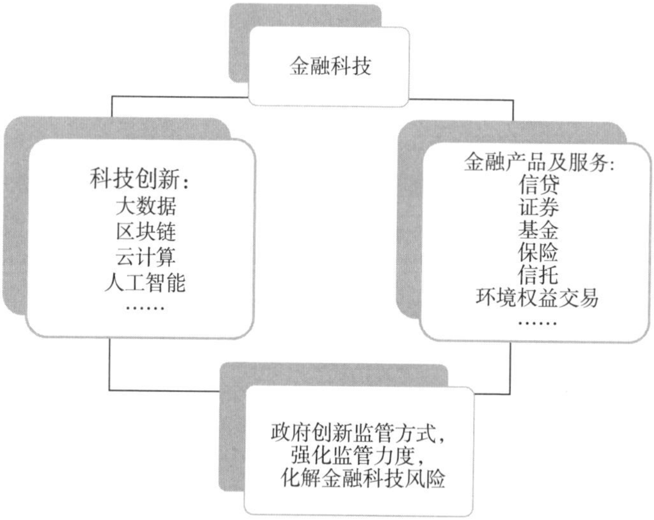

图 2-4　金融科技组成要素

“金融科技”和“数字金融”的不同点在于，金融科技更加突出的是信息科技的技术性，而在技术与应用之间仍存在差距，目前金融科技在风险

① 京东金融研究院 . 2017 金融科技报告：行业发展与法律前沿［R］. 2017.

管理上的应用还不算成熟。而数字金融强调数字技术以及数据，数字金融可通过流程的数字化转型，从而增大金融服务的广度与深度，体现了数字金融的内驱力。

二、国外金融科技发展历程

随着金融全球化发展，科技与金融相互交织，按照金融与科技的结合程度，以及融合的技术特征，国外金融科技主要分为四个发展阶段：金融科技萌芽、金融初步数字化、金融科技深入数字化和金融科技全面融合发展。

（一）金融科技萌芽阶段（1866—1967 年）

金融科技萌芽阶段主要为 1866—1967 年①。科技发展与金融发展相对独立，但是科技应用范围外延客观上促进了金融发展，形成了科技与金融融合发展的萌芽，金融业处于前电子化时期。同时金融发展迫切要求发挥科技助推作用。

1866 年第一条跨大西洋电缆铺设完成，六年后，西联汇款以此为基础建立了电汇业务，密切了欧洲和美洲的资金往来②。此后，欧美各国大规模建设铁路、运河、电报系统，推动了跨洲的商品流通和人员往来，金融服务范围相应扩大，出现金融全球化的雏形。“二战”后，计算机和通信等技术转向民用领域，推动了跨国集团和对外直接投资的发展。

20 世纪上半叶，个人消费金融开始发展起来。1950 年，为了解决使用现金支付出现的问题，如没有随身携带现金等，普通商业机构发行了具有“先垫款，后还款”特征的“大莱卡”这一信用卡雏形③。1952 年，美国的富兰克林国民银行推出了第一张银行信用卡，经过一段时间发展，仅美洲银行一家 1959 年至 1968 年间的发卡总量累计超过 100 万张，账户和交易量规模增加，需要新的大型计算设备作为技术支持。

---

① Douglas Arner, Janos Barberis and Ross Buckely. The Evolution of Fintech: A New Post-Crisis Paradigm? [EB/OL]. Sydney: University of New South Wales Law Research Series, 2020-12-31. https://www.researchgate.net/publication/313365410_The_Evolution_of_Fintech_A_NewPost-Crisis_Paradigm.

② Megan Doyle. Telegraphic Transfer's Modern Meaning for International Business. https://www.americanexpress.com/us/foreign-exchange/articles/what-does-telegraphic-transfer-mean-for-international-business/.

③ The Story Behind The Card [EB/OL]. [2020-12-31]. https://www.dinersclubus.com/home/about/dinersclub/story.

（二）金融初步数字化阶段（1967年至20世纪80年代）

金融与科技初步结合时期主要为1967年到20世纪80年代。这一时期出现了专门为金融发展服务的科技研发。金融开始系统引入计算机和通信技术，提高金融业务流程电子化水平。此外，金融全球化的基础设施逐渐电子化，满足业务规模增长需要。

1967年，第一台ATM在巴克莱银行投入使用，同年，手持计算器原型机问世，某些科技发展以金融需求为导向①。在消费终端方面，20世纪60年代，日本研制出电子收银机（ECR），20世纪80年代，具有即时入账功能的现代POS机出现，提升了信用卡发行机构的运行效率。截至2008年，美国的ATM和POS机终端数量分别达到42.5台和517.55万个②。

在基础设施方面，1970年，主要从事国际美元清算的纽约清算所银行同业支付系统（CHIPS）建立。1973年，环球同业银行金融电信协会（SWIFT）成立，应用电信技术，发送标准格式电文，为全球金融系统提供信息沟通便利，但不直接参与资金的划拨周转。1982年成立的伦敦自动清算支付系统（CHAPS），以高度电子化的方式实现了英镑业务全额实时结算，逐一完成支付指令。随着以这些项目为代表的新一代基础设施建立，金融业通信实现了从电报系统到电信系统的转变，专业自动化业务系统出现，数字化水平相应提升。

（三）金融科技深入数字化阶段（20世纪90年代至2008年）

金融和科技融合程度进一步提高，互联网和移动终端普及程度提高，外部发展条件成熟，以线上化、虚拟化为典型特征。科技应用不再局限于金融内部，金融业以信息技术为基础，搭建在线平台，直接作为面向客户的渠道，打通资产端、交易端和支付端的技术壁垒，互联网银行和移动支付等多种新型业态出现。

1995年10月第一家纯互联网银行，美国第一安全网络银行（SFNB）在因特网上成立，除了开展最基本的储蓄业务，用户还可以投资金融产品，线上缴纳账单，查询交易明细等功能。1997年，招商银行推出“一网

① Patrick Thibodeau. TI's first handheld calculator is now a museum piece [EB/OL]. 2020-01. https://www.computerworld.com/article/2541155/ti-s-first-handheld-calculator-is-now-a-museum-piece.html.

② 资料来源：Wind数据库。

通”网上银行，在个人银行、企业银行、在线支付、网上商城等基本功能之外，推出了针对企业用户的在线信托业务、网上财务稽核业务和针对个人用户的财务分析。网上银行的概念在全球推广，金融机构先后建立了自己的互联网业务渠道。

20 世纪 90 年代，移动支付业态出现。随着手机等移动终端的普及，2004 年日本电信运营商与商家合作，基于索尼芯片技术进行移动支付，应用也从餐饮业向零售等其他生活场景铺展。在线支付公司 PayPal 也在 2006 年通过收取短信验证码的方式，进入移动支付业务领域①。

（四）金融科技全面融合阶段（2008 年至今）

传统金融机构在 2008 年国际金融危机中受到冲击，充分暴露了金融发展过程中的风险识别和监管滞后问题，促使金融界重新审视运用金融科技推动业务变革。这一阶段金融科技发展主要呈现出两个特点：一方面，确立了全面的监管思路，在强调金融科技应对业务风险的同时，注意监管金融科技自身缺陷的风险和是否符合监管要求的合规风险；另一方面，以人工智能、区块链、大数据和云计算为基础的金融创新逐步从客户接待、业务办理等非核心业务向投资决策、智能交易等核心业务渗透。

2019 年初，美国众议院通过了《金融科技保护法案》，强调监管金融科技技术本身风险，通过成立独立金融科技工作小组，打击利用金融科技进行非法融资和恐怖活动；推出“创新和金融情报领域的金融科技领导力计划”，监测并追踪非法使用数字货币的工具和程序；最后提出新开发和应用的程序必须满足合规要求。同年 3 月，《金融科技法案（2019）》正式被提交到美国国会，法案提出在保护和鼓励初创型金融科技公司的同时，参照“沙盒监管”模式，避免多头监管等问题带来的监管空白，并且成立了金融科技委员会作为专门管理机构②。

2015 年，纳斯达克建立了基于区块链技术的金融服务平台 Linq，服务于私人股权市场交易。平台将股权证明数字化，使用可视化时间轴展示交易信息，并实现了可追溯性。在简化股权交易流程的同时，Linq 避免核对

---

① Brian O' Connell. History of PayPal: Timeline and Facts [EB/OL]. 2020-01-01. https://www.thestreet.com/technology/history-of-paypal-15062744.

② 李真，袁伟．美国金融科技最新立法监管动态及对我国的启示［J］．金融理论与实践．2020（4）：69-76.

纸质凭证、验证纸质表格等问题，降低了交易风险。2016 年巴克莱银行基于区块链技术完成了和以色列企业的交易，实现了全程无纸化，将以数天为周期的交易缩短到 4 小时。

三、国内金融科技发展历程

按照不同时期应用的典型技术，我国金融科技的发展历程大致可分为金融电子化、金融信息化、互联网金融、金融科技四个阶段（见图 2-5）。

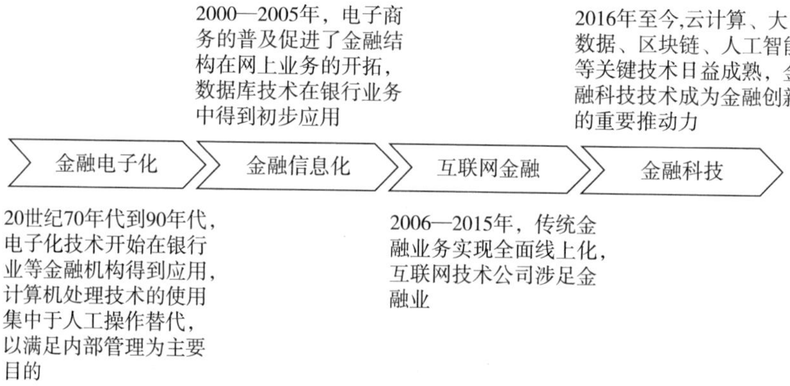

图 2-5　中国金融科技发展历程

（一）金融电子化阶段（20 世纪 70—90 年代）

金融电子化阶段主要发生在 20 世纪 70—90 年代，电子化技术开始在银行业等金融机构得到应用，该阶段计算机处理技术的使用集中于人工操作替代，以满足内部管理为主要目的。

我国金融电子化最早可追溯至 20 世纪 70 年代，中国银行引进了首套主机系统，用于替代部分人工业务，对公业务、储蓄业务、联行对账业务、编制会计报表等日常业务实现了自动化处理。

20 世纪 80 年代，我国各大商业银行相继引进美国、日本等发达国家先进主机系统，大中城市各类柜面业务处理系统初步实现电子化，电子化技术的应用在银行业得到推广。

20 世纪 90 年代，各大商业银行信息系统主机随着技术的进步持续升级，业务处理范围持续扩大，业务处理能力得到增强。1991 年 4 月，人民银行卫星通信系统上电子联行系统（EIS）正式运行，用于解决由于纸票据传递迟缓和清算流程过分烦琐造成的大量在途资金问题，以起到加速资金周转、减少支付风险的作用。各大银行先后加入人民银行的电子联行系统，我国银行信息系统实现全面网络化。同时，部分大中城市建立了各种形式的自动化的同城票据交换系统，如同城跑盘清算系统、同城网络清算系统和同城清分机处理系统等。除此之外，基于卫星通信系统，人民银行开发了全国证券报价交易系统，全国范围内的统一、公平、合理的证券交易市场初步形成，电子化技术在证券业也得到了初步的应用。

电子化技术在银行业的运用推广得到了政府的大力支持。1993 年，国务院出台《有关金融体制改革的决定》，明确指出要加快金融电子化建设。在国务院的统一部署下，由人民银行牵头，各商业银行有序推行银行业务电子化的建设，通过现代通信技术、计算机技术等进行金融业务和管理，提高了工作效率。

（二）金融信息化阶段（2000—2005 年）

金融信息化阶段主要发生在 2000—2005 年，电子商务的普及促进了金融机构在网上业务的开拓，同时，数据库技术在银行业务中得到初步应用。

与金融电子化阶段不同，金融信息化阶段，金融机构运用信息技术重构传统金融信息系统，目的是建立开放式的金融信息化体系。2001 年 12 月，中国加入世界贸易组织，国内金融市场竞争加剧，金融机构在加强客户关系管理、实现金融产品创新、加强内部化信息建设方面提出了崭新的需求。与此同时，电子商务的普及使得社会信息化的氛围形成，金融业作为支撑社会经济发展重要部分，电子商务在金融业的应用愈加广泛和深入。各大商业银行纷纷推出网上银行等产品，以满足用户便捷办理业务的需求。中国银行推出的网上银行产品，功能涵盖了网上查询、转账、支付和结算等业务。中国建设银行除推出网上银行业务之外，还开通了网上个人外汇买卖、证券保证金自动转账等服务。招商银行的网上业务则包括网上个人银行、网上企业银行、网上实时支付、网上证券等功能。

各大商业银行通过以现代通信网络和数据库为基础，逐步实现全国范围的银行计算机处理联网、互联互通、支付清算、业务管理及办公信息化等，业务数据得到集中管理，服务和管理水平得到提高。以中国工商银行为代表，2002 年 10 月，中国工商银行历时三年完成“9991”数据大集中工程，基于北京、上海两个大型数据中心集中处理全国业务，并通过计算机系统的负载均衡和多重备份，建立起了集约化的生产运行管理制度，保障了计算机系统的平稳运行，为各项业务的发展整合提供了先进的技术平台。

（三）互联网金融阶段（2006—2015 年）

互联网金融阶段主要发生在 2006—2015 年，随着互联网技术和移动互联网技术的飞速发展，传统金融业务实现全面线上化，同时，互联网技术公司涉足金融业务。

金融机构加快搭建在线业务平台，传统金融业务实现全面线上化，业务效率得到大幅提高。各金融机构后台成立 IT 部门，为金融业务线上化发展提供全面技术支持。网上银行迅猛发展，根据艾瑞咨询，2006—2015 年十年间，我国网上银行的交易额由 2006 年的 93.4 万亿元，增长至 2015 年的 1803 万亿元。一方面，网上银行的便利推动了个人投资理财市场的壮大，个人理财市场的火爆进一步助推了网上银行的发展；另一方面，淘宝等网上购物平台的爆发式增长，极大程度上拉动了网上支付的需求（见图 2-6）。

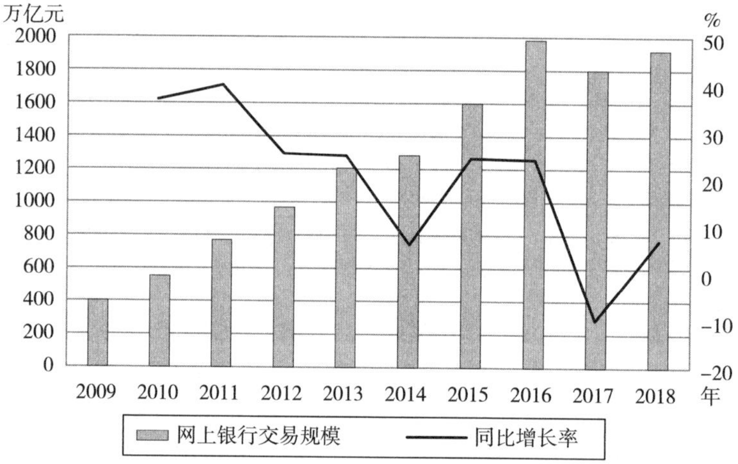

图 2-6　2009—2018 年中国网上银行交易规模

互联网公司实现金融业业务的拓展。2011 年 5 月，人民银行正式发放第三方支付牌照，互联网公司正式涉足金融业务，互联网技术与金融业务的融合开始规范发展，金融业竞争格局发生转变。互联网公司利用经验和技术等的优势，推出支付宝、微信支付等移动支付工具，改变了人们的日常生活习惯。互联网金融的持续发展，受到政府的高度重视和支持。2014 年，政府工作报告中明确提出促进互联网金融发展。2015 年 7 月，人民银行等十部门正式发布《关于促进互联网金融健康发展的指导意见》，以指导互联网金融规范有序发展。

（四）金融科技阶段（2016年至今）

2016年至今，金融与科技实现深度融合，对传统金融业务产生影响。云计算、大数据、区块链、人工智能等关键技术日益成熟，金融科技技术成为金融创新的重要推动力。现代信息技术改变了金融业务的工作方式，金融科技技术的运用很好地解决了传统金融的痛点，大幅提升了传统金融的效率。金融科技已逐渐融入信贷、保险、证券、信托、金融监管等领域。

2016年是金融科技发展较为重要的年份，金融科技的内涵得到明确，国际组织金融稳定理事会（FSB）对金融科技提出明确定义："金融科技是由技术驱动的金融创新，旨在运用现代科技成果改造或创新金融产品、经营模式、业务流程等，推动金融发展提质增效。"

金融科技的发展受到政府部门的高度重视，政府出台多项政策支持金融科技的规范发展。2016年，《中国银行业信息科技"十三五"发展规划监管指导意见》明确指出："大中型银行要把数据治理作为重要的制度性建设与基础性工作，统一数据标准，提高数据质量，深化数据应用，有效支撑银行业务发展，有效提升银行管理水平。"监管部门提出未来银行业面向互联网场景的信息系统须全部迁移至云计算平台，"金融上云"的刚需催生了云服务。2017年3月，"人工智能"首次出现在政府工作报告中。人工智能在金融领域的应用场景不断拓展，包括征信、大数据风控、反欺诈、智能客服、智能投顾以及智能投研。2017年5月，中国人民银行成立了金融科技（FinTech）委员会，旨在切实做好我国金融科技发展战略规划与政策指引，引导新技术在金融领域的正确使用。2019年10月，人民银行印发《金融科技（FinTech）发展规划（2019—2021年）》，金融科技发展的顶层设计框架逐渐得到完善。2022年1月，中国人民银行印发《金融科技发展规划（2022—2025年）》，形成了对上一阶段发展规划的延续与拓展，为"十四五"时期金融科技的发展提供了指导思路。

在上述政策鼓励下，科技企业及传统金融机构发挥各自优势，拓展金融科技产品和服务：蚂蚁金融科技通过提供数字金融服务，帮助银行建设移动银行、互联网银行和智慧银行，基于人工智能，实现对目标客户的智能化营销和银行中台业务的智能化决策；基于云计算技术，提高传统金融机构业务实时处理能力，实现对服务器、存储等的自动化管理，并生成运维数据可视化分析结果。

传统金融机构将金融科技作为未来重点战略方向，相继成立金融科技子公司。2018 年中国建设银行旗下建信金融科技有限责任公司在上海揭牌，这是国有大型商业银行成立的首家银行系金融科技公司。同年，建设银行推出我国首家无人银行。2019 年 5 月，工商银行在雄安新区设立金融科技子公司。同年 6 月，中国银行在上海挂牌成立中银金融科技有限公司。2020 年 7 月，中国农业银行金融科技子公司注册成立，8 月，交通银行注册成立交银金融科技有限公司，至此，国有五大银行全部成立了金融科技子公司（见表 2-3）。

城商行中如北京银行、盛京银行、厦门国际银行也纷纷成立了科技公司。近年来，在数字化转型的浪潮中，银行正在向智慧银行、数字银行转型，科技创新成为银行比拼金融实力的关键因素。

表 2-3　中国主要金融机构科技公司（截至 2022 年）

银行	金融科技子公司名称	成立时间
兴业银行	兴业数字金融服务（上海）股份有限公司	2015. 11. 10
平安银行	上海壹账通金融科技有限公司	2015. 12. 29
招商银行	招银云创（深圳）信息技术有限公司	2016. 02. 23
光大银行	光大科技有限公司	2016. 12. 20
民生银行	民生科技有限责任公司	2018. 04. 26
中国建设银行	建信金融科技有限责任公司	2018. 04. 12
华夏银行	龙盈智达（北京）科技有限公司	2018. 05. 23
北京银行	北银金融科技有限责任公司	2018. 08. 24
中国工商银行	工银科技有限公司	2019. 03. 25
中国银行	中银金融科技有限公司	2019. 06. 11
中国农业银行	农银金融科技有限责任公司	2020. 07. 28
交通银行	交银金融科技有限公司	2020. 08. 25
厦门国际银行	集友科技	2020. 09. 21
盛京银行	盛银数科	2021. 07. 14

资料来源：根据公开资料整理。

两者在各自推进的同时，也呈现出合作共赢的趋势。一类是新兴科技型企业，另一类是有广泛客户基础和金融基础的金融机构①。例如，2017 年 11 月，工商银行与京东金融联合发布“工银小白”数字银行，可以在线开立工商银行电子Ⅱ类账户②，在常规的存取款、转账功能基础上，还增加了在线办理存款证明和线上购买贵金属等特色业务；2019 年 4 月，中国建设银行和腾讯达成战略合作，共建金融科技实验室，建立“产学研用”一体化平台，加大基于知识图谱、机器学习等金融科技模型研发力度，探索金融业务，完善此前基于腾讯云搭建的底层基础设施，支持建设银行自有业务运行。

2022 年以来，多家银行系金融科技公司进行了不同程度的战略优化。从整体上来看，银行金融科技子公司在发展战略方面总体围绕数字化展开，以技术研发与服务行为基本任务，形成了各具特色的发展路径。

---

① 吴翔江．“开放、合作、共赢”——携手共建网络金融生态体系［J］．金融电子化，2018（1）：62-64.

② Ⅱ类账户：指可在线办理的，转账和消费限额的银行账户，需要绑定全功能的Ⅰ类账户使用。

第三章　绿色金融科技的内涵及发展基础

随着“双碳”目标的提出，我国转型发展的需求越发强烈，绿色金融科技行业也应乘势而上，发挥其“金融+科技”复合背景，进一步推动经济社会绿色转型和可持续发展。当前，我国绿色金融在政策标准构建、产品体系创新、地方试点实践及国际合作等方面取得了一定的成绩，我国金融机构、科技公司围绕绿色金融科技已经展开了相当有益的实践，然而，作为新兴领域，绿色金融科技发展时间较短，支持其发展的相关政策框架与顶层设计还在逐步搭建过程之中。本章首先从绿色金融科技的内涵、功能及发展情况介绍绿色金融科技的基础内容，然后从服务经济转型升级、赋能绿色金融创新、助力金融风险防范以及促进金融对外开放等方面，分析发展绿色金融科技的重要意义，最后从金融政策、标准、产品体系以及金融科技产业发展等方面，介绍我国绿色金融科技依托绿色金融发展成就、金融科技产业的长足进步以及强有力的政策支撑，实现了飞速发展，在促进经济转型升级、赋能绿色金融创新、助力金融风险防范、推动金融对外开放等方面发挥的重要作用。

第一节　绿色金融科技的基础内容

一、绿色金融科技的定义

关于绿色金融科技的定义，目前国内外尚未没有形成一致共识。2018年9月，联合国环境规划署在《绿色数字金融》报告中提出，绿色数字金融是指由大数据、机器学习与人工智能、移动科技、区块链以及物联网等技术支持的金融创新，可以帮助环境效益项目进行投融资活动，实现可持续发展目标（SDGs）①。欧洲银行业研究机构（EBI）在《绿色金融科技初步评估报告》（2020）中明确指出，绿色金融科技是利用金融科技的点对点和分布式账本技术，以直接融资的形式，结合 ESG（环境、社会和治理）理念，建立一个更加普惠、具有 ESG 弹性、可循环和环境友好的金融系统，支持可持续发展②的技术创新。

杨农③（2021）认为，绿色金融科技是金融科技在绿色金融领域的应用，是利用人工智能、区块链、大数据等新一代信息技术，为绿色项目提供投融资、风险管理、项目运营等金融产品和服务，以实现碳达峰、碳中和目标。

笔者认为，绿色金融科技是指利用云计算、大数据、人工智能、区块链、物联网等新型信息技术，结合可持续发展理念及相关绿色标准，为绿色金融项目筛选、产品创新、风险控制等提供服务的绿色金融市场基础设施服务，以助力经济高质量发展和绿色低碳转型。

二、绿色金融科技的功能

绿色金融科技基于技术手段，服务绿色金融发展，在推动投资决策绿色化、生产和生活方式绿色化、投融资方式多元化等方面发挥积极作用。

（一）推动投资决策绿色化

财务指标、生产经营活动等数据是投资决策的重要依据，绿色金融科技可以实时收集相关数据信息，协助落实 ESG 投资理念，将环境效益和风险纳入决策流程。首先，使用物联网技术采集企业产品位置、实际销售量和污染物排放量等生产活动信息，运用区块链技术可以实现财务数据上链，金融机构可以以较低成本收集大量的绿色企业实际经营数据，并且可以实时监测和追踪绿色项目的指标水平，缩短风险定位时滞。其次，通过大数据技术，将这些不规则数据转化为标准数据并进行数据可视化处理。

---

① UNEP. GREEN DIGITAL FINANCE: Mapping Current Practice and Potential in Switzerland and Beyond [R/OL]. 2018-09. http://unepinquiry.org/wp-content/uploads/2018/10/Green_Digital_Finance_Mapping_in_Switzerland_and_Beyond.pdf.

② EBI. Sustainable finance and Fintech: can technology contribute to achieving environmental goals? A preliminary assessment of 'Green FinTech' [R/OL]. 2020-08-13. https://papers.ssrn.com/sol3/papers.cfm?abstract_id=3672989.

③ 杨农．积极发展绿色金融科技［J］．金融科技，2021（8）．

最后，基于先前积累的海量数据，利用人工智能中的机器学习技术，开发出可供投资者利用的ESG评级指标体系和评价模型，并且按照行业、规模等划分依据，确定绿色项目的环境收益率计算模型，降低绿色项目前期融资成本。

（二）推动投融资方式多元化

绿色金融科技定位资金供给端和需求端的实际偏好需求，多渠道连接绿色企业和“长尾市场”的中小投资者。一方面，以大数据、云计算等为技术内核，可以以较低成本实现绿色投资项目和百万量级用户的对接，形成了一定可利用规模的资金池。目前，部分绿色中小企业面临不满足银行贷款条件，社会融资成本高的问题①，可以将平台经济与金融规范化创新相融合形成传统融资方式的有效补充。取得平台投资者认可作为一道筛选机制，也可以倒逼企业完善绿色商业模式，突出核心技术优势。另一方面，这一类互联网金融科技平台也为中小投资者提供了大量投资机会，它们利用大数据和人工智能技术，通过对用户过往交易数据的收集，进行用户画像，分析投资者的风险偏好和资金配置水平，为数量庞大的中小投资者匹配投资门槛低、额度灵活和合适风险收益比的项目。

（三）推动生产和生活方式绿色化

在推广个人绿色生活习惯方面，大数据和人工智能可以实时计算个人生活消费的碳排放量，生成可视化图像展示用户购买产品的碳足迹，展现居民生活方式对环境的具体影响。同时移动支付和在线支付技术的发展，避免打印纸质支付凭证，实现无纸化交易。与柜台交易相比，减少了不必要出行带来的碳排放，为下一步大规模引导居民发展绿色生活方式提供技术支持。

在推动企业生产方式转向绿色化方面，通过物联网技术，在设备排放终端安装传感器，实时监测绿色企业的碳排放量和污染物浓度等，再利用大数据和人工智能技术，与同等规模、同类行业的优质绿色项目比较，形成供企业参考的评估报告，提出针对具体超标排放物和污染性生产工艺的

① 每日经济新闻．绿色金融创新严重不足 有中小企业贷款利率超20%［N/OL］．2017-03-28. http：//finance. sina. com. cn/money/bank/bank_hydt/2017-03-28/doc-ifycstww1469813. shtml.

改进意见，提高企业生产过程的环保水平。此外，基于区块链技术，建立以绿色企业为核心，上下游企业、金融机构和环保监管机构等多方参与的绿色供应链金融体系，将每一批次产品信息和交易数据上链，实现从原料到成品的全流程可追溯，带动产业链的绿色升级（见图 3-1）。

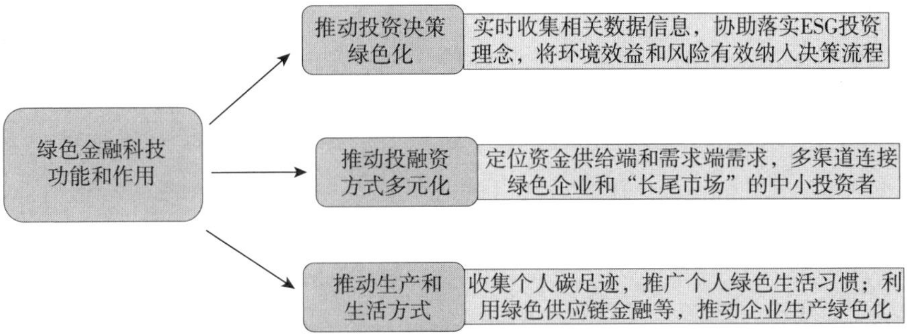

图 3-1 绿色金融科技功能和作用

三、绿色金融科技从“立柱架梁”向“积厚成势”

2019 年，人民银行发布实施《金融科技（FinTech）发展规划（2019—2021 年）》，明确提出 2019—2022 年我国金融科技工作的指导思想、基本原则、发展目标、重点任务和保障措施。其中特别指出：“到 2021 年，建立健全我国金融科技发展的‘四梁八柱’，进一步增强金融业科技应用能力，实现金融与科技深度融合、协调发展，明显增强人民群众对数字化、网络化、智能化金融产品和服务的满意度，推动我国金融科技发展居于国际领先水平，实现金融科技应用先进可控、金融服务能力稳步增强、金融风控水平明显提高、金融监管效能持续提升、金融科技支撑不断完善、金融科技产业繁荣发展。”

为实现这一目标，人民银行及金融机构、科技公司等于近年来开展了积极实践，推动金融科技在实体经济中落地生根。在技术方面，大数据、云计算、人工智能、区块链等技术金融应用成效显著。在产品方面，金融服务覆盖面逐步扩大，优质金融产品供给不断丰富，金融惠民利企水平持续提升。在监管方面，金融科技创新监管工具稳步实施，监管规则体系和监管框架不断健全，金融守正创新能力大幅提高。我国金融科技在技术支撑、产品创新、监管体系构建等方面的基础已基本完善，为未来我国金融科技发展奠定良好基础。

2021 年，人民银行引导金融业立足新发展阶段、贯彻新发展理念，推动金融科技三年发展规划圆满收官，显著提升守正创新能力和惠民利企水平。顺利完成6部门10省市金融科技应用试点，深入开展数字化转型伙伴行动，进一步健全无障碍金融服务体系。全面实施金融科技创新监管工具，实现人民银行创新监管工具与香港金管局“监管沙盒”联网对接。出台多项监管规则规范，加强网络金融平台监管，筑牢金融科技风险防火墙。推动新一代金融信息基础设施建设。深化监管科技在支付清算、货币发行、会计核算、征信等领域应用，提升金融监管效能和风险防控能力。①

2022年初，人民银行发布《金融科技发展规划（2022—2025年）》，指出要坚持“数字驱动、智慧为民、绿色低碳、公平普惠”的发展原则，以加强金融数据要素应用为基础，以深化金融供给侧结构性改革为目标，以加快金融机构数字化转型、强化金融科技审慎监管为主线，将数字元素注入金融服务全流程，将数字思维贯穿业务运营全链条，注重金融创新的科技驱动和数据赋能，推动我国金融科技从“立柱架梁”全面迈入“积厚成势”新阶段，力争到2025年实现整体水平与核心竞争力跨越式提升。并提出八大重点任务，明确到2025年，金融科技整体水平与核心竞争力实现跨越式提升，数据要素价值充分释放、数字化转型高质量推进、金融科技治理体系日臻完善、关键核心技术应用更为深化、数字基础设施建设更加先进，以“数字、智慧、绿色、公平”为特征的金融服务能力全面加强，有力支撑创新驱动发展、数字经济、乡村振兴、碳达峰碳中和等战略实施。

与此同时，我国绿色金融发展也迈入新的阶段。作为全球首个拥有绿色金融完整顶层设计的国家，我国绿色金融在近年来呈现飞速发展的趋势，成为全球绿色金融的重要倡导者与引领者，并在发展过程中形成了绿色金融标准体系的建设、绿色金融数字基础设施建设、绿色金融产品的创新体系、绿色金融发展的激励约束机制等关键做法，为我国绿色产业发展，碳达峰碳中和目标的实现提供了有力支持。

2016年《国民经济和社会发展第十三个五年规划纲要》中明确，加快环境保护大数据建设，深化大数据在各行业的创新应用，探索与传统产业协同发展新业态新模式，发展新兴领域人工智能技术。联合国环境规划署与蚂蚁金服于一年后共同发起成立了绿色数字金融联盟，旨在利用数字技术，寻求推动全球可持续发展的新路径。从2017年开始，政府工作报告持

---

① 中国人民银行 人民银行金融科技委员会召开会议研究部署2022年重点工作［N/OL］. 2022-03-23. http：//www. pbc. gov. cn/kejisi/146812/146814/4514764/index. html.

续提及绿色金融、“互联网+”、数字经济、人工智能等关键词，党的十九大报告中将可持续发展和科教兴国列入我国全面建成小康社会的七大战略。

2017 年 6 月以来，中国先后在七省（区）十地开展绿色金融改革创新试点，应用金融科技支持绿色金融发展是重点方向之一。在个人生活方式绿色化方面，湖州安吉农商银行以个人账户为依托，发行虚拟“两山绿币”，利用人工智能和云计算技术，实时识别居民的绿色行为并转化为账户积分，绿色行为包括绿色支付、绿色出行、绿色循环以及绿色文明四大类，具体细分为垃圾分类、业务在线自主办理和参与文明志愿活动和慈善事业等 10 项，利用大数据建模分析，并结合第三方绿色行为环境效益评估，将积分兑换成绿币，按照“1 绿币 = 1 元钱”的标准在该银行的定点网络线下消费，并且享受银行的优惠利率和贷款增信服务。在基础设施数字化方面，衢州建设了金融科技赋能的绿色金融服务信息平台“衢融通”，收集企业综合信用数据、生产经营数据、电子证照数据、绿色金融专题数据四个维度共计 12 小项的指标信息。平台应用大数据和区块链技术，实现数据分布式存储计算和分析，并与国家、省级征信体系对接，自动生成企业综合信用报告，并建立信贷项目事前查询、事中事后动态监测体系。这一平台旨在便利金融机构和绿色项目对接，推动绿色金融政策实施和落实监管要求①。

2020 年央行高层也在相关场合表态发展绿色金融科技，9 月，中国人民银行研究局局长王信在“外滩大会”上指出，“金融科技通过大数据、人工智能、物联网、云计算、区块链等数字技术应用，能有效缓解相关痛点和难点，因此作为从绿水青山到金山银山的重要桥梁和转换器，绿色金融引导更多社会资本投向绿色产业，离不开数字技术的支撑。”② 12 月，原央行副行长李东荣在“2020 新时代金融发展峰会”上强调发展绿色金融科技的四点要求，包括推动金融科技在绿色金融场景的应用；基于大数据、物联网提升绿色金融科技领域监管能力，优化监管流程；促进绿色金融基础设施数字化建设，基于区块链和云计算应用，建立跨部门、跨区域、跨行业的融合性数据平台体系；建立健全绿色金融科技复合型人才培养体系，实

---

① 衢州市营商办．衢州市建设绿色金融服务信用信息平台 打通企业融资“最后一公里”［N/OL］．2020-12-22. https：//www. zhonghongwang. com/show-382-191433-1. html.

② 外滩大会．王信：我国已成为全球金融科技应用的领跑者之一［C/OL］．2020-09-26. https：//www. inclusionconf. com/about

现“绿色识别精准化、评级定价智能化、预警处置自动化”。同月，央行行长易纲在新加坡金融科技节上表示，央行将继续探索利用金融科技发展绿色金融，支持绿色金融改革创新试验区开展金融科技创新。2023 年 3 月，央行提出要加快构建完善跨部门碳信息共享机制，加大数字科技赋能，充分发挥碳信息在绿色金融风险管理、产品创新、信息披露等方面的重要作用。

第二节　发展绿色金融科技的意义

一、绿色金融科技服务经济转型升级

（一）推动绿色产业健康发展

绿色发展、高质量发展是指导我国经济社会发展的重要指导思想之一，近年来，我国大力推进供给侧结构性改革，以适应世界经济长周期及我国经济新常态下发展要求。2020 年 9 月，习近平主席在第七十五届联合国大会一般性辩论上郑重宣布中国将力争于 2030 年前实现碳达峰、2060 年前碳中和的目标，对中国经济绿色转型提出了更高要求。2020 年 10 月，党的十九届五中全会明确提出要加快构建以国内大循环为主体、国内国际双循环相互促进的新发展格局，并作出重大工作部署。在此背景下，我国经济结构、能源结构亟待调整。金融作为实体经济的血脉，也亟须通过优化资源配置、提升资金使用效率等方式，引导资金从高污染、高能耗的产业流向高科技、高附加值的新兴产业，推动经济健康可持续发展。

绿色金融科技兼具“绿色金融”及“科技”理念，能够发挥“1+1>2”效应，精准支持绿色产业发展。基于大数据、云计算、人工智能、区块链等新兴技术，能够准确识别、定位出符合绿色标准、适应新发展理念的项目，并通过资金流、信息流、物流跟踪及检测，将资金与项目相匹配，提升金融机构工作效率、优化资产配置，引导更多资金投向绿色产业，为经济转型提供绿色动能。

（二）促进棕色产业低碳转型

“双碳”目标的实现以及经济的高质量发展，既依赖于绿色产业的发展

壮大，也离不开棕色产业向绿色低碳转型。2021 年 10 月，国家发展改革委等五部门联合印发的《关于严格能效约束推动重点行业节能降碳的若干意见》中就强调要避免“一刀切”管理和“运动式”减碳，确保产业链供应链安全和经济社会平稳运行。运用“金融+科技”手段，支持传统产业的绿色转型同样是经济转型升级过程中的应有之义。

绿色金融科技可以依托技术手段，明确棕色企业转型风险及需求，为资金合理配置提供科学依据，为棕色产业的智能化、低碳化转型注入动力。通过大数据、物联网等技术能够对棕色企业经营情况、转型困境、金融需求等进行深度学习、分析、优化及处理，以协助棕色企业构建绿色供应链、提升能源使用率、引入低碳技术。此外，运用先进科技手段获取企业及项目信息，构建企业及项目数据库，把绿色项目和绿色金融或转型金融产品相结合，进一步压低资金和运营成本，以充分发挥绿色金融、转型金融等作用，构建高效、清洁、低碳、循环的经济体系和运营模式。

二、绿色金融科技赋能绿色金融创新

2016 年，中国人民银行等七部门发布《关于构建绿色金融体系的指导意见》后，中国绿色金融不断发展并取得相当成绩：据统计，截至 2022 年末，中国本外币绿色贷款余额 22.03 万亿元，中国债券绿色债券存量规模约 2.78 万亿元；绿色保险、绿色信托、绿色基金等创新产品不断涌现；试点碳市场及全国碳市场取得积极成效。但与此同时，在绿色金融发展过程中也暴露出绿色识别成本较高、各主体信息沟通渠道不畅、产品创新有待加强、优惠措施落实不到位等问题。2021 年，中国人民银行、银保监会、证监会等金融监管部门将金融支持碳中和列为重点工作，把科技创新作为优先事项。2022 年 2 月，人民银行会同市场监管总局、银保监会、证监会联合印发《金融标准化“十四五”发展规划》，明确提出加快完善绿色金融标准体系，推动金融标准化工作数字化转型。此前，中国人民银行行长易纲明确表示，人民银行将继续探索利用金融科技发展绿色金融。众多金融机构也将金融科技手段更多运用于绿色金融业务，绿色信贷、绿色债券、碳金融等十余个业务场景均嵌入了大数据、人工智能、区块链、云计算、物联网等新兴技术应用。[①]

① 刘建闽，乐团．科技赋能绿色金融服务质效提升［N］．中国城乡金融报，2021-10-15（A02）．

“科技”作为绿色金融未来发展的重要抓手和推动力，应利用数字技术、金融科技等解决当前阻碍绿色金融发展的工具、方法学等问题，开拓绿色金融发展新境地，助力构建以国内大循环为主体、国内国际双循环相互促进的新发展格局。

（一）科技助力打破信息壁垒

目前，金融领域普遍存在环境信息披露较为薄弱、企业环境信息不完整、及时权威的信息整合存在壁垒的现象。环境信息披露和共享机制的不健全，使得金融机构难以及时准确获得企业的环境信息，影响正确的投资定价和风险管控。绿色项目具有投资规模大、建设周期长以及良好外部性等特点，需要长期限资金与之匹配。因此，对于绿色金融发展而言，及时准确地获取包括环境信息在内的企业发展情况尤为重要。

金融机构通过自主研发、同业合作研发、科技公司外包等多元化方式，围绕绿色经济活动需求和绿色金融业务痛点，以 ESG 分析、绿色评级、环境风险管理等场景为重点，推动各项数字技术的深度应用，构建企业信息及项目共享平台，打破信息壁垒，缓解信息不对称，为后续绿色金融业务展开奠定基础。比如，依托大数据和人工智能技术，加强环境风险信息的在线采集和实时分析，探索实现信息收集自动化、绿色识别精准化、评级定价智能化、预警处置自动化，提升绿色投资效率，降低绿色项目风险。

（二）科技助力绿金产品创新

当前，绿色信贷与绿色债券在我国的绿色金融产品中占据主要地位，其他产品的规模仍存在发展空间。在碳达峰、碳中和政策的推动下，碳中和债、绿色基金、绿色保险、绿色信托等绿色金融其他种类的创新产品不断涌现。但是，一些创新产品如环境权益抵质押贷款、绿色市政债、绿色融资担保基金、绿色建筑保险等由于环境外部性的内部化难度大、绿色金融活动和产品界定不清晰、绿色金融标准和认证体系不统一、环境风险分析和管理工具缺失、绿色识别成本和监管成本高等一系列问题，应用范围和场景仍比较有限，未能大范围推广与应用。

大数据、人工智能、物联网、区块链等技术在界定绿色金融活动与产品、识别绿色项目、环境风险分析与管理方面具有天然优势，能够有针对性地解决绿色金融产品应用面临的难题。推动绿色金融基础设施数字化建设，以数据基础为支撑，支持绿色金融服务产品标准、信用评级标准、信息披露标准等标准制定，完善我国绿色金融领域工作机制建设的规范化和国际化，同时提升绿色金融综合信息服务、碳金融产品交易、环境权益交易等各类信息基础设施建设的数字化与智能化，助力绿色金融产品创新及应用。

三、绿色金融科技助力金融风险防范

面对绿色金融相关业务投资回报率较低、融资成本较高、期限较长、收益较低、风险较高等问题，金融机构发展绿色金融业务的积极性不高。与此同时，随着绿色发展形成风潮，包括环保企业在内的部分绿色企业扩张加快、财务杠杆率不断攀升。环保企业的经营模式通常前期投资金额较大，投资周期、回收周期均较长，企业现金流对外部融资较为依赖。在经济运行低迷、下游市场不景气的情况下，企业易出现订单量不足、主营业务持续亏损、资产周转率大幅下降、资金链持续紧张等风险，甚至出现违约风险。绿色将是我国今后一段时间发展的重要方向之一，金融机构应该充分认识这一点，在开展绿色金融相关业务时更加关注气候和环境风险识别，充分运用科技手段，对投资的项目和企业进行环境分析和评价，以防范系统性金融风险的发生。

金融科技应用于绿色金融领域，可降低金融机构信息成本，提升数据真实性与安全性，也为金融管理部门在标准推广、统计监测、信息披露、“反洗绿反漂绿”等方面提供更准确高效的服务。[①] 通过人工智能、大数据、物联网、应用程序接口等技术，保障碳排放核算科学、客观、精准，改进绿色金融业务监管流程，优化交易监控、压力测试、绩效评价、合规报送等监管工具，着力提升宏观审慎管理和微观审慎监管数字化水平，有效防范绿色信贷和绿色债券的违约风险，防止出现绿色项目杠杆率过高、资本空转、运动式减碳等问题，守住不发生系统性金融风险的底线，具体应用表现在以下几方面。

其一，借助大数据技术搭建风控系统。随着大数据时代的来临，决策取决于数据分析。借助金融科技手段引入外部公共数据，开发基于大数据的风控系统，使金融机构能够全面分析信用数据、判断用户信用情况、集成企业环境数据、提升绿色项目精准识别能力，从而有效防范金融风险。

---

① 杨农．积极发展绿色金融科技［J］．清华金融评论，2021（8）：92-93.

其二，构建环境风险建模及智能定价。人工智能、大数据分析等相关技术在建模、分析、预测上的应用，使得建模流程和数据统计更高效准确。绿色金融中环境风险管理、压力测试等数据的日趋复杂，需要金融科技手段来帮助金融机构实现对环境风险的动态分析。通过大数据分析手段，不断更新风险评估模型指标，通过调整对应的因子，提高模型适应性。

其三，建立绿色评级数据库和绿色评级模型。绿色评级目前主要被应用在环境管理环境绩效评价指南、联合国可持续发展委员会可持续发展指标体系、企业社会责任等方面。绿色评级模型的建立可以量化企业的“绿色程度”，金融机构在投资过程中可借助模型了解企业的环境风险，从而剔除“假绿”“染绿”投资标的，筛选出符合投资要求的绿色项目。

四、绿色金融科技促进金融对外开放

多年来，中国一直坚持自主稳妥有序地扩大金融业开放。2001 年，中国加入世界贸易组织，由此开始逐步确立普适性金融开放制度。党的十八大以来，金融业对外开放进入新阶段，基本建立了外商投资准入前国民待遇+负面清单的管理制度。在此过程中，中国坚持改革与开放协同推进，不断完善金融风险防控体系，有效维护了国家金融稳定和安全。[①] 当前，发展绿色金融，推动经济绿色复苏与可持续发展已然成为全球共识。金融科技与绿色金融的协同发展也得到了多国的认可，并成为发展的最新动态。我国推进绿色金融科技发展，对于稳步促进金融业对外开放，促进金融行业高质量发展而言，具有重要意义。

随着我国金融业对外开放的深入，我国金融机构与外国金融机构不仅在业务上竞争会越趋激烈，在金融科技方面的竞争也会趋向白热化。发展绿色金融科技，在支付、银行、投资、监管科技等领域推进绿色金融科技应用，为金融业态与金融产品的创新注入发展活水，有助于破除原有金融产业模式的瓶颈，开启金融业发展的新格局，助力我国金融业对外开放行稳致远。

---

① 陈雨露．推动中国金融业对外开放行稳致远［J/OL］．中国金融，2021（24）．https：//www. sohu. com/a/509124041_481887.

第三节　我国绿色金融科技发展基础

一、绿色金融体系构建日益完善

自2016年人民银行等七部门发布《关于构建绿色金融体系的指导意见》（以下简称《指导意见》）以来，各个部门相继出台政策文件，推动构建我国绿色金融发展政策框架。在政策指引下，我国绿色金融“自上而下”发展，在绿色金融体系建设、标准制定和绿色金融产品创新、地方绿色金融实践及绿色金融国际合作等方面取得了显著成效，为金融科技在绿色金融领域的应用与发展奠定了基础。

（一）绿色金融相关政策体系逐步完善

2015年《生态文明体制改革总体方案》首次将“建立绿色金融体系”纳入国家战略，从绿色信贷、资本市场、绿色发展基金、风险补偿、环境污染强制责任保险制度等方面提出总体指导要求。中共十九大报告明确指出要发展绿色金融，并把构建绿色金融体系上升到了国家战略的高度。双碳目标提出后绿色金融加快发展，《关于完整准确全面贯彻新发展理念做好碳达峰碳中和工作的意见》《关于印发2030年前碳达峰行动方案的通知》等顶层设计中，对绿色金融制度建设、产品创新、国际合作等方面作出指引性安排，从战略层面为绿色金融发展定调。

（二）建立并完善绿色金融标准体系

人民银行作为国内绿色金融牵头部门，已初步确立“三大功能”“五大支柱”绿色金融发展框架。在此基础上，推动我国绿色金融标准体系的建立与完善。当前，我国绿色金融标准体系日益完善，形成涵盖绿色金融通用基础、产品服务、信用评级、信息披露、统计与共享、风险管理与保障标准在内的科学完整的标准体系，为金融支持国家产业结构、能源结构绿色低碳调整和人民生活方式转变提供依据。①

2018年，人民银行牵头开展绿色金融标准化工程，围绕绿色金融通用

---

① 王信．推进绿色金融标准体系建设［N］．经济日报，2021-12-22（11）．

基础标准、绿色金融产品标准、绿色信用评级评估标准、信息披露标准、统计与共享标准、风险管理与保障标准等展开了全面研究制定工作，按照“国内统一、国际接轨、清晰可执行”的原则有序推进绿色金融标准体系构建：一是绿色金融通用基础标准取得重大突破。继人民银行发布《绿色金融术语》之后，2019 年发改委等七部门发布《绿色产业指导目录（2019 年版）》。二是绿色金融产品和统计标准取得重大进展。在产业目录基础上，银保监会、人民银行对绿色信贷、绿色债券的统计和分类标准进一步完善，相继修订发布《关于修订绿色贷款专项统计制度的通知》《绿色融资统计制度》《绿色债券支持项目目录（2021 年版）》《关于明确碳中和债相关机制的通知》《环境权益融资工具》《碳金融产品》等标准。三是绿色金融机构评价标准优化。2018 年《中国银行业绿色银行评价方案》及 2021 年央行印发的《银行业金融机构绿色金融评价方案》，标志着绿色金融评价面向银行业金融机构全面开展。四是绿色金融信息披露标准不断完善。2021 年 7 月，人民银行正式发布《金融机构环境信息披露指南》金融行业标准，从治理结构、政策制度、产品与服务创新、风险管理、风险量化、环境影响等方面对披露内容提出建议。五是区域绿色金融标准逐渐建立与完善。七省（区）十地绿色金融改革试验区在这几年大力发展绿色金融，不断出台地方绿色金融标准。

（三）绿色金融产品和服务稳健增长

据央行发布的金融机构贷款投向统计报告显示，2022 年，我国本外币绿色贷款①余额 22.03 万亿元，同比增长 38.5%，比上年末高 5.5 个百分点，高于各项贷款增速 28.1 个百分点，全年增加 6.01 万亿元；我国境内绿色债券新增发行规模为 8746.58 亿元，同比增长 44.04%，占中国境内外绿色债券新增发行规模的 88.90%，累计发行规模已突破 2.78 万亿元②；在国家层面，2020 年财政部、生态环境部、上海市人民政府三方发起成立国家绿色发展基金，基金首期总规模达到 885 亿元，旨在落实推动长江经济带沿线绿色发展，并探索可复制经验以发挥示范作用；在地方层面也涌现了诸

---

① 绿色贷款是指金融机构为支持环境改善、应对气候变化和资源节约高效利用等经济活动，发放给企（事）业法人、国家规定可以作为借款人的其他组织或个人，用于投向节能环保、清洁生产、清洁能源、生态环境、基础设施绿色升级和绿色服务等领域的贷款。

② 中央财经大学绿色金融国际研究院 . 2022 年中国绿色债券年报［R］. 2022.

多国际合作基金，如山东省发展投资集团联合亚洲开发银行、德国复兴信贷银行（KfW）、法国开发署（AFD）、全球气候基金（GCF）等于 2018 年发起设立山东绿色发展基金，以及河南省联合世界银行共同发起河南绿色农业发展基金。根据全国政府和社会资本合作（PPP）综合信息平台管理库数据，截至 2022 年 11 月，新入库污染防治与绿色低碳项目 28 个、投资额 276 亿元，2014 年以来，累计在库项目 5926 个、投资额 5.8 万亿元。

（四）绿色金融改革创新试验区成果丰硕

目前，我国是全球唯一设立了绿色金融改革创新试验区、有针对性地探索绿色金融改革道路的国家。自 2017 年以来我国建立了七省十市（区）地方绿色金融改革创新试验区，首批五省八市（区）地方绿色金融改革创新试验区已取得了一系列可复制可操作性的经验。试验区在试点的组织和保障、绿色金融试点落实、政府引导和推动、体制机制及其他重大创新，风险监测、预警及防范机制建设等方面实现了全面发展。各试验区的实践有效地支持了绿色企业和绿色产业，推动了经济向绿色转型发展。

（五）绿色金融国际合作取得积极进展

2016 年，在中国倡导和推动下，首次把绿色金融纳入 G20 峰会议题，2017 年中国作为发起国之一成立了央行和监管机构绿色金融网络（NGFS）等绿色金融合作平台，2018 年中英共同发布了“一带一路”绿色投资原则；中国还与欧盟等经济体共同发起可持续金融国际平台（IPSF），研究中欧绿色金融分类标准异同，推动国际绿色金融标准趋同。2021 年 11 月，IPSF 在联合国气候变化大会（COP26）期间召开 IPSF 年会，发布了《可持续金融共同分类目录报告——减缓气候变化》，对推动中欧绿色投融资合作、引导跨境气候投融资活动、降低跨境交易的绿色认证成本具有重要意义。2022 年 12 月 29 日，国际财务报告准则（IFRS）与中国财政部签署谅解备忘录，将成立国际可持续发展准则理事会（International Sustainability Standards Board，ISSB）北京办公室，标志着 ISSB 针对新兴市场和发展中国家的战略的推进，也将促进全球可持续披露标准的发展和实施。此外基于市场主体间的国际合作也更加多元。截至 2023 年 2 月，我国已有九家商业银行宣布采纳“赤道原则”并践行原则于项目融资过程中；我国大陆地区签约 UNPRI 机构已达 128 家，包含投资机构、服务机构与资产管理机构等类别。

二、金融科技产业取得长足进步

我国信息技术在金融领域应用起步于20世纪80年代，先后经历了金融业务电子化阶段、金融渠道网络化阶段，目前正迎来金融科技发展浪潮，信息技术逐步由支撑业务向引领业务方向发展，金融与科技深度融合已成为新趋势。①

从金融服务模式的变革来看，可以将我国金融科技发展历程划分为三个阶段。金融科技1.0是金融业务电子化阶段，其核心特征是“以账户为中心”的金融服务体系，这一阶段的金融科技实际上是以银行为中心，银行通过账户绑定所有人。金融科技2.0是金融渠道网络化阶段，其核心业务模式是“以客户为中心”的金融服务体系，随着资金和金融产品的过剩，金融机构为了获得更多的资金和更好的客户，金融服务体系的中心开始由“账户”转向“客户”。金融科技3.0是金融与科技深度融合阶段，其核心业务模式是“以场景为中心”的金融服务体系。这一阶段，金融与科技相互交织，金融服务与生产生活场景深度融合，金融机构将金融服务嵌入衣食住行、医疗教育、电子商务等民生领域，人工智能、区块链、大数据、云计算、物联网等新兴技术，在金融场景中扮演了重要角色，成为推动“以客户为中心”向“以场景为中心”转变的新引擎。②

在新一轮科技革命和产业变革的背景下，金融科技蓬勃发展，人工智能、区块链、大数据、云计算、物联网等信息技术与金融业务深度融合，为金融发展提供源源不断的创新活力，金融服务模式与金融产品形态也在发生着深刻的变化，金融科技使得金融服务更加便捷化、智能化。

三、绿色金融科技政策基础初步形成

近年来，绿色金融、“互联网+”、数字经济、人工智能、大数据等成为“热词”，并屡次出现在各类政府文件之中，为绿色金融科技发展营造了良好的政策环境。2015年1月，国务院发布的《关于促进云计算创新发展培

---

① 中国人民银行．金融科技（FinTech）发展规划（2019—2021年）[EB/OL]．2019. http://www.pbc.gov.cn/zhengwugongkai/4081330/4081344/4081395/4081686/4085169/index.html.

② 周道许，张翼飞，黎恩银．关于金融科技安全的认识与思考［J］．清华金融评论，2021(9)：107-112.

育信息产业新业态的意见》，提出进一步深化云计算在互联网金融领域的运用；同年8月，国务院发布《促进大数据发展行动纲要》，强调要推动跨领域的协同创新，培养新型业态，提升金融领域数据资源的获取和利用能力；在《中华人民共和国国民经济和社会发展第十三个五年规划纲要》中，加快信息网络新技术开发应用、实施国家大数据战略成为“十三五”期间的重要任务之一，同时也强调大数据、云计算和人工智能等关键技术与各行业的深入融合运用。2019年3月，国家发展改革委等七部门发布《绿色产业指导目录（2019年版）》，划分我国绿色产业边界，在该标准的基础上，中国人民银行分别发布《关于修订绿色贷款专项统计制度的通知》和《绿色债券支持项目目录（2021年版）》进一步统一绿色标准。绿色金融标准的逐步统一，以及企业环境信息披露的增强，为绿色金融与金融科技结合奠定了良好的基础。2021年3月，“十四五”规划要将“加快数字发展，建设数字中国”作为独立篇章，将推进数字经济发展纳为国家战略之一，为绿色金融科技的发展创造了良好的舆论条件。

中国金融监管部门近年也出台一系列政策，以促进金融科技在绿色金融领域的应用和实践。中国人民银行把落实碳达峰碳中和重大决策部署，完善绿色金融政策框架和激励机制，以及提升金融科技应用和管理水平作为重点工作之一。2019年8月，中国人民银行发布《金融科技（FinTech）发展规划（2019—2021年）》，明确金融科技定义，并提出“到2021年，建立健全我国金融科技发展的‘四梁八柱’，进一步增强金融业科技应用能力，实现金融与科技深度融合、协调发展，明显增强人民群众对数字化、网络化、智能化金融产品和服务的满意度，使我国金融科技发展居于国际领先水平”的发展目标。中国人民银行行长易纲在2020年12月新加坡金融科技节上表示，人民银行将继续探索利用金融科技发展绿色金融。未来，大数据、人工智能、区块链等金融科技手段在绿色金融中的运用前景非常大；银保监会提出，推动创新和科技赋能，促进金融业高质量发展；积极探索促进科技创新的各种金融服务，发展绿色信贷、绿色保险、绿色信托；要提高协同监管能力和科技运用能力；证监会也明确提出，加快推进科技和金融业务的深度融合；聚焦“数据让监管更加智慧”的愿景，全面提升监管科技和金融科技发展水平；大力促进大数据、云计算、区块链、人工智能等创新科技在金融行业的推广应用。[①] 2022 年 2 月，央行印发《金融科技发展规划（2022—2025 年）》（以下简称《规划》）。这是与 2019 年 8 月《金融科技（FinTech）发展规划（2019—2021 年）》相衔接的金融科技发展规划。与上一期规划相比，本次《规划》将着重解决金融科技发展不平均不充分的问题，重点任务更加明确，实施保障更加坚固。同时，《规划》提出“利用大数据、人工智能和基础设施动态监测金融科技手段，打造数字绿色的服务体系”的金融科技发展愿景，助力经济社会全面奔向数字化、智能化发展新时代。

① 保尔森基金会，清华五道口金融学院．金融科技推动中国绿色金融发展：案例与展望（2020）[R]．2021.

第四章　绿色金融科技的底层技术

新兴技术赋能金融行业各个领域，技术创新推动绿色金融业态与产品的重构。绿色金融科技工具和技术手段可以概括为ABCDI，即云计算（C）、大数据（D）、人工智能（A）、区块链（B）、物联网（I）。技术正从外在的辅助支撑转为内在的变革驱动力量，成为绿色金融加速发展的核心要素。

云计算技术作为可便捷从云端资源共享池中获取资源的技术，主要具有共享资源池化、按需自助服务、广泛的网络接入、快速弹性伸缩和服务可度量五方面特征，可以分为软件即服务（SaaS）、平台即服务（PaaS）、基础设施即服务（IaaS）三种基本服务模式，以及公有云、私有云、社区云、混合云四种部署模式。云计算技术赋能金融产品和服务，集约化按需供给降低成本，增强绿色金融领域数据计算存储能力和可靠性，是业务创新的必备承载平台。

大数据技术是对巨量数据进行截取、管理和处理，以实现信息解读，主要具有Volume（海量数据规模）、Velocity（快速数据流转）、Variety（多样数据类型）、Value（价值密度低）四项基本特征。根据数据传输流程，大数据技术架构包括数据接入层、数据存储层、数据处理层、应用服务层、资源管理层五部分。大数据技术通过节约成本，提高运营效率，降低信息不对称，增强风险管理能力，支持金融产品和服务创新。目前，大数据技术在金融领域的应用从产品设计、销售等前端服务向风险控制、流程改进等中后端服务不断延伸。

人工智能是“使计算机系统模拟人类的智能活动，完成人用智能才能完成的任务”，具体技术架构层级可分为基础层、技术层和应用层。人工智能在金融领域的应用场景集中在智能客服、智能投顾、智能风控、智能投研等，可以有效提升数据处理能力，实现服务模式个性化、场景化、开放化和智慧化，提高普惠程度。

区块链是综合多种技术的分布式账本实现的统称，具有去中心化、时序数据、集体维护、可编程和安全可信等特点。典型区块链技术架构由数据层、网络层、共识层、激励层、合约层和应用层组成。区块链技术可以建立新的信任机制，实现有效的隐私保护，重塑业务流程、提高信息透明度等。目前，区块链技术在金融领域的具体应用主要在供应链金融、支付清算、资产确权、智能合约、数字货币、证券发行交易、客户征信等场景。

物联网把所有物品通过角度感应、射频识别、红外感应器等信息传感设备与互联网连接起来，实现对物品及周围环境的智能化识别、定位、跟踪、监管等功能，具有全面感知、可靠传递、智能处理等基本特征。物联网技术通过随时随地的信息采集、传输、处理，提高绿色资产全生命周期状态监管的精准化，降低业务操作成本，进而推动绿色金融发展到分布式智能化审计和监管的高级形态。

第一节　云计算技术

一、云计算技术含义、模式及架构

（一）云计算技术含义和特征

云计算技术是一种基于互联网的商业模式，运营商将计算存储资源在云端共享，并按需提供给需求方的计算机和其他设备使用。美国国家标准与技术研究院（NIST）将云计算定义为一种模块，可以随时随地、便捷、按需地从可配置资源共享池中获取所需的资源（如网络、服务器、存储、应用程序和服务），这些资源可以被快速地提供和释放，实现管理成本和服务提供商干预的最小化。

云计算技术特征主要具有共享资源池化、按需自助服务、广泛的网络接入、快速弹性伸缩和服务可度量五方面的特征。

一是共享资源池化。云服务提供商将云端资源划分为若干资源池，通过出租的形式共享给用户，资源分配根据用户的需求动态进行。用户通常不知道自己使用的云计算资源的确切位置，但是自助申请可指定大概的区域范围。二是按需自助服务。用户对云服务提供商协助的要求较低，可单方面按需获取云端的计算资源。三是广泛的网络接入。用户可随时随地利用常见的云终端设备接入网络，并使用云端的计算资源。四是快速弹性伸缩。用户能方便快捷地按需获取和释放计算资源，即用户产生云计算资源需求时可快速获取资源以扩展计算能力，云计算资源需求降低时可迅速释放云计算资源以降低计算能力，提高资源使用效率。五是服务可度量。在云计算模式下，用户和运营商清晰地知道有多少资源被消耗。用户申请的资源是可度量计费的。用户使用云端计算资源是要付费的，付费的计量方法多种多样，可根据如存储、CPU、内存、网络带宽等资源的使用量和时间长短计费，也可按照使用次数计费。云服务提供商监视资源使用情况方便。

（二）云计算服务模式和部署模式

美国国家标准与技术研究院（NIST）将云计算分为软件即服务（SaaS）、平台即服务（PaaS）、基础设施即服务（IaaS）三种基本服务模式（见图 4-1）。

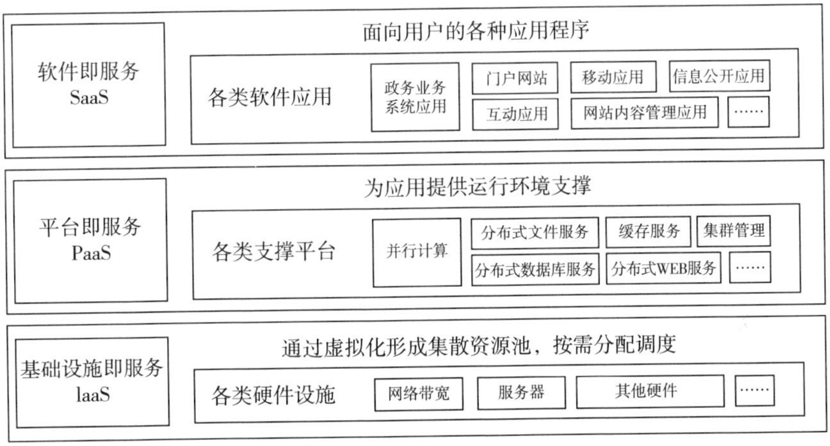

图 4-1　云计算三种基本服务

软件即服务（Software as a Service，SaaS）模式的云服务，是在云基础设施上运行的、由提供者提供的应用程序，本质是面向用户的各种应用程序。这些应用程序可以被各种不同的客户端设备所访问，如 Web 浏览器等。用户不直接管理或控制包括网络、服务器、操作系统、存储等设施。

平台即服务（Platform as a Service，PaaS）模式的云服务，是将用户创建或获取的应用程序，利用资源提供者指定的编程语言和工具部署到云的基础设施上，本质是为应用提供运行环境支撑的各类支撑平台。用户不直接管理或控制包括网络、服务器、操作系统、存储等底层云基础设施，但可以控制部署的应用程序，也可配置应用的托管环境。

基础设施即服务（Infrastructure as a Service，IaaS）模式的云服务，是

租用处理、存储、网络和其他基本的计算资源，用户能够在此基础上部署和运行任意操作系统和应用程序，本质是将物理服务器虚拟化形成资源池，按需分配调度的各类硬件设施。用户不仅可以完全访问所有虚拟化基础设施相关的IT资源，还可以访问可能的底层物理IT资源。

云计算的部署模式可以分为公有云、私有云、社区云、混合云四种。

第一，公有云。公有云的云端资源提供给社会公众使用。云端的所有权、日常管理操作的主体可以是商业组织、学术机构、政府部门等。需要注意的是，“公有”一词并不一定代表“免费”，也不表示用户数据可供任何人查看。

第二，私有云。私有云的云端资源只提供给某特定组织机构的用户使用，而云端的所有权、日常管理操作的主体归属权并无严格限制，可以是该组织机构，也可以是第三方机构。云端可位于该组织机构内部，也可托管在别处。

第三，社区云。对云端在安全性、合规性等方面具有相同要求的组织机构用户组成社区，社区云的云端资源只提供给社区内的组织机构用户使用，云端的所有权、日常管理操作的主体可以是这些组织机构，也可以是这些组织机构以外的第三方机构。

第四，混合云。混合云不是简单地将几种云叠加，而是利用各种云部署技术特点，提高用户跨云资源利用率，服务催生出新的业务。目前，私有云和公有云构成的混合云应用较多。当私有云资源短暂性需求过大时，会自动租赁公有云资源来满足资源需求的峰值。

（三）云计算架构和工作机制

NIST云计算参考架构提供了云计算的总体视图，包括参与者、角色以及管理和提供云服务必需的一些组件，如服务部署，服务编排，云服务部署，安全和隐私等（见图4-2）。

NIST云计算参考架构中，主要参与者为云服务用户、云服务提供商、云计算审计员、云服务代理商、云服务承运商。在各场景流程中，供给者承担不同职责，用户获取的服务方式和内容不同。

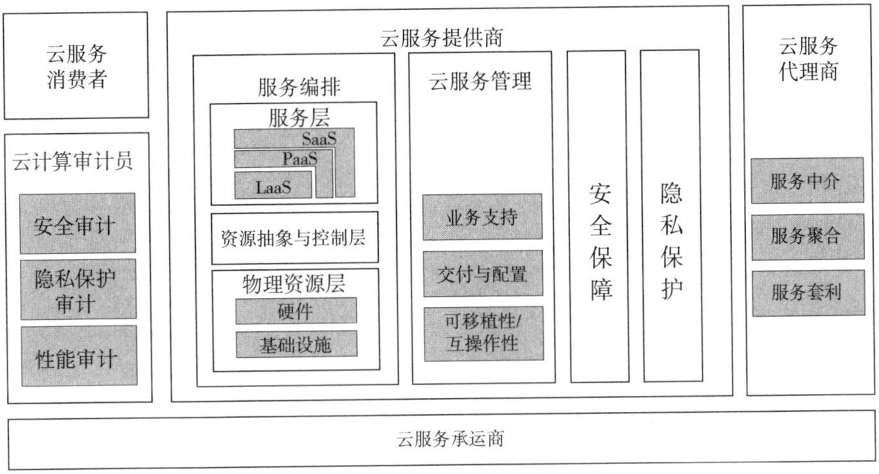

图 4-2　NIST 云计算参考架构

1. 云服务用户

云服务用户是与云服务提供商保持业务联系、使用云服务提供商所提供服务的个人或组织。SaaS 模式下，云服务用户通过网络使用服务商提供的使用应用程序；PaaS 模式下，云服务用户使用云平台开发、测试、部署和管理托管在平台上的应用程序；IaaS 模式下，用户通过访问虚拟机、网络存储、网络基础设施组件以及其他基础计算资源部署运行软件和应用程序。云服务用户可以直接向云服务提供商请求云服务，也可以不通过云服务提供商，直接向云服务代理商请求云服务，云服务代理商可通过整合多个云服务提供商的服务或增强已有的服务的方式创建新的服务，该场景中云服务提供商对用户不可见。

2. 云服务提供商

云服务提供商是负责向云服务用户提供可用服务的个人、组织或实体。SaaS 模式下，云服务提供商负责安装、管理、维护云基础设施中的软件应用程序；PaaS 模式下，云服务提供商为平台的用户配置和管理云基础设施和中间件，向其提供开发、部署和管理工具；IaaS 模式下，云提供商通过服务接口和计算资源的抽象，向云用户提供服务器、网络和存储等基础设施服务。

3. 云计算审计员

云计算审计员是指能够对云服务、信息系统操作、云计算实现的性能和安全开展独立评估的机构，主要工作内容包括安全审计、隐私保护审计和性能审计等，审计过程可能涉及与云服务用户和云服务提供商的交互。

4. 云服务代理商

云服务代理商负责管理云计算服务的使用、性能以及交付的实体，能够协调提供商和用户之间关系，主要工作内容为服务中介、服务聚合、服务套利等。

5. 云服务承运商

云服务承运商为云服务提供从云提供商向云用户的连接和传输。云服务提供商参与并分别设定了和云服务承运商和云服务用户的服务等级协议（SLA）。云服务承运商与云服务提供商之间的服务等级协议（SLA）中包括云服务容量、灵活性、功能的要求，以保障云服务提供商与云服务用户之间服务等级协议（SLA）的完成。

二、云计算技术在金融领域的应用

（一）云计算赋能金融产品和服务

云计算技术的商业模式最早出现在 2006 年，亚马逊公司将对象存储作为服务进行售卖，需求方按项目需要、以较低价格短期租借对象存储，有效降低项目开发成本。21 世纪初，计算、分析、存储等工作主要集中在本地硬件设备中处理，以 IBM 的小型机、Oracle 数据库、EMC 存储设备最为常见，简称 IOE。出于成本和信息安全性的考虑，2008 年阿里巴巴提出去 IOE 的概念，在 IT 架构中，用开源软件以及分布式的云服务器代替 IOE 设备。2014 年，互联网企业及金融机构开始出现去 IOE，数据向云端迁移的趋势，云计算技术在金融行业逐步得到运用。云计算面向服务的特性，与应用紧密结合，对于依赖信息技术的金融行业发展具有推动作用，可以提高金融基础设施的信息化水平。

云计算技术在金融业的渗透主要源于金融领域计算存储资源需求的增加。一方面，金融产品的多样性使其产品创新速度较快；另一方面，金融产品的交易峰值受政治、经济等多种因素影响，难以提前预计。总之，金融业对计算存储资源的需求总量和需求弹性与日俱增。对银行机构而言，随着电子银行用户规模扩大，客户在电子银行上小额高频交易活动难以提前预料；对证券、基金机构而言，证券和基金交易均已实现电子化，且我国个人投资者占比较高，多点同时触发频率较高。云计算提供灵活可伸缩扩展计算资源，使得金融业可根据资源需求的波动调整计算存储资源的配置策略。专业的云计算供应商可按需向金融机构提供计算资源，避免金融机构自建资源造成浪费的现象，有效降低成本、提高运营效率。

金融业务流程电子化的发展对数据存储的安全性、可靠性提出更高要求，储存资源故障可能造成重要数据的永久丢失，引发风险。云计算平台与金融机构自身业务系统的物理不相关性，在一定程度上提高了数据安全性的保障。

此外，云计算在解决计算存储资源交付速度基础上，依托容器、云原生、微服务等技术，缩短基础运行环境配置和软件部署流程和时间，提升产品开发效率，实现金融业务快速迭代上线，满足加速创新的金融服务交付需求。

具体来讲，云计算技术赋能金融产品和服务的作用具体包括以下几个方面。

第一，降低成本。云计算通过虚拟化技术将物理计算存储设备虚拟成能力资源池，以整个资源池的能力来满足金融机构算力和存储的需求。在性能相同的情况下，云计算架构的性价比远优于以大型机和小型机作为基础设施的传统金融架构。对于中小金融机构而言，云计算技术的使用，可有效降低运维成本，提高资源使用效率，将有限的人力、物力和财力投入到创新业务运营中。

第二，实现数据集中化管理。云计算操作系统通过统一的平台管理金融企业内部服务器、存储、网络和安全设备。通过集中管控，可缓解“信息孤岛”问题，形成统一的“数据仓库”，有助于实现组织内部数据的集中化管理。

第三，增强风险防范能力。一方面，云计算供应商往往具有更专业的运维能力，降低了服务器发生故障的风险；另一方面，以云计算技术为基础的分布式计算服务，多点协同提供数据存储和业务访问服务，进一步化解风险。多个公有云和私有云在网络间整合，形成统一资源配置调度和服务，可屏蔽单一绑定的风险。

（二）云计算技术在金融领域的应用场景

基于上述赋能，不同规模的金融机构对云服务架构的选择有所不同，发展出多样的应用场景。

中大型金融机构倾向于使用混合云。在私有云上运行核心业务系统，存储处理重要敏感数据，如办公系统、研发测试、中后台业务等。通过购买硬件产品、虚拟化管理解决方案、容器解决方案、数据库软件、运维管理系统等方式搭建私有云平台。在生产过程中，实施外包驻场运维、自主运维或外包运维。在公有云上，运行面向互联网的营销管理类系统和渠道类系统，如移动营销、网上交易、客户服务等。许多中大型金融机构已经运用云计算技术对业务流程进行升级。如招商银行旗下招银云创对旗下金融云业务进行升级，建设金融行业云，降低金融信息系统迁移成本和金融业务上云风险；兴业数金升级推广“兴业云”，将云服务从银行、非银拓展至政企场景，新一代系统群全面替换升级稳步推进，财司云、灾备云等科技产品输出取得新突破。

小型金融机构倾向于使用公有云。通过金融机构间在基础设施领域的资源合作共享，在金融行业内形成公共基础设施、公共接口、公共应用等一批公共云服务。相较于中大型金融机构，小型金融机构资金支持不足，内部组织架构不完善。云计算技术使小型金融机构可以获取和大型金融机构同等条件计算存储资源，同时降低云基础设施运维成本。如此，小型金融机构就能够把精力投入到核心服务的优化上，激发自身发展活力。

第二节　大数据技术

一、大数据技术的含义及技术原理

（一）大数据技术含义及特征

大数据（Big Data），又称为巨量数据或海量数据，指所设计的数据总量规模巨大，人为无法在合理时间内达到截取、管理、处理，并整理为人类可解读的信息。IBM 将大数据的基本特征概括为“4V”，得到业界广泛认同，即 Volume（海量数据规模）、Velocity（快速数据流转）、Variety（多样数据类型）、Value（价值密度低）。

Volume（海量数据规模）。信息系统和技术手段的发展，产生的数据爆发式增长，企业可以利用大量数据改进企业的经营决策，数据量级通常达到 PB（petabyte）级和 ZB（zetabyte）级。

Velocity（快速数据流转）。因为数据创建具有实时性，在将流数据结合到业务流程和决策过程的要求下，数据创建、处理和分析的速度持续加快。数据增长速度加快，处理速度显著提升，时效性要求较高，如实时欺诈监测或多渠道即时营销等流程要求数据必须实时分析，又如搜索引擎要求几分钟前的新闻能够被用户查询到，个性化推荐算法尽可能要求实时完成推荐等。

Variety（多样数据类型）。广泛的资料来源决定了数据种类形式多样化。企业需要整合并分析来自复杂的传统和非传统信息源数据，包括企业内部和外部数据。数据类型包括结构化、半结构化和非结构化数据等，具体表现为网络日志、音频、视频、图片、地理位置信息等，多种类型的数据对数据处理能力提出了更高的要求。

Value（价值密度低）。随着互联网以及物联网的广泛应用，信息感知无处不在，但海量的信息价值密度较低，即使最优秀的数据清理方法也无法消除某些数据固有的不可预测性。追求数据的高质量是大数据技术的重要要求和挑战，如何结合业务逻辑并通过强大的机器算法来挖掘数据价值，是大数据时代需要解决的问题。

（二）大数据技术原理

随着时代的发展和技术的进步，大数据技术的内涵由最初仅应用于数据基本管理，如数据采集、数据整合、数据清理和分析等，发展到应用于知识理解和预测，通过机器学习、自然语言处理等技术，从纷繁复杂的数据中发现规律并提取新的知识，挖掘获取更有价值的信息。

根据大数据实现传输的流程，可将大数据技术架构分为数据接入层、数据存储层、数据计算层、数据分析层、资源管理层五个部分（见图 4-3）。

数据接入层负责数据的采集、传输、交换工作，大规模的数据经过数据采集步骤后，才能够进入大数据平台，从而进行后续处理。

数据存储层负责大规模数据的存储工作。主要利用分布式和多副本策略保证 TB、PB 量级的数据安全有效进行存储，从而为数据分析提供底层支持。

数据计算层负责大规模数据的计算工作。利用分布式和规范化的编程框架，将单机难以处理的数据分散到多台机器上进行分析处理，从而使大规模数据挖掘成为可能。

数据分析层负责大规模数据的业务应用。与具体业务场景相结合，通过统计分析、深度学习等上层数据应用技术，将大数据转化为有价值的信息，实现业务增值。

资源管理层负责大数据平台的资源管理工作。利用调度队列，实时监测等机制，及时发现大数据平台中的服务器健康状况并自动化调度，保证集群工作质量。

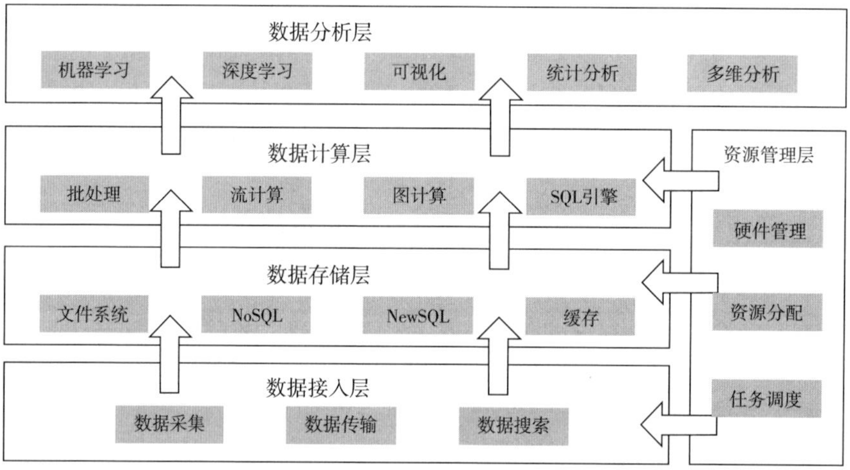

图 4-3　大数据技术基本架构

二、大数据技术在金融领域的应用

金融业开展离不开海量数据的处理，基于大数据的业务模式变革和创新，驱动金融数字化、智能化转型。一方面，由于金融活动的频繁性、金融产品的多样性、金融参与者身份的复杂性，金融业务产生数据量巨大；另一方面，风险控制是金融业的重要工作之一，对数据处理依赖性强。因此，大数据技术有力提高了金融业务的处理效率，促进行业发展，大数据的纳管和应用分析能力正成为金融机构发展的核心竞争要素。

（一）大数据赋能金融产品和服务

第一，节约成本。大数据底层平台可以实现大规模数据的存储和调度，在部分场景替代原有关系型数据库，降低数据维护成本。同时，大数据技术的使用提高金融从业者一对多的服务质量，了解客户的消费习惯和行为特征，及时准确把握营销行为，按需提供服务，节约人力资源成本。

第二，提高运营效率。大数据技术的数据处理分析能力可帮助金融机构更好地总结现状、预测未来，更精准地对市场变化做出反应，有效提高金融服务的效率。

第三，降低信息不对称性。集中组织的数据使用、分析和展示，缓解金融机构与客户之间信息不对称的情况。金融机构使用大数据技术对客户进行分析，可深入了解客户的状态，充分发掘客户风险因素；客户使用大数据技术对金融机构产品进行对比分析，深入了解金融机构及金融产品，做出合适的选择。

第四，增强风险管理能力。建立在大数据金融基础上的风控科学决策，基于算法、模型和规则，通过大数据构建风险模型和行为模型，能够提前模拟相应决策及可能带来的影响，便于预警和防范风险，降低潜在损失（见图4-4）。

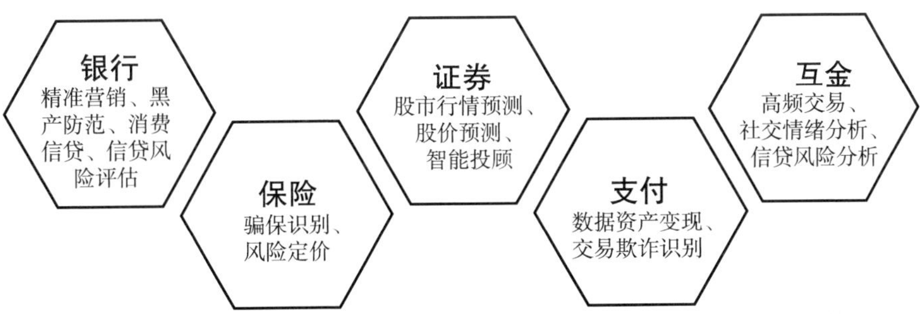

图4-4　大数据技术在金融业的运用

（二）大数据技术在金融领域的应用场景

目前，大数据技术在金融业的应用不断深入，从产品设计、销售等前端业务，向风险控制、流程改进等中后端业务不断延伸。产品创新方面，大数据技术使金融机构对金融市场现状有更加准确的认识，促进金融服务与业务模式的创新。销售方面，大数据技术帮助金融机构实现精准营销。风险控制和流程改进方面，大数据技术显著提高金融机构运营效率，保障合规的同时降低运营成本。大数据技术已经在金融业的风险控制、运营管理、利润创造、资金监管等方面进行落地应用。随着大数据在金融业应用的深入，数据成为金融机构的核心资产，通过大数据技术，金融机构可实现风险的即时监控、市场的精准分析，从而掌握更大的主动权和更清晰的发展策略。

第三节 人工智能技术

一、人工智能技术含义及原理

（一）人工智能技术含义

大数据技术驱动新一代人工智能。在大数据技术日益成熟的基础上，随着深度学习算法的优化和硬件条件的提升，人工智能技术进入加速发展阶段。美国斯坦福大学的尼尔逊教授认为“人工智能是表示知识及其获得使用方法的学科”。中国《人工智能辞典》将人工智能定义为“使计算机系统模拟人类的智能活动，完成人用智能才能完成的任务”。人工智能具体研究的领域包括智能机器人、语言识别、图像识别、自然语言处理、专家系统、知识图谱和虚拟个人助理等。

（二）人工智能技术原理

人工智能的技术架构层级可分为基础层、技术层和应用层（见图4-5）。

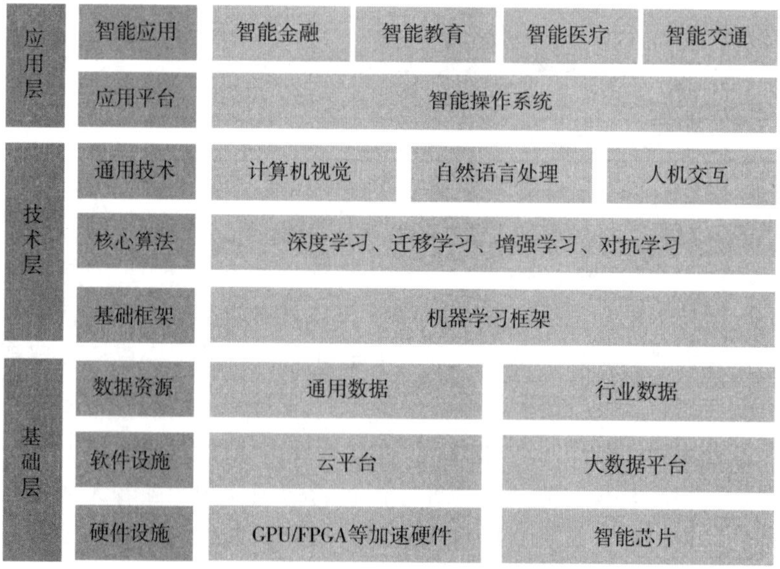

图4-5 人工智能通用技术架构

基础层。由数据资源、软件设施和硬件设施组成。主要以硬件设施为核心，其中包括 GPU、FPGA 等用于性能加速的硬件、神经网络芯片、传感器与中间件。云计算、大数据等平台是支撑人工智能应用的前提，人工智能技术提供软件基础，方便其按需进行弹性使用和海量数据管理等。

技术层。主要依托基础层的硬件、软件平台和数据资源，通过机器学习基础框架与核心算法，开发面向不同领域的通用技术，如计算机视觉、自然语言处理、人机交互等。

应用层。主要基于基础层与技术层的支撑搭建智能应用平台，与传统产业的融合，实现不同场景的应用，如智能金融、智能教育、智能医疗、智能交通等。

人工智能技术侧重其算法的提出和优化。人工智能产品的核心是运用人工智能算法的模型，通过事先收集大量数据组成训练集，输入到模型中进行训练，并逐步调整模型参数并进行优化，使模型针对测试集能有更高的准确率。

人工智能具备非结构化信息处理、模式规律识别与应用、最优对策搜寻与求解等优势。非结构化信息处理是指人工智能在对文本、语音和视频等非结构化信息的获取方面出现较大飞跃，人类手工收集、整理、提取非结构化数据中有用信息的能力已不及人工智能。模式规律识别与应用是指基于知识图谱的领域建模、基于规模化大数据的处理能力、针对半结构化标签型数据的分析。

二、人工智能技术在金融领域的应用

（一）人工智能赋能金融产品和服务

在金融行业，大量数据的汇集能够很好地支撑人工智能模型的训练，不断完善模型的认知能力，提升模型的精确度。在金融交易、市场行情、风险控制、投资顾问等多个方面，人工智能能够逐步代替人类完成数据预处理、规律发现等重复性工作。人工智能与金融的结合会产生以下影响（见图 4-6）。

第一，数据处理能力的提升。人工智能技术为结构化数据带来更高效的处理，在非结构化数据处理方面也有一定的突破。自然语言的语义层面处理就是典型的非结构化数据处理应用。

第二，服务模式的个性化和智能化。在客服和销售领域，人工智能技术能够更深入地分析用户整体情况，更细致地感知用户情绪和意愿，协助甚至替代人力推荐更适合的金融产品，设计更贴近用户偏好的定价方案。

第三，普惠范围程度的提高。人工智能技术有利于“长尾市场”的发掘，传统金融机构由于服务成本的顾虑，很少为低净值的用户提供财富管理服务。人工智能技术降低了服务成本，智能投顾公司为用户设置的准入门槛也相应降低。现在，用户只需提交问卷，便可得到丰富的个性化投资建议。更多的用户能够因此享受到金融服务，有效促进了资金的优化配置。

机器学习

- 机器学习具有多种衍生方法，包括监督学习、无监督学习、深度学习、强化学习等。应用涵盖贷款审批、资产管理、风险评估等多个领域

生物识别

- 包括指纹、人脸、静脉、红魔、声纹、掌纹等体表的和内在的多种技术，应用于客户身份验证、远程开户、无卡取款、刷脸支付、金库管理和网络借贷等场景

自然语言处理

- 对海量复杂多样的企业信息进行处理，以提取出行业分析人员最关注的数据指标，并进行投资分析总结，帮助分析人员进行投资决策

语音识别

- 语音识别通常与语音合成技术结合使用，形成一个基于语音、自然流畅的人机交互技术，应用遍布各大银行及证券公司的交易与非交易性工作中

知识图谱

- 构建公司、管理层、新闻事件以及使用者个人偏好之间的联系，使金融数据的搜索更加高效，从而进一步为投资者提供针对性的投资建议

图 4-6　人工智能关键技术及应用

（二）人工智能技术在金融领域的应用场景

人工智能在金融领域的应用以机器学习、生物识别、自然语言处理、语音识别、知识图谱五个具体关键技术为主，应用场景集中在智能客服、智能投顾、智能风控、智能投研、智能营销方面。

1. 智能客服

智能客服主要以语音技术、自然语言理解、知识图谱等为技术基础，掌握客户需求，通过自动获取客户特征和知识库等内容，帮助客服快速解决客户问题。智能客服系统采用自然语言处理技术，提取客户意图，并通过知识图谱构建客服机器人的理解和答复体系。同时，智能客服

以文本或语音等方式与用户进行多渠道交互，为广大客户提供更为便捷和个性化的服务，在降低人工服务压力和运营成本的同时，提升了用户体验。

2. 智能投顾

智能投顾又称机器人投顾，主要是根据投资者的风险偏好、财务状况与理财目标，运用智能算法及投资组合理论，为用户提供智能化的投资管理服务。智能投顾基于机器学习算法以及现代资产组合优化理论，来构建标准化的数据模型，并利用网络平台和人工智能技术对客户提供个性化的理财顾问服务。传统投资顾问需要站在投资者的角度，帮助投资者进行符合其风险偏好特征、适应某一特定时期市场表现的投资组合管理。智能投顾的应用价值在于可代替或部分代替昂贵的财务顾问人工服务，将投资顾问服务标准化、批量化，降低服务成本，降低财富管理的费率和投资门槛，实现更加普遍的投顾服务。

3. 智能风控

知识图谱、深度学习等技术应用于监管、征信、反欺诈领域，其模式是将不同来源的结构化和非结构化大数据整合在一起，分析诸如企业上下游、合作对手、竞争对手、母子公司、投资等关系数据，使用知识图谱等技术大规模监测其中存在的不一致性，发现可能存在的欺诈疑点。在信用风险管理方面，关联知识图谱可以利用“大数据+人工智能技术”建立的信用评估模型，刻画精准的用户画像，对用户进行综合评定，提高风险管控能力。

4. 智能投研

传统投研业务需要收集大量的资料，进行数据分析和报告撰写，投研人员每天需要耗费大量时间进行数据的收集与处理。智能投研基于大数据、机器学习和知识图谱技术，将数据、信息、决策进行智能整合，并实现数据之间的智能化关联，形成文档供分析师和投资者使用，辅助决策，甚至自动生成投研报告。

5. 智能营销

人工智能可以通过用户画像和大数据模型精准定位用户需求，实现精准营销。智能营销在可量化的数据基础上，基于大数据、机器学习计算框架等技术，分析用户个体的消费模式和行为特点，以此来划分客户群体，从而精确找到目标客户，进行精准营销和个性化推荐。智能营销相较于传统营销模式，具有时效性强、精准性高、关联性大、性价比高、个性化强等特点。

第四节 区块链技术

一、区块链技术含义及原理

（一）区块链技术含义和特征

区块链是一类综合多种技术的分布式账本实现的统称，最早是 2008 年由中本聪在白皮书 *Bitcoin: A Peer-to-Peer Electronic Cash System* 中首次提出，如今，区块链技术早已突破数字货币领域，发展出多样化的应用场景。中国信息通信研究院在《区块链白皮书（2019）》中将区块链定义为一种由多方共同维护，使用密码学保证传输和访问安全，能够实现数据一致存储，难以篡改、防止抵赖的记账技术；在《区块链白皮书（2020）》中提出“区块链技术是分布式的网络数据管理技术，利用密码学技术和分布式共识协议保证网络传输与访问安全，实现数据多方维护、交叉验证、全网一致、不易篡改”（见图 4-7）。

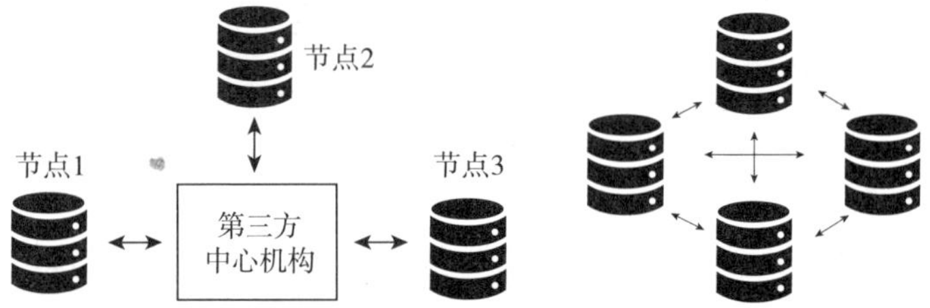

图 4-7 分布式的区块链网络

区块链技术提供综合解决方案，具体集成互联网技术、分布式点对点技术、密码算法等基础技术于一体。以去中心化的方式，由系统的所有节点集体维护一个可靠数据库，并将一定时间内的信息交流数据打包成区块，按照时间顺序形成区块链。区块链技术没有作为中央服务器的第三方监管机构，基于本身的匿名性（基于地址而非个人身份进行数据交换）、自治性、开放性、可编程性、可追溯性（区块链上的任意一条数据皆可通过链式结构追溯其本源）和不可篡改性，维持整个系统的运行，并保持区块链数据库的完整性、连续性和一致性。

智能合约技术是区块链技术的核心之一，它本质上是一段程序，规定了各节点的行为和操作（如发起交易、查询交易），区块链每个节点记账和内容访问的规则在合约里都有严格的规定。程序可以运行在区块链系统提供的容器中，它可以在某种条件的激活下自动运行。这样的特性和区块链技术结合之后不但可以避免人为对规则的恶意篡改，而且可以发挥智能合约在效率和成本方面的优势。

虽然每个节点都能够验证数据是否被改动、都能保有整个数据库的副本，但并不代表每个节点都能读出整个数据库的信息，每个节点的访问权限控制和消息验证是通过非对称加密和哈希算法实现的。根据各节点参与程度和拥有权限的多少，区块链主要分为公有链、联盟链和私有链三大类。比特币所在的区块链就是最广为人知的公有链，每个节点都可以自由加入退出网络；联盟链适用于机构之间，每个节点的参与和退出都需要获得授权；私有链的权限管理则更为严格，一般在某一个机构内部使用。总体来说，区块链具有去中心化、时序数据、集体维护、可编程和安全可信的特点。

第一，去中心化。区块链数据的验证、记账、存储、维护和传输等过程均是基于分布式系统结构，采用纯数学方法而不是中心机构来建立分布式节点间的信任关系，从而形成去中心化的可信任的分布式系统。

第二，时序数据。区块链采用带有时间戳的链式区块结构存储数据，从而为数据增加了时间维度，是区块链技术中验证和追溯的关键节点。

第三，集体维护。区块链系统采用特定的经济激励机制来保证分布式系统中所有节点均可参与数据区块的验证过程，并通过共识算法来选择特定的节点将新区块添加到区块链。

第四，可编程。区块链技术可提供灵活的脚本代码系统，支持用户创建高级的智能合约、货币或其他去中心化应用。

第五，安全可信。区块链技术采用非对称密码学原理对数据进行加密，同时借助分布式系统各节点的工作量证明等共识算法形成的强大算力来抵御外部攻击、保证区块链数据不可篡改和不可伪造，因而具有较高的安全性。共识机制作为区块链技术的另一个核心，保证了数据的真实性和合约执行力。

（二）区块链技术原理

典型区块链技术架构由数据层、网络层、共识层、激励层、合约层和应用层组成，以公有链为例，其技术架构如下（见图4-8）。

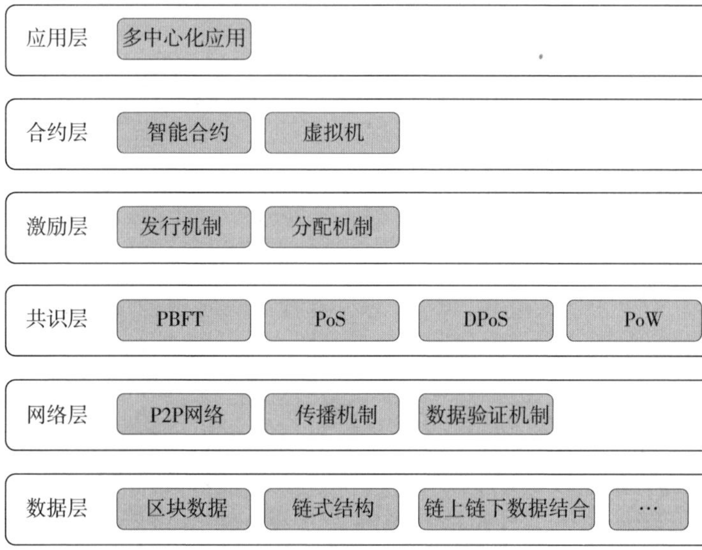

图4-8　区块链技术架构

1. 数据层。用于封装底层数据区块以及相关的数据加密和时间戳等技术；区块链作为公开的链式账本，其中存储的数据向网络中所有节点公开，每个分布式节点都可以通过特定的哈希算法和Merkle树数据结构，将一段时间内接收到的交易数据和代码封装到一个带有时间戳的数据区块中，并链接到当前最长的主区块链上，形成最新的区块。该过程涉及区块、链式结构、哈希算法、Merkle树和时间戳等技术要素。

2. 网络层。用于封装区块链系统的组网方式、消息传播协议和数据验证机制等要素。通过设计特定的传播协议和数据验证机制，可使得区块链系统中每一个节点都能参与到区块数据的校验和记账过程，仅当区块数据通过全网大部分节点验证后，才能记入区块链。

3. 共识层。主要封装网络节点的各类共识算法；区块链或分布式账本技术应用一种无须依赖中央机构来鉴定和验证某一数值或交易的机制。共识机制是所有区块链和分布式账本应用的基础。公有链中最广为人知的共识算法是比特币区块链采用的“工作量证明”（Proof of Work，PoW）算法，其要求节点服务器付出一定量计算工作，以供验证端验证。除此之外，在公有链和其他链中，还有“股权证明机制”“拜占庭共识算法”等。据此，区块链系统中的决策权实现高度分散去中心化，各节点可以高效针对数据有效性达成共识。这便是区块链技术的核心优势之一。

4. 激励层。将经济因素集成到区块链技术体系中来，主要包括经济激励的发行机制和分配机制等；区块链共识过程通过汇聚大规模共识节点的算力资源来实现共享区块链账本的数据验证和记账工作，因而其本质上是一种共识节点间的任务众包过程。去中心化系统中的共识节点本身是自利的，最大化自身收益是其参与数据验证和记账的根本目标。因此，必须设计激励相容的合理众包机制，使得共识节点最大化自身收益的个体理性行为与保障去中心化区块链系统的安全和有效性的整体目标相吻合。

5. 合约层。主要封装各类脚本、算法和智能合约，是区块链可编程特性的基础；合约层封装区块链系统的各类脚本代码、算法以及由此生成的更为复杂的智能合约。如果说数据、网络和共识三个层次作为区块链底层“虚拟机”分别承担数据表示、数据传播和数据验证功能的话，合约层则是建立在区块链虚拟机之上的商业逻辑和算法，是实现区块链系统灵活编程和操作数据的基础。包括比特币在内的数字加密货币大多采用非图灵完备的简单脚本代码来编程控制交易过程，这也是智能合约的雏形；随着技术的发展，目前已经出现以太坊等图灵完备的可实现更为复杂和灵活的智能合约脚本语言，使得区块链能够支持宏观金融和社会系统的诸多应用。

6. 应用层。封装了区块链的各种应用场景和案例。该模型中，基于时间戳的链式区块结构、分布式节点的共识机制、基于共识算力的经济激励和灵活可编程的智能合约是区块链技术最具代表性的创新点。可编程金融意味着代码能充分表达这些业务合约的逻辑。智能合约使区块链的功能不再局限于发送、接收和存储财产。资产所有者无须通过各种中介机构就能直接发起交易。

二、区块链技术在金融领域的应用

（一）区块链赋能金融产品和服务

区块链在金融业的应用主要是协助解决交易之间的信任问题和隐私保护问题。具体体现在以下几个方面。

第一，建立新的信任机制。由于金融业线上业务的发展减少了现实的交流和接触，相比线下业务而言更难达到交易双方的互信。区块链技术的信息溯源能力使得参与者无须事先了解对方信息，也无须第三方担保，业务中交易信息、资金来源、资产信息等数据可实现一一追溯，降低金融业务的风控成本，为监管提供真实数据依托。同时，将金融合约条款写入区块链智能合约，在外部条件触发时自动执行，降低了履约的道德风险。

第二，实现有效的隐私保护。金融行业对于身份认证的要求较高，但相应的安全防范措施并不到位，这就造成大量用户的身份信息极易泄露，个人财产也会受到威胁。区块链技术通过密钥管理和权限控制保证了交易信息的隐私性，只有授权节点才有相应的权限查阅和处理有关数据信息，当没有访问权限的攻击者获得这些信息的时候，如果不能破解密钥，便无法对信息进行解读。这样在链上的个人信息、财产状况、信用情况等私人信息都能够得到有效保护。

第三，业务流程重塑。传统金融业务开展的过程中往往涉及多个中介环节、背书担保环节，信息要在托管机构、第三方平台、公证人、银行、权威公证机构等环节层层传递。运用区块链技术可将业务场景中的合同合约解析成程序可执行的约束或条件，在达到约束或满足条件的情况下自动智能执行，提高数据处理效率与准确度。

第四，提高信息透明度，为解决信息不对称问题提供思路。信息不对称是阻碍金融业务发展的问题之一，具体原因为企业信息披露情况欠佳和信息传递失真，区块链的数据块中包含的交易数据是不可篡改且可追溯的，数据的真实性、完整性和可靠性得到一致认同。未来，在理想情况下，投资人、监管者等各参与方有机协同下，有望掌握更多资金使用进度和明细，同时监管机构也更容易介入并掌握业务状况。

第五，促进金融工具创新。与大数据、人工智能、云计算等技术不同，区块链技术是一种底层架构的优化与革新，不是简单从技术上提高效率，而是改善了传统的信息不对称，弱化了传统中介的概念，在发行、承销、认购等业务上都提供了新的思路，以加密数字货币为代表的数字资产的出现，以及股票、债券等金融工具的上链，都将为金融工具的发展带来新的思路。

（二）区块链技术在金融领域的应用场景

区块链技术在金融业的具体应用如供应链金融、支付清算、资产确权、智能合约、数字货币、证券发行交易、客户征信等。

1. 供应链金融

对于多方参与的供应链金融，区块链依托分布式账本、加密账本结构、智能合约等核心技术，解决供应链金融中信息不对称、信用传递不良的问题。区块链将分类账上的货物转移登记为交易，以确定与生产链管理相关的各参与方以及产品产地、日期、价格、质量和其他相关信息。任何一方都不会拥有分类账的所有权，也不可能为谋取私利而操控数据，加上交易进行过加密，并具有不可篡改的性质，所以分类账不会受到损害。

2. **支付结算**

区块链是分布式数据存储、点对点传输、信任共识算法、加密算法等技术的集成创新，具有泛中心化、信任共识、信息不可篡改、开放性等特征，适合应用于交易双方需要高度互信的业务情形中。构建基于区块链的支付模式，能够有效降低支付风险，提高跨境支付的效率，节省跨境支付的成本。分布式账簿的存在省略了对账的过程，交易效率得到极大的提高；同时，区块链的使用可绕过中转银行，减少了中转费用。

3. **资产确权**

利用区块链可追溯的特点，对票据、数据、抵质押物等资产进行确权，锁定权益主体、明确权益关系、保存权益记录、提供可信的权益证明。

4. **智能合约**

区块链去中心化的特点可以使智能合同自动执行合约条款。在满足特定条件时自动触发特定动作，如贷款放款、收益发放等。

5. **数字货币**

数字货币是指因计算机技术不断发展而衍生出来的以虚拟数据为表现形式的非真实货币，数字货币的核心技术便是密码学原理及区块链技术。数字货币便利、安全、低交易成本的特点，更适合网络商业行为，很有可能取代物理货币的主流地位。近年来，多国央行数字货币相继落地；2020年，人民银行的数字货币 DCEP 开始进行小规模试点。

6. **证券发行交易**

区块链技术可实时地记录交易者的身份、交易量等关键信息，有利于证券发行者更快速清晰地了解股权结构，减少暗箱操作、内幕交易的可能性，使得证券交易日和交割日时间间隔大幅缩短，减少交易风险。

7. **用户征信**

区块链技术可以应用于改善现有征信体系，将用户的不良信用信息储存在区块链中。一方面，可以即时更新用户信息及交易记录，另一方面，在现有信息保护法规框架下，基于操作权限，实现用户信息和交易记录的加密共享，银行间可以避免重复收集用户信息，降低征信信息收集成本。银行也可以通过分析和监测用户交易行为的异常状态，及时发现并对欺诈行为进行预警和自动处置。

第五节　物联网技术

一、物联网技术的含义及原理

（一）物联网技术含义和特征

物联网，最初是1985年9月由彼得·刘易斯在华盛顿特区国会黑人议员立法协会演讲中概念化创造的，1991年美国麻省理工学院的凯文·阿什顿教授，提出“万物皆可通过网络互联”，阐明了物联网的含义。物联网以互联网为基础进行延伸和扩展，将一切事物数字化、网络化，在物与物、物与人、人与环境之间实现高效信息交互，实现物理世界与数字世界的融合。物联网技术基本特征可概括为全面感知、可靠传送和智能处理。

第一，全面感知。利用射频识别（RFID）、二维码、传感器等，感知、捕获、测量技术，随时随地对物体进行信息采集和获取。

第二，可靠传送。通过互联网与各种通信网络的融合，将物体接入信息网络，随时随地进行可靠的信息交互和共享。

第三，智能处理。利用云计算、人工智能、模式识别、大数据等各种智能计算技术，对海量的跨地域、跨行业、跨部门的数据和信息进行分析处理，提升对物理世界、经济社会各种活动和变化的感知和洞察力，实现智能化的决策和控制。

（二）物联网技术原理

物联网技术架构包含感知层、网络层、平台层和应用层，底层涉及嵌入式、微机电、软件和算法、电源和储能、新材料等支撑技术，上层涉及架构、感知与识别、标识和解析、安全和隐私、网络通信、网络管理等关键技术（见图4-9）。

第一，感知层。主要实现对物理世界的智能感知识别、信息采集处理和自动控制，并通过通信模块将物理实体连接到网络层和应用层，由芯片、传感器、通信模组等组成。感知层主要有两种资料来源：一种是主动采集生成信息，如传感器、GPS、多媒体等技术，可以长期主动获取或交互采集数据，信息实时性高；另一种是接受外部指令被动保存信息，如射频识别（RFID）、IC 卡识别、条形码、二维码等技术，事先保存信息，等待被直接读取。

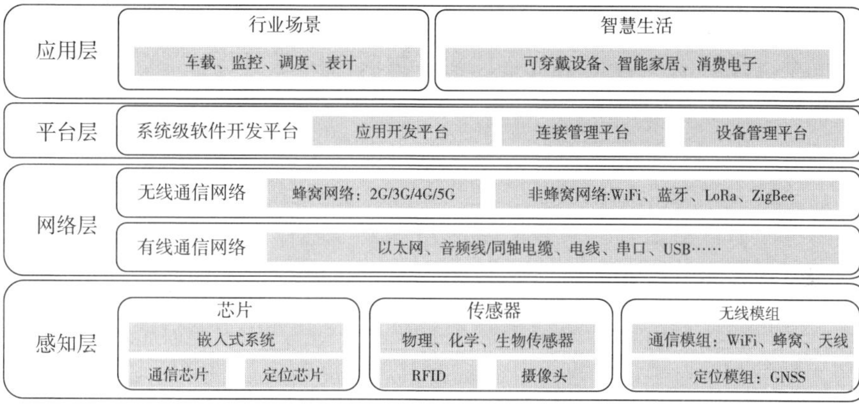

图 4-9　物联网技术架构

第二，网络层。主要实现信息的传递、路由和控制，将感知层获得的数据传送至指定目的地，包括延伸网、接入网和核心网。网络层实现人与物和物与物之间的信息交互，打通物与互联网，增加互通边界。目前主要有两种入网方式：一种是无线网络接入，如 3G \ 4G \ 5G 等蜂窝网络和 WiFi、蓝牙、Zigbee 等近距离无线网络；另一种是有线网络接入，如以太网、音频线/同轴电缆、电线、串口、USB 等方式。

第三，平台层。主要实现整个物联网系统的连接管理、设备管理、安全管理、消息通信、监控运维以及应用开发。平台层为设备提供安全可靠的连接通信能力，向下连接海量设备，向上支撑数据上报至云端中心，通过调用接口将指令下发至设备，实现远程控制和管理。

第四，应用层。主要负责处理设备端采集大规模数据，实现智能化识别、定位、跟踪、监控和管理、状态感知、环境监测等，包括应用基础设施/中间件和各种物联网应用。结合大数据、云计算、人工智能等技术处理丰富的物理和人类世界信息，面向不同行业和生活场景提供服务。

二、物联网技术在金融领域的应用

（一）物联网赋能金融产品和服务

物联网和金融有机组合，实现资金流、信息流、业务流、实物流的融合。依托物联网技术，可以提升金融服务体验，构筑信用生态体系，降低运营成本、提高效率，控制金融风险。物联网赋能银行、证券、保险、投资、租赁等众多金融领域，为原有业务模式带来新变革。

第一，提升金融服务体验。行业客户涉及的资金、物流、环境、产品等信息，通过物联网进行监测跟踪，高效匹配授信额度、把控融资风险，有助于快速识别、开拓业务领域和范围，提升普惠服务质量。个人客户使用各种智能设备与金融机构联系，通过物联网设备获取的数据，有助于了解客户信息和行为，洞察预测客户需求，服务方式由标准化向个性化转变，提供有针对性的金融产品，提升其忠诚度和附加服务的可能性。

第二，构筑信用生态体系。物联网获取的信息，全面反映企业、个人、物品等实体的自然和行为属性，多维度数据提高信用体系的可靠性。物联网与云计算、区块链技术结合，使信用信息与评价结果的同步更新和可追溯，确保信息实时性和真实性。物联网与大数据技术结合，帮助金融机构精准判断、提前发现、及时预警风险，推动主观信用向客观信用发展。物联网能够实时动态监测企业自身和不同级别供应商的环境表现，帮助金融机构延伸绿色项目筛选、信用评判和整个生命周期的动态监管。

第三，降本增效。在工业制造、城市管理、农业生产、物流运输等领域，物联网技术可以提升效率、降低成本，但是直接创造收入的能力不强。但在信贷、保险、抵押、租赁等金融常规经营项目，物联网可以实现资产变动有效管控，提高运营效率，产生直接的经济收入或规避风险损失。通过物联网对客观事件的全程感知，有效解决信息的不对称，及时获取大量真实数据，实现金融业务集约式处理和一揽子服务，提高办事效率。

（二）物联网技术在金融领域的应用场景

物联网是人、机、物相连的网络，是一种建立在互联网上的泛在网络，通过传感器收集数据进行分析和应用。物联网在智能支付、创新保险、抵押租赁物监控等领域促进绿色金融发展。

1. 智能支付

实体经济的物联网改造而催生移动支付、智慧金融等新金融模式，对金融市场规模扩大和效率提高，产生革命性影响。用户使用家用和可穿戴智能设备进行资金交易，包括跟踪器、智能手表、语音设备、车载系统等，实现多场景、无形无感绿色支付，兼具安全和便捷，保护金融机构免受财务损失。

2. 创新保险

物联网技术实时感知特征，有效监控人身、货物和环境安全，确保危险情况发生时可以迅速警示，避免或减少损失，简化理赔流程。物联网技术推动环境污染责任保险发展，监测绿色交通、绿色建筑、绿色能源、生态农业、气候治理等行业投保企业生产经营情况，提供风险评估、潜在风险因素筛查、事后损害鉴定等环境风险防控机制等。

3. 抵押租赁物监控

物联网技术可以对抵押租赁物实时检查，掌握完好程度，了解位置变化；对企业，实时审查仓库及客流状况，掌握生产经营状况；实时采集水电气用量信息，掌握企业生产能源消耗，评估其偿债能力。如货物采用内置物联网芯片的电子胶带封装，确保物品的完整密封，同时随时监控物品的位置、温湿度等状态；基于预位仪的视频监控、无源 GPS 定位、基于蓝牙的室内定位，可以确认租赁标的物是否安全、是否被挪用、是否正常运转。

下篇：实践篇

绿色金融科技的行业与业务实践

第五章　金融科技赋能绿色金融创新：银行业

绿色低碳发展已成为国家的重要战略方针，银行业金融机构作为金融领域的核心参与者，以及绿色金融的核心实践者，国家绿色低碳发展总体目标的实现需要银行发挥关键力量。银行业通过发展绿色信贷、绿色投资银行、绿色票据以及绿色资产管理等产品与服务，引导资金加快退出高污染、高能耗行业企业，同时加大对绿色产业融资支持，推动我国经济向低碳绿色的可持续发展模式转变。本章围绕我国银行业绿色金融发展现状、痛点问题以及金融科技在绿色银行领域的运用三个维度进行了阐述，并结合兴业银行绿色金融智能服务系统，分析了金融科技赋能绿色银行的典型案例。

第一节　银行业绿色金融发展现状

一、绿色金融引导政策陆续出台

我国在2007年已正式提出绿色信贷。2007年7月，国家环保总局(原)、中国人民银行、银监会（原）为遏制高耗能高污染产业的盲目扩张联合出台全新的信贷政策《关于落实环境保护政策法规防范信贷风险的意见》。2007年11月，银监会（原）颁布《节能减排授信工作指导意见》，根据企业、地区节能情况提出差别的信贷政策并将节能减排授信纳入监管考核。2012年2月，银监会（原）又出台《绿色信贷指引》(以下简称《指引》)，引导银行重视绿色信贷能力建设，《指引》从流程管理、内控管理以及监管制度等方面提出银行业应“从战略高度推进绿色信贷”。同年6月，银监会（原）出台的《银行业金融机构绩效考评监管指引》将绿色信贷纳入绩效考评机制。2013年7月，银监会（原）出台的《绿色信贷统计制度》要求银行业对涉及环境、安全重大风险企业的服务进行统计，以便为银行业绿色贷款的自评估工作提供重要的数据支撑。2014年6月，银监会（原）出台的《绿色信贷实施情况关键评价指标》依据《绿色信贷指引》制定了组织管理、政策制度及能力建设、流程管理、内控管理与信息披露、监督检查5类定性指标以及机构环境社会表现、绿色信贷培训和教育情况、利益相关方互动情况3类定量指标，用于对银行绿色信贷表现进行评价（见表5-1）。

表5-1 银行业绿色金融政策梳理（2015年前）

年份	出台部门	名称	主要内容
2007	国家环保总局（原）、中国人民银行、银监会（原）	《关于落实环境保护政策法规防范信贷风险的意见》	金融机构依据环保通报情况，严格贷款审批、发放和监督管理，对未通过环评审批或者环保设施验收的新建项目，金融机构不得新增任何形式的授信支持
2007	银监会（原）	《节能减排授信工作指导意见》	根据企业、地区节能情况提出差别的信贷政策；限制对有显著环境负面影响的项目授信；将节能减排授信纳入监管考核
2012	银监会（原）	《绿色信贷指引》	提出银行业应“从战略高度推进绿色信贷”，重申对存在重大环境和社会风险的客户实施名单式管理
2012	银监会（原）	《银行业金融机构绩效考评监管指引》	社会责任类指标包括绿色信贷评价，用于评价银行业金融机构提供金融服务、支持节能减排和环境保护等；银行业金融机构应在社会责任报告中披露社会责任类指标的总体情况
2013	银监会（原）	《绿色信贷统计制度》	要求银行业对涉及环境、安全重大风险企业的12大类服务进行统计
2014	银监会（原）	《绿色信贷实施情况关键评价指标》	定性指标（5类）：组织管理、政策制度及能力建设、流程管理、内控管理与信息披露、监督检查 定量指标（3类）：机构环境社会表现、绿色信贷培训和教育情况、利益相关方互动情况

2016年8月中国人民银行等七部门出台的《关于构建绿色金融体系的指导意见》进一步加速了银行业绿色金融的布局。主要表现在以下几方面。

一是绿色金融统计分类标准不断完善。以发展改革委《绿色产业指导目录（2019年版）》对绿色产业的统一界定为基础，2019年12月中国人民银行完成《绿色贷款专项统计制度》修订，形成六大绿色产业统计分类设计，并对绿色贷款的承贷主体及所属行业和资产质量等进行划分，同时扩大了绿色贷款统计范围。2020 年 6 月，银保监会在 2013 年《绿色信贷统计制度》的基础上，完成《绿色融资统计制度》的制定。

二是绿色金融考核约束性政策初步成型。2021 年 5 月，为提升金融支持绿色低碳高质量发展的能力，中国人民银行发布《银行业金融机构绿色金融评价方案》，将原“绿色信贷评价”进一步拓展到包含绿色债券、绿色股权投资、绿色信托等在内的“绿色金融评价”，以定性和定量相结合的评价方式针对银行业金融机构绿色金融业务开展评价，同时明确提出将绿色金融评价结果纳入金融机构评级等中国人民银行政策和审慎管理工具的决策。

三是绿色金融激励性政策陆续推出。除绿色金融改革创新试验区及部分绿色金融实践先行区探索出绿色信用贷款风险补偿机制、绿色债券贴息机制、绿色产业企业上市激励机制、环境污染责任保险保费补贴机制等专项激励措施外，2021 年中国人民银行推出碳减排支持工具，并设立 2000 亿元支持煤炭清洁高效利用专项再贷款，激励金融机构开展绿色金融实践。根据人民银行统计数据显示，截至 2022 年底，人民银行通过碳减排支持工具以及支持煤炭清洁高效利用专项再贷款两项政策工具，分别发放了再贷款资金 3097 亿元、811 亿元，合计 3908 亿元，支持金融机构向碳减排和煤炭清洁高效利用领域分别发放符合要求的贷款 5162 亿元、811 亿元，有力推动绿色金融发展。2023 年 1 月，人民银行印发通知，延续实施碳减排支持工具等三项货币政策工具，碳减排支持工具延续实施至 2024 年末，同时将部分地方法人金融机构和外资金融机构纳入碳减排支持工具的金融机构范围；支持煤炭清洁高效利用专项再贷款延续实施至 2023 年末。

四是环境信息披露制度不断细化。2020 年，中国人民银行研究制定《金融机构环境信息披露指南（试行）》，明确金融机构环境信息披露要求，并在绿色金融改革创新试验区先行先试。2021 年 7 月，中国人民银行正式发布《金融机构环境信息披露指南》（以下简称《披露指南》），进一步细化了不同类别金融机构的披露要求，并着重强调金融机构投融资活动所产生的环境影响，鼓励金融机构开展碳核算。2022 年 6 月，银保监会发布《关于印发银行业保险业绿色金融指引的通知》对银行保险机构高级管理层披露绿色金融相关情况、公开绿色金融战略和政策提出了新要求。

二、绿色金融组织架构不断完善

组织架构是实现企业战略目标、增强企业竞争力与运营效率而制定的协作安排，完善绿色金融组织架构有利于高效高质推动绿色金融业务发展。自绿色金融战略提出以来，多家银行就组织架构进行调整。在总行层面，通过设立绿色金融委员会、绿色信贷委员会或绿色金融领导小组①或设立绿色金融一级部门，加速形成集“设计—决策—管理”为一体的综合业务模式，如中国民生银行设立了生态金融部②，兴业银行设立了绿色金融业务委员会③，江苏银行设立绿色金融部④，中国建设银行将原董事会社会责任与关联交易委员会更改为关联交易、社会责任和消费者权益保护委员会，明确绿色金融战略职责⑤，中国农业银行将董事会战略规划委员会更名为战略规划与可持续发展委员会⑥等。在分行层面设立绿色金融职能部门，配合绿色金融产品经理进行产品介绍与推广，如兴业银行、中国工商银行等。

三、绿色金融产品和服务体系多元构建

当前，我国银行业建立起了“一强一辅多试点”的绿色金融产品和服务体系，即以绿色信贷为主，承销、发行和投资绿色债券为辅，其他绿色金融产品局部试点的发展态势。从资产业务来看，绿色信贷表现最为突出。在总量方面，绿色信贷作为目前最主要的绿色金融产品，保持快速增长⑦

---

① 海南省绿色金融研究院．绿色金融做实做强的关键抓手在银行业［EB/OL］．［2022-06-06］．https：//m. thepaper. cn/baijiahao_12616179.

② 和讯网．民生银行创设总行一级部“生态金融部”［EB/OL］．［2022-06-08］．http：//bank. hexun. com/2022-03-31/205628880. html.

③ 兴业银行．组织架构［EB/OL］．［2022-06-08］．https：//www. cib. com. cn/cn/aboutCIB/investor/gszl/organization. html.

④ 江苏银行．组织架构［EB/OL］．［2022-06-08］．http：//jsbchina. cn/CN/gywh/ggywh/zzjg/index. html.

⑤ 中国建设银行．中国建设银行股份有限公司 董事会会议决议公告［EB/OL］．2020-01-17［2022-06-08］．http：//static. sse. com. cn/disclosure/listedinfo/announcement/c/2020-01-18/601939_20200118_1. pdf.

⑥ 中国农业银行．中国农业银行股份有限公司 董事会会议决议公告［EB/OL］．2020-12-11［2022-06-08］．http：//static. sse. com. cn/disclosure/listedinfo/announcement/c/2020-12-26/601288_20201226_1. pdf.

⑦ 中国人民银行．2022 年第一季度金融机构贷款投向统计报告［EB/OL］．2022-05-07［2022-06-08］．http：//www. gov. cn/shuju/2022-05/07/content_5689014. htm.

（见图5-1）；在产品方面，创新型绿色信贷产品发展迅速，银行业金融机构多结合地方经济和产业发展特色，广泛创设绿色信贷产品，如光伏贷、节能贷、两山助力贷、绿色园区贷等。绿色票据也在多地开展实践，江西省金融学会印发《江西省绿色票据认定和管理指引（试行）》；中国人民银行深圳市中心支行设立绿色票据专项机制，支持绿色企业、绿色项目票据融资快速实现；兴业银行为符合标准的绿色企业办理“绿票通”商业汇票贴现，目前“绿票通”已在兰州市、厦门市、长沙市等城市展开有益实践。从负债业务来看，绿色债券是主要的绿色负债业务产品，其规模仅次于绿色信贷。根据中央财政大学绿色金融国际研究院绿色债券数据库，2022年普通绿色债券中，金融债发行规模最大，为3389.57亿元，占境内普通绿色债券新增发行规模的51.33%。随着绿色发展提速，绿色金融债的发行日益活跃和丰富，包括“碳中和”债券、乡村振兴主题绿色金融债券等也纳入发行行列。从中间业务来看，目前我国银行中间业务的绿色实践较少，以局部试点为主，包括绿色理财、绿色信用证等，如华夏银行、中国农业银行等银行针对ESG理财产品发行开展的探索；中国人民银行西安分行营管部、兴业银行等就绿色信用证在清洁能源、生态保护等绿色项目的运用开展实践。

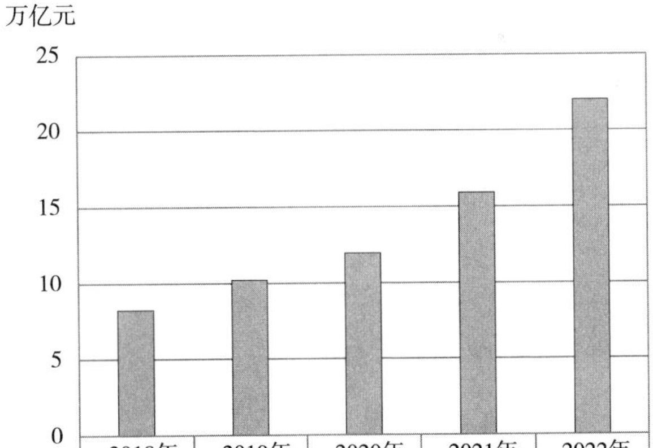

	2018年	2019年	2020年	2021年	2022年
绿色贷款余额	8.23	10.22	11.95	15.9	22.03

图5-1　近五年绿色贷款余额

（资料来源：中国人民银行）

四、绿色金融综合服务模式探索创新

随着绿色金融市场主体及产品的多元化演进，绿色金融服务综合化的趋势日益显现，银行业金融机构逐步通过对资源的协同运用与综合管理实现高效、规模、一站式的服务生态圈，为大众提供绿色金融综合服务。一类是服务衍生，即结合银行业绿色金融的发展特点，根据当地产业与经济发展需求，推出新颖多样的服务模式，派生特色关联业务。如兴业银行打造的“绿色制造”金融服务中心形成制造企业绿色金融综合服务机制，中国邮政储蓄银行打造的“绿色创业就业”金融服务中心，为不同阶段的绿色创业提供资金保障和精准服务①。另一类是产品拓展，即形成通过提供多维产品体系实现需求精准匹配。浦发银行在2021年升级推出《绿色金融综合服务方案3.0》并搭建“浦发绿创”五大产品综合体系，涉及绿色财务顾问产品体系、绿色金融融资产品体系、绿色供应链产品体系等②。此外，银行业金融机构在政府引导下，也通过共同打造专业化的绿色金融服务场所，把绿色业务的基础流程、人才、机制等方面的要求落实到银行基层网点。

五、绿色金融风险管理备受关注

气候变化风险包括物理风险与转型风险，气候风险向金融体系传导已成为世界主要经济体金融监管部门关注的重点之一。2020年9月中国人民银行和监管机构绿色金融网络（NGFS）发布《金融机构环境风险分析综述》《金融机构环境风险分析案例集》，指引金融机构关注环境、气候风险。为减缓因环境、气候风险管理不力对银行业金融机构所产生的信贷风险、法律风险、策略风险等，部分银行开始采取应对措施，除了在组织架构上设立专门的风险管理团队外，还在业务流程方面将气候和社会风险管理应用于信贷全流程，将ESG纳入授信体系，积极引导绿色资金流向优质转型项目，对敏感行业的投融资活动加以限制等。同时部分银行也开展了环境压力测试等精细化风险管理与预警工作，2021年，人民银行组织全国23家主要银行开展第一阶段气候风险压力测试，参试银行包括2家开发性/政策性银行，6家大型商业银行，12家股份制商业银行和3家城市商业银行。

---

① 中国银行保险报网．三明银保监分局：“六有六办”打造绿色金融服务中心八大模式［EB/OL］．［2022-06-06］．http：//xw.cbimc.cn/2021-06/28/content_399722.htm.

② 经济观察网．浦发银行发布“浦发绿创”品牌，《绿色金融服务方案》同步迭代至3.0［EB/OL］．2021-05-11［2022-06-06］．http：//www.eeo.com.cn/2021/0511/487698.shtml.

第二节　银行业绿色金融发展痛点问题

一、绿色标准多元导致绿色识别难度增大

差异化的国情、区情、监管重点以及产业多元化的特点，一定程度上也导致了绿色金融标准的多元化，进而加大了银行业金融机构开展绿色金融投融资认定的难度，对业务开展的精准性提出更高要求。在绿色信贷方面，中国人民银行的《绿色贷款专项统计制度》与原银保监会的《绿色融资统计制度》在绿色信贷统计口径方面有差别；在绿色债券方面，国际资本市场协会（ICMA）颁布的《绿色债券原则》和气候债券倡议组织（CBI）颁布的《气候债券标准》（*Climate Bonds Standard*），与我国的《绿色债券支持项目目录（2021 年版）》也有差异，此外金融侧运用的目录与产业侧的目录也不完全相同。虽然类似中国和欧盟牵头推出的《可持续金融共同分类目录》也在积极助力标准趋同，但发展差异性导致的标准差异性仍无法完全避免。多元标准容易导致银行等金融机构认定效率的下降、加重银行业务负担，也有可能在绿色企业及项目认证过程中出现由于对标准了解不足而导致的认定偏差。

二、信息不对称导致产品与服务创新难度提升

“双碳”目标为我国带来了大量的绿色金融需求。根据国家发展改革委价格监测中心的研究显示，为达成 2030 年前实现碳达峰的目标，每年的资金需求为 3.1 万亿～3.6 万亿元，而目前实际每年资金供给仅有 5265 亿元，资金缺口超过 2.5 万亿元①，包括能源、工业、建筑、交通等领域均需巨大投入。但实践中金融机构的投资仍有较高集中度，如绿色贷款主要投向基础设施绿色升级、电力热力、燃气及水生产供应、清洁能源产业等领域。其中供需两端信息不对称是失衡的重要原因之一。从供给端来看，金融盈利性、安全性、流动性的特点，使金融机构需要尽可能全面的获得融资主体或项目的经营能力、环境影响、项目回报率、资金投向方向等方面的信息；从需求端来看，企业需要呈现出融资所需的必要信息、展现企业生产经营的客观水平才能更真实反映其有效需求。但当前金融机构获得企

---

① 21 世纪资本研究所，汇丰中国．中国绿色金融发展报告［R］．2021.

业信息的数据广度有限、获取路径有限、数据质量真实性有限，而企业对绿色金融工具的了解也处于初期，致使融资前，金融机构很难批量发现“涉绿”企业，并依据企业绿色发展基础与潜力提供精准支持；融资中，金融机构对绿色资金是否合理分配、使用目的是否符合预期要求也无法实时获悉；融资后，金融机构对投融资支持的预期环境目的是否实现难以掌握。供需信息的不对称，抑制了绿色金融产品与服务更大程度的创新。

三、专业人才需求或将导致服务及运营成本增加

绿色金融的运用涉及投资前的绿色主体或项目的识别、投资中的绿色风险的识别与管理、投资后的环境效益评价与环境信息披露等，涉及金融、产业、政策、环境等多领域，需要从业人员能够对绿色金融的政策进展以及产品模式进行研究与设计，也需要对环保部门通报、挂牌督办案件、媒体曝光的环境违法事件进行实时收集、整合与分析，“双碳”目标下还需要对碳数据核算、绿色评级、环境效益的定量分析有一定了解，需要增加专业人员和技术的投入以提高绿色金融投放质效，或将导致人工成本、信息成本、技术成本的增加。

四、气候环境因素导致风险管理难度加大

系统构建和量化分析是对环境、气候风险进行识别与科学管理的重要工具，风险防范工作呈现出任务重、难度大的特点。为防止环境社会风险、气候风险向金融机构转移，银行需要将环境和社会风险管理因素综合运用到绿色金融的全流程中。如需要在绿色业务识别过程中，引入外部环保违法违规等风险信息因子、产业“绿色”属性认定等信息，打造全面的客户绿色画像，建立绿色信用评价体系。同时也需要精准个体企业的环境效益及投资风险分析，如运用大数据算法建模对各企业环境压力进行测试，模拟未来环境社会风险下企业面临的法律风险、市场风险和经营管理风险等，定量分析企业自身以及投资人的潜在损失。然而要想彻底实现企业端与金融机构端的风险隔断，系统建设和量化分析离不开大量基本信息和算法数据的支持，以及专业技术人员的耕耘和高开发成本的维持，在这一系列基本条件尚未成熟的情况下，优化环境社会风险、气候风险管控存在难度。

第三节 金融科技在绿色银行领域的运用

一、提升绿色金融标准应用的便捷性

提升绿色金融标准应用的便捷性，是指运用人工智能、机器学习等金融科技手段，发挥金融科技在绿色业务识别、绿色金融统计方面的作用，通过绿色关键词检索、分类算法等方法，将标准通过机器自动化识别、线上化流程推进等方式用于实践指导。在实践中绿色金融科技支持标准应用、数据统计便捷化的实践已有较快发展。

一是以人工智能关键词检索推动绿色业务识别，提高绿色判断精准性。绿色业务识别是绿色金融运用的基础，营销推动、数据统计、业绩考量、资源配置等均依赖于绿色业务的精准识别。以词频—逆文档频率（TF-IDF）① 为例，这是一种用于关键信息检索的加权技术，词频（TF）是指绿色关键词在特定文章、网站、数据库中出现的标准化次数，逆文档频率（IDF）是指绿色语料库总数除以包含绿色关键词的文档个数加一的对数值，词频—逆文档频率是词频与逆文档频率相乘的结果，数值越大代表该关键词的重要性越强。银行通过设置绿色关键词及绿色语料库可以快速实现绿色客户分类与认定、绿色项目归纳等。

二是以机器学习分类算法识别绿色企业信息与各标准的匹配关系。邻近算法（K Nearesr Neighbor，KNN）是机器学习中非常经典的基础分类模型，通过对已知样本特征的学习来判断新事物最大可能的归属分类。商业银行可以运用分类算法积极打造绿色信贷智能识别和统计平台，通过贷款产品信息、贷款客户主体行业分类、贷款投向用途等层次组合归类，标准化信息特征并用于样本向量学习，建立与国内、国际主流绿色认定相适配的信息分类体系。

但在应用中，也面临着当前绿色金融标准语言与金融科技的系统化语言不一致的困境。由于绿色金融标准多为定性描述，可能存在同一关键词定义多样、同一项目在不同标准目录中命名不同的差异化问题，而人工智能模型的底层逻辑是电脑通过识别 0 与 1 的二进制或十六进制计算，比照

① $TF_{i,j}=\frac{n_{i,j}}{\sum_k n_{k,j}}$，$IDF_i=\log\frac{|D|}{1+|d\in D：t\in d|}$，$TF\text{-}IDF_{i,j}=TF_{i,j}\times IDF_i$。

ASC II 等国际信息交换标准对字符串进行识别与输出，换而言之金融科技的系统化语言对绿色金融标准语言本身缺乏一定理解能力，当前绿色语言的多样化表述对代码规范与系统开发带来了基层挑战。

二、提高绿色金融供需信息的透明度

提升绿色金融供需信息的透明度，是指运用大数据、区块链、云计算等金融科技手段，发挥金融科技在绿色金融信息搜集、数据库构建、痕迹管理方面的作用，通过数据挖掘、分布式共享账本、云存储等方法，实现基础信息数据的收集、构建与存储，以提高信息的实时性、可塑性和可视性，以降低信息不对称性。在实践中，绿色金融科技支持供需端信息对称化改良已有较快发展。

一是以大数据挖掘为银行业绿色评级提供充分的信息支持。大数据绿色信息领域的运用是通过对企业绿色业务总额、排污及耗能情况、资源可持续利用效率等大规模、结构复杂的数据集的收集与分析以得到高价值信息的工程领域技术，能对商业银行存量客户和潜在客户进行全面的绿色评级或 ESG 评级，结果也可纳入商业银行绿色客户信用评级体系，为授信准入门槛、绿色审批、税收优惠等提供便捷、可靠的支持。作为绿色金融体系构建的基础工作，绿色评级常由于对前期数据收集与审判、对后期量化模型的依赖的共同点被综合使用。商业银行可以通过对授信企业所处行业、经营范围、贷款用途、生产工艺等维度绿色关键信息收集与训练，综合评级贴标，并在绿色贷款额度和利率上进行差异化授信，缓解由信息不对称造成的供需错配问题。

二是以区块链分布式共享账本推动绿色金融信息数据库建立，提供统一准确的信息。基于区块链可追溯性的特性，使链上录入的每个数据均被盖上时间戳，结合数据信息在记录、传输、存储的过程中不可被篡改的特性，实现了对绿色项目的审查、贷款发放及贷后管理等所有信息的调取、跟踪与监管，降低了由信息不对称带来的数据信任成本，解决了“信息孤岛”现象。2020 年 6 月，微众银行联合北京绿色交易所和北京绿普惠网络科技公司共同发布基于区块链技术的绿色出行普惠平台。该平台采用微众区块链自研开源技术，借助发行、分发、监管、审计等全过程公开透明且可追溯查证的特征，使“绿色表现”可以被记录。

三是以云计算存储技术完善信息痕迹管理，提供有广度、有深度的信息。基于云计算可访问性、同步性的特点，银行业金融机构可以将绿色文件和相关绿色信贷的应用程序存储在远程服务器上，取代传统的硬盘或本地存储设备，银行业金融机构可以通过互联网访问所有数据，实现绿色标准、评级等信息互通，使同一绿色企业有多维度数据支撑，同一绿色项目有多层信息把关，加之痕迹管理为业务管控提供了人员、时间、地点、内容等重要工作数据支持，"云记录"也为避免"洗绿"行为、抵御"洗绿"风险、拓宽加深"绿色"企业及项目资料库提供有力支持。

但在应用中，数据存储与运用也面临着信息安全与监管的问题。信息安全方面，区块链技术以及云存储都存在数据意外删除等不可逆的问题，虚拟存储中敏感文件及客户数据的隐私性也还有待考量；信息监管方面，区块链技术以及云存储为银行业金融机构提供了大量的数据查询、运用依据，去中心化的特性可以使数据不通过第三方机构及组织盘点，可能存在由于缺乏监管造成恶意篡改数据并伪造痕迹的问题。

三、降低绿色金融服务及营运成本

降低绿色金融服务及营运成本，是指运用云计算、人工智能等金融科技手段，发挥金融科技在业务负载、精准经营方面的作用，通过虚拟化、社会网络分析等方法，将绿色金融成本通过平台与软件构建、数字化营销等方式有效控制。

一是以云计算虚拟化解决业务负载方面的问题，在虚拟化领域积极引导平台即服务（Platform as a Service）和软件即服务（Software as a Service）理念，即为平台和应用程序的开发提供必要的技术、管理和维护支持。商业银行可以使用云计算虚拟化技术协助 IT 部门进行平台与软件的设计，打造智慧与数字银行，实现设备与成本控制，推动业务产品和功能迭代，促进银行用户承载规模和服务处理能力提升。如中国建设银行通过平台赋能构建获客引流，中国建设银行在"绿贷通"公众号平台推出"惠懂你"服务，将云义贷、e 政通等产品上线绿贷通产品库，绿色企业可在线进行贷款系统测算和申请，充分发挥了"人工智能+绿色金融"的技术优势，为企业融资提供了新渠道。截至 2021 年 8 月底，建行湖州分行"绿贷通"当年受理 281 笔，授信金额达 38136.47 万元①。

---

① 让科技赋能绿色金融．中国银行保险报网［EB/OL］．［2022－06－06］．http：//chsh.cbimc.cn/2021－09/27/content_410732.htm.

二是以人工智能社会网络分析（Social Network Analysis）实现精准经营。银行业金融机构可以通过网络和图论研究绘制绿色用户画像，建立绿色低碳营销库，将海量存储数据变为绿色低碳价值的推送材料，根据用户需求创造出有针对性的、有吸引力的产品，降低无效推广成本。运用该技术，银行业金融机构可以分析不同规模、不同行业企业的绿色融资偏好，金融产品可以在供给端与需求端实现更有效的资源配置。

但在应用中，云计算及人工智能对成本的管理也面临着组织体系普及以及技术维护升级的新问题。组织体系方面，通过数字化转型缓解业务负载需要银行业金融机构前台、中台和后台实现高效协同，业务水平与科技创新的融合程度是业务平稳运行的前提。技术维护升级方面，随着科技深入生活，设备端平台和软件设计需加快适应不同品牌、不同设备、不同浏览器的生态系统并进行匹配升级。

四、提高绿色金融风险研判的科学性

提升绿色金融风险研判的科学性，是指运用机器学习、时间序列建模等金融科技手段，发挥金融科技在环境效益测算、风险预测等方面的作用，通过集成学习（Ensemble Learning）、人工网络神经（Artificial Neural Network，ANN）分析等方法，将环境压力、效益评估、信用风险回归量化，通过最小化模型均方根误差等方法实现高精度预测。

一是通过机器学习中集成学习的方法对环境效益进行评级测算。机器学习首先需要对环境信息进行探索性数据分析，运用方差分析或环境变量与效益排序轴的线性相关程度等方法确认环境因子的显著性。常见的集成学习包括引导聚集算法（Bagging）、提升法（Boosting）、堆叠法（Stacking），其共同点在于通过组合训练多种模型来改善机器学习预测环境效益的结果。银行环境效益测算涉及环保、电力、建材、化工等多个行业，集成学习可以提供相对稳定的假设空间、降低陷入局部行业最优①的测算可能性。银行操作前台只需录入参数即可获得绿色融资带来的精准化环境效益。商业银行可以运用该技术将项目环境效益测算公式及参数要求嵌入系统后台并根据系统自动测算结果及时调整信贷政策。

---

① 由于环境效益测算涉及行业众多，各行业在测算模型中的显著变量内容与个数均不同，若使用单一模型可能引发局部行业拟合最优但其余行业测算误差大的问题，集成学习通过对“一篮子”模型的产出结果组合优化，可有效缓解局部行业过拟合的现象。

二是通过时间序列中人工神经网络模型实现风险预测。人工神经网络是一种非线性、分布式存储的时间序列模型，其变量间存在正态性和独立性的特征。神经网络作为一种“黑匣子”模型，其构筑理念受生物神经网络运作启发，网络内每个节点代表了特定的激励函数，节点两两之间由权重连接，网络输出受激励函数与权重值的共同影响，通过对重点环境、气候风险、财务风险是否会对绿色金融产品的发放与管理产生影响以及影响程度进行演变，可用来帮助银行计算贷款人的违约概率。银行业金融机构可以将神经网络方法学运用于ESG风控模型体系建设，通过对企业环境信用评级、碳排放管理水平、员工权益保障、安全生产、公司治理、经营管理、财务指标等重要变量赋予权重并纳入运算节点计算违约概率，实现绿色贷款风险与质量的预测，有效帮助银行提升对信贷客户履约能力的预判以及对绿色小微企业的融资支持效率。

但在预测模型的应用中，也面临着欠拟合和过拟合①的问题。由于当前环境与社会风险信息获取困难，数据分布在不同层级，如政府部门、协会、法院、媒体和企业等，信息来源、展示方式、发布频次和逻辑不尽相同，数据缺少结构化整合、复杂程度高将导致模型学习能力较弱出现欠拟合；由于市场上各行业、各地区绿色金融实践数量与质量参差不齐，加之银行开发模型经验不足，建模样本过少或样本噪声干扰过大将导致模型在单一层面学习能力过强出现过拟合；欠拟合和过拟合都将导致模型无法有效学习到样本的一般规律，体现在数据训练集与测试集预测结果差距大、模型泛化能力弱。

第四节　典型案例分析

一、案例背景

目前，我国正处于绿色金融全面、快速发展的阶段，作为重要市场主体之一，商业银行发展绿色金融有助于推进经济高质量发展。作为国内首

① 欠拟合（Underfitting）与过拟合（Overfitting）是统计学中的一组现象。欠拟合指在统计模型中，由于使用的参数过少而导致模型难以通过训练数据学习到一般规律，以至于用该模型来预测其他测试样本输出时与实际输出或期望值相差大的现象。过拟合指统计模型使用的参数过多并对训练数据过度学习而产生的现象，从而将个体特性误认为潜在样本共性。

家宣布采纳赤道原则的银行，兴业银行坚持服务实体经济，推进绿色科技创新，走出一条“寓义于利、由绿到金”的可持续发展之路。然而随着绿色金融业务的蓬勃发展，商业银行在绿色金融改革和转型发展中仍面临着国内绿色标准不统一、对绿色标准的认定专业度要求较高、商业银行对环境数据价值挖掘不足等诸多难点，传统的绿色业务功能和基础信息管理功能已经很难满足当下业务的需要，因此建立专门专业的绿色金融业务系统并针对痛点难点进行应用创新刻不容缓。

在此背景下，2015 年 6 月，兴业银行绿色金融业务系统一期的开发建设工作启动，并于 2018 年启动了“点绿成金”系统二期的开发建设。该系统将兴业银行积累的经验电子化、流程化、信息化，规范业务操作，全面落实监管要求，适应不断变化的外围系统环境，满足银行流程化建设需求，对于提升兴业银行绿色金融专业化经营水平，深入支持绿色产业，服务实体经济，强化环境与社会风险管控具有重要意义。

二、案例内容

（一）系统介绍

兴业银行绿色智能识别服务系统支持对多套标准的绿色业务识别，包括：人民银行发行的《绿色贷款专项统计制度（2019 年版）》、银保监会制定的《绿色融资统计制度（2020 年版）》、人民银行发布的《绿色债券支持项目目录（2015 年版）》及《绿色债券支持项目目录（2021 年版）》、七部门印发的《绿色产业指导目录（2019 年版）》，以及其他地方和银行的绿色金融标准。此外，绿色智能识别服务系统支持的信贷业务类型包括项目类贷款、非项目类贷款（流动资金类贷款、个人经营性贷款），涵盖的客群包括银行端人员（信贷客户经理及分行绿色信贷审核岗人员）、企业端客户。

基于人工智能技术，构建绿色智能识别模型引擎，兴业银行依据国家、地方、银行的各类绿色标准要求，接入政务共享数据，结合行内信贷业务数据，获取有关企业客户和项目的发展改革委批复、环评批复、可行性研究报告及贷款资金用途等信息，判断信贷业务是否符合相应的绿色标准要求，并提供相应的绿色分类结果。针对项目环评批复文件 PDF 或扫描图片等非结构化数据，采用 OCR 识别、NLP 等技术处理形成结构化数据，提炼出识别所需要的关键字段，如企业名称、项目名称、贷款投向行业、项目建设内容等。对于已存在的结构化数据或已转化后的非结构数据，使用人工智能技术对文本进行预处理，同时结合多套国内最新绿色标准，对数据文本进行绿色识别，最终将多套标准的识别结果以及分类结果展示。通过开放 API 技术，为 PC 端和移动端客户提供实时识别服务（见图 5-2）。

图 5-2　兴业银行绿色智能识别模型引擎（基于人工智能技术）

客户管理方面，实现了对绿色金融客户的分级管理与重点沙盘客户的营销管理，基于大数据技术实现客户关系数据的社会网络分析，精准测算环境效益和有效评估环境风险，提升专业领域的客户基础和客户黏性；业务管理方面，自主研发 40 多套可配置化的环境效益监测模型，建设了绿色金融业务属性认定、评审、监测等专业化模块，实现绿色金融业务的精确识别和环境效益的测算功能，满足广覆盖、高精度、低风险的测算要求；风险管理方面，实现了环境与社会风险管理、赤道原则项目评审、绿色金融资产质量管理等功能，通过人工智能技术手段获取企业环境与社会违法违规信息，制作企业环境表现画像，开发企业环境风险评级模型，对各类业务绿色属性进行高效判断；数据分析方面，实现基于大数据的绿色金融客户营销沙盘分析、存续期管理，深入挖掘绿色金融业务的地理分布特征，通过金融科技手段准确识别、标记监管口径数据，从而实现监管数据的及时生成、统计和推送；信贷业务方面，借助政务共享数据和银行内部业务数据，建立适用于商业银行的绿色信贷业务识别模型引擎，实现同时支持多套绿色金融标准、高效率、高准确率的绿色信贷资产数字化识别工具，降低业务人员绿色信贷业务的识别难度，提升业务开展质量和效率（见图 5-3）。

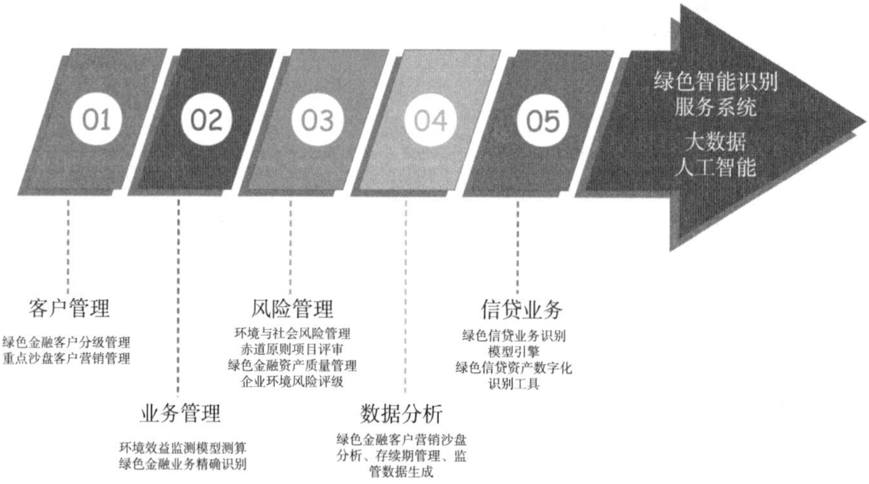

图 5-3　兴业银行绿色智能识别服务系统

通过科技赋能和技术创新，兴业银行健全了绿色发展的工具体系和技术体系，规避了大量业务风险，保障了资产质量，调整了资产结构，提高了业务“绿化率”，实现了对绿色金融业务中客户管理、业务管理、风险管理、数据分析、信贷业务等多方面全流程的系统支持，形成了功能完备且可扩展的业务系统。

（二）效果评价

兴业银行“点绿成金”系统将金融科技与绿色金融业务需求相融合，通过在信用审核、业务属性认定、风险控制、支付清算等领域的创新应用，较大提升了银行在绿色金融领域对企业的服务效率，同时降低了管理成本，适应业务集团化、规模化发展。升级后的“点绿成金”系统包括绿色客户管理、绿色业务识别、环境效益测算、绿色资产管理、赤道原则评审等功能模块，自主研发环境效益测算模型 40 套，覆盖低碳经济、循环经济、生态经济等几十个行业，并增设绿色资产管理模块，对标中国人民银行、原银保监会绿色信贷、绿色金融债等，进行资产集中管理，还首次引入人工智能 AI 模型，开发地理信息系统（GIS）模块，大量使用大数据分析技术，提高绿色金融项目识别、客户服务效率和营销精准度。

截止 2022 年末，兴业银行提供绿色金融融资余额 1.63 万亿元，较上年末增长 17.53%。绿色贷款（人行口径）余额 6370.72 亿元，较上年末增加 1831.32 亿元，增幅达 40.34%，节约标准煤 546.18 万吨。绿色投行方面，落地各类绿色投资银行业务融资规模近 1300 亿元。绿色基金业务存续余额 168 亿元，较年初增加 40 亿元①。

绿色智能识别服务系统降低绿色信贷业务的识别难度，提升业务开展质量和效率，对相关业务条线绿色金融业务的蓬勃发展构成强力支撑，为后续绿色金融产品创新夯实基础，进而助力绿色金融发展战略的稳步推进和有效落地。

绿色智能识别服务系统准确度达到 95%左右，不仅可以对绿色业务进行实时识别，较大程度上减轻了一线银行服务人员工作量；同时，还可以根据目前国内多套标准对业务进行判定，减小了实际业务执行中存在的难度。绿色智能识别服务除了为兴业银行从业人员提供服务外，还对企业开放实时识别接口，企业可以使用识别服务对自身业务进行识别，便于企业对自身所处位置进行定位，同时敦促企业向着节能减排、绿色经济之路迈进。

三、案例启示

兴业银行的绿色金融业务系统，作为国内首套由金融机构依托自身长期实践，自主创新研发的绿色金融 IT 支持平台和国内金融机构功能最为完备的绿色金融专业系统，是其在绿色金融领域多年探索实践的智慧结晶，是绿色金融领域的又一次先行先试。该系统填补了国内金融机构 IT 系统支持绿色金融业务的空白，为兴业银行打造全球领先的绿色金融综合服务商提供了强劲科技动力，有效促进绿色金融的普惠性，推动和引导企业绿色转型与发展。该系统的环境与社会风险管理功能深入践行赤道原则理

---

① 兴业银行股份有限公司．可持续发展报告（2022）［EB/OL］．［2023-04-21］．https：//pdf.dfcfw.com/pdf/H2_ AN202303301584705398_ 1.pdf？1680206228000.pdf.

念，推动国内银行业唯一独创的赤道原则项目评审模块，对融资对象进行全面的环境与社会风险评估，主动退出各类环境不友好项目，协助客户提高环境表现，主动披露环境信息，践行国际通行的“可测量、可报告、可核查”原则，切实履行银行社会责任。系统上线后，有效促进银行各项资源向绿色领域倾斜，提高工作效率，向绿色产业提供更好的金融服务，是支持生态文明建设、服务实体经济、推动各项绿色产业发展政策落地的良好实践。

绿色发展已是社会普遍共识，发展绿色金融是实现绿色发展的重要措施，应充分发挥绿色金融在应对气候变化、促进环境改善，推动企业绿色转型的重要作用。作为发展绿色金融的核心市场主体，商业银行在未来的发展建设中也将持续践行科技推动绿色金融发展的目标，树立创新、协调、绿色、开放、共享的发展理念，抓住科技革命和产业变革的机遇，主动探索新的绿色低碳发展道路，加大对金融科技的支持力度，提高金融客户赋能绿色发展能力，充分发挥绿色金融在调结构、转方式、促发展等方面的积极作用，实现金融资源向绿色产业倾斜，帮助企业扩大绿色生产制造、优化工艺技术，降低污染排放，促进经济绿色高质量发展，为推动企业转型升级提供有力保障，为生态文明建设贡献力量。

第六章　金融科技赋能绿色金融创新：证券与基金业

近年来，证券与基金业依托云计算、区块链、大数据和人工智能等金融科技，从证券发行、证券登记与存管、数据存储与处理、股价预测、客户关系管理、清算与交收、智能客服、资产证券化和智能投顾等业务环节到交易与数据安全、清算与交收、风险管控、智能风控等风险管理环节推动证券与基金业的绿色金融产品和服务创新。随着我国生态文明建设的持续深入以及“碳达峰、碳中和”目标进程的不断落实，证券与基金业机构需要积极参与到绿色金融实践之中，同时利用金融科技赋能，进一步提升自身在绿色金融领域的创新能力。

本章围绕我国证券基金业绿色金融发展现状、痛点问题以及金融科技在绿色证券领域的运用三个维度进行了详细分析与阐述，并结合 GAW 绿色债券发行平台以及 SUSFINTEQ ESG 平台两大国际案例，分别分析了金融科技在绿色融资市场和绿色投资市场上的实践。

第一节　证券基金业绿色金融发展现状

当前，证券基金业在绿色金融领域的发展正持续深化。在融资端，绿色债券与绿色股票市场的规模不断扩大，绿色资产证券化等创新型产品种类日益丰富，为绿色产业及项目拓宽了融资渠道；在投资端，证券基金业机构的绿色投资意识不断深化，签署联合国负责任投资原则的机构数量持续攀升，并不断创新绿色基金、绿色指数等投资工具，支持绿色投资理念落地实践。总体来看，证券基金业在绿色金融领域中取得了较为突出的成绩，包括绿色产品相关标准逐步统一，绿色项目融资便利化水平提升，以及企业 ESG 信息披露得到强化等，为我国绿色金融市场发展提供了有力驱动。

一、证券基金业的绿色融资实践现状

（一）绿色债券市场

1. 市场规模：绿色债券市场发展整体提速

在防风险的基调下，近年来我国绿色债券市场发展进一步规范，对实体经济尤其是民营企业在绿色产业创新融资的支持力度有所增强，绿色债券市场支持服务国家绿色发展战略的综合能力明显提升。自2015年绿色债券市场启动发行以来，我国绿色债券发行规模稳步增长。截至2022年底，中国境内外绿色债券新增发行规模约9838.99亿元，发行数量为568只。其中，境内绿色债券新增发行规模为8746.58亿元，发行数量为521只；中资机构境外绿色债券新增发行规模约1092.41亿元，发行数量为47只。截至2022年底，中国境内外绿色债券存量规模约3万亿元①。2022年中国境内外绿色债券创新品种不断丰富，发行规模持续扩大（图6-1）。

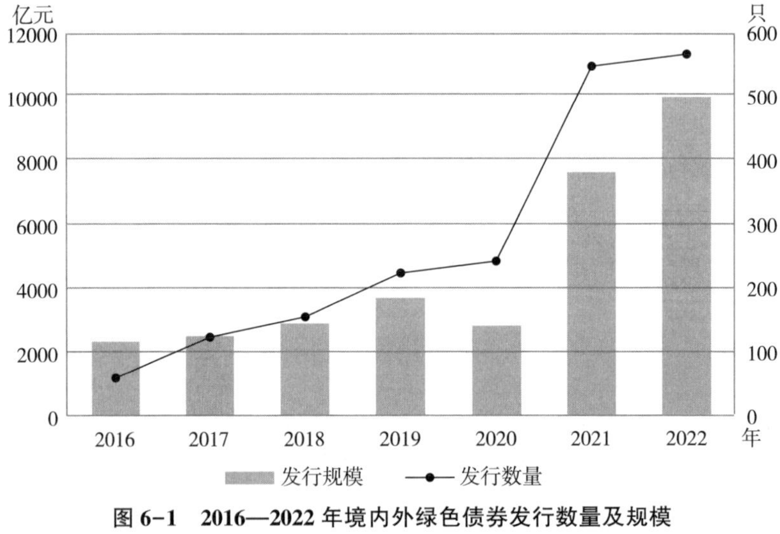

图6-1　2016—2022年境内外绿色债券发行数量及规模

（资料来源：Wind，中央财经大学绿色金融国际研究院）

① 中央财经大学绿色金融国际研究院.2022年中国绿色债券年报［R］. 2022.

2. 资金投向：普通绿色债券募集资金主要支持清洁能源和基础设施绿色升级项目

2022 年普通绿色债券募集资金仍主要支持清洁能源产业发展，资金使用规模为 2003.73 亿元，占中国境内普通绿色债券新增资金规模的 30.34%，募投项目主要为光伏、风电等新能源项目建设和运营；其次用于支持基础设施绿色升级项目的资金使用规模为 1065.66 亿元，占中国境内普通绿色债券新增资金规模的 16.14%，募投项目主要为绿色建筑项目，募投项目结构有所调整，绿色建筑项目融资规模超过绿色交通领域；再者用于支持节能环保产业、清洁生产产业、生态环境产业和绿色服务发展的资金使用规模占中国境内普通绿色债券新增资金规模的比重均不超过 3%。除此之外，还有 98 只发行规模共计 3120.10 亿元的绿色债券募集资金投入项目具有多种用途；29 只发行规模共计 199.44 亿元的绿色债券募集资金用途尚未公开（见图 6-2）。

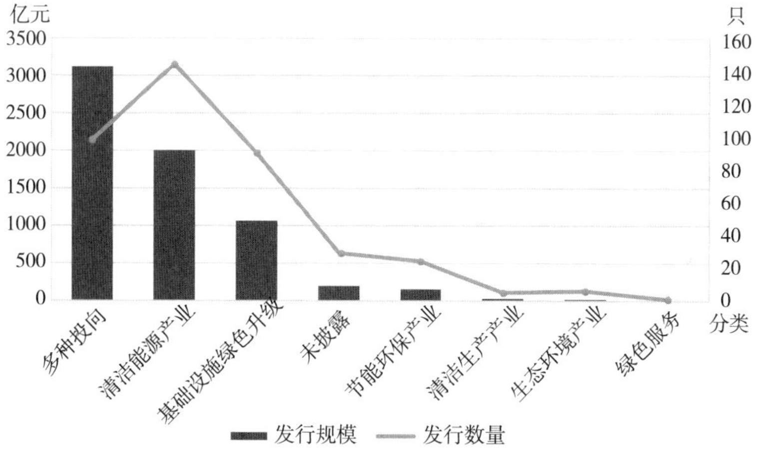

图 6-2　2022 年境内普通绿色债券募集资金投向发行规模及数量

（资料来源：Wind，中央财经大学绿色金融国际研究院）

3. 产品种类与创新：绿色债券种类不断丰富，绿色资产支持证券等创新型品种持续增长

按照发行主体性质及监管机构，境内普通贴标绿债可分为由政策性银行或商业银行发行的绿色金融债，由非金融企业发行的绿色公司债、绿色企业债、绿色债务融资工具，以及由地方政府发行的绿色地方政府债券等。2022 年普通绿色债券中金融债发行规模最大，为 3389.57 亿元，占境内普通绿色债券新增发行规模的 51.33%；其次为债务融资工具，发行规模为 2052.64 亿元，占境内普通绿色债券新增发行规模的 31.08%；再者为公司债，发行规模为 918.42 亿元，占境内普通绿色债券新增发行规模的 13.91%；绿色企业债和国际机构债券发行规模分别为 223.40 亿元、20 亿元。总体而言，2022 年金融机构是普通绿色债券的主要发行人，金融机构对推动绿色融资发挥着重要作用（见图 6-3）。

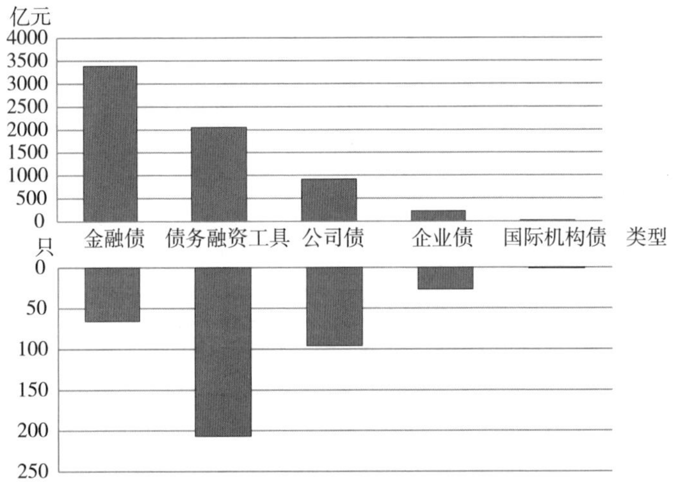

图 6-3　2022 年境内普通绿色债券种类分布

（资料来源：Wind，中央财经大学绿色金融国际研究院）

2022 年我国境内绿色资产支持证券新增发行规模为 2142.55 亿元，同比增长 71.88%，占中国境内绿色债券新增发行数量的 24.50%；发行数量 124 单（290 只），同比增长 51.22%，占中国境内绿色债券新增发行数量的 23.80%。截至 2022 年底，中国境内绿色资产支持证券化产品存量规模约 3000 亿元（见图 6-4）。

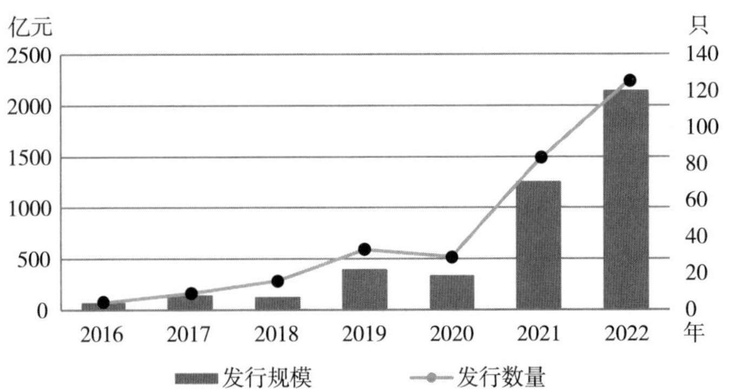

图 6-4　2016—2022 年境内绿色资产支持证券发行规模及数量

（资料来源：Wind，中央财经大学绿色金融国际研究院）

（二）绿色股票市场

1. 市场规模：上市公司数量及市值不断提升，优质绿色产业集群效应显著

近年来，中国证监会积极支持符合条件的绿色企业通过首发融资、再融资、新三板挂牌、并购重组等方式发展壮大，鼓励新能源、节能环保领域科技创新企业通过科创板、创业板上市融资，并将新能源产业纳入并购重组审核快速通道，提升并购重组效率。根据Wind数据显示：截至2022年12月，按照申万一级行业分类，A股环保上市公司数量为133家，其总市值为7178亿元。这些上市公司的业务领域主要聚焦环境治理领域，同时也涵盖了大气治理、固废治理、环保设备、水务及水治理、综合环境治理等。同时，一系列基础制度的改革创新，撬动引导更多社会资源流向绿色低碳发展领域，为上市公司获取资金、吸引人才、升级技术提供有力支撑，也增强了绿色发展的活力。

绿色企业上市规模增长，但同比市场增量较为放缓。与全A股市场相比，绿色上市企业规模虽有所增长但仍较小。截至2022年12月，在133家上市公司中总市值最大的是于2015年上交所主板上市的伟明环保，市值为304.45亿元。规模最小的是于2021年在北交所上市的恒合股份，市值为3.44亿元。整体上市公司的平均市值为53.97亿元，与2020年相比相差不大，略微有小幅下降，与全市场增速相比呈放缓趋势。

2. 再融资特征：环保上市企业再融资募资额大幅提升，但仍稍显滞后于市场进展

截至2022年12月，环保上市公司增发10起，增发募集资金共计66.63亿元，环保上市公司主要通过定向增发进行再融资。环保上市企业再融资募资额大幅提升，但仍稍显滞后于市场进展。环保上市企业增发数量与2018至2020年相比相对稳定，环保上市企业增发总体规模仍然较小。从增发募资金额具体来看，截至2022年12月，以定增股份上市日统计，A股上市公司共计实施定增47起，家数环比微升；实际募集资金合计约1128.62亿元，定增实施募集资金环比出现明显上升。其中，环保上市企业增发金额为66.63亿元，占比整个A股市场5.9%（见图6-5）。

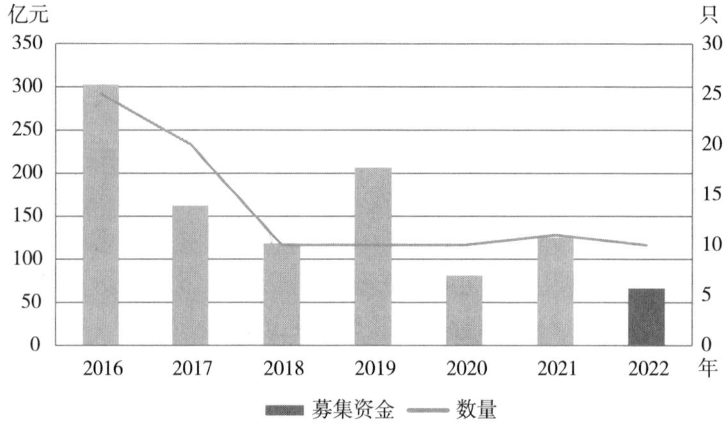

图 6-5　2016 年至 2022 年绿色上市企业增发数量及增发募资金额

（资料来源：Wind 数据库）

根据 2022 年数据可以看出环保上市企业之间增发募资额的两极分化趋势有所缓解，但很大一部分环保上市企业的增发募资额较小这一现象仍然存在。增发募资金额占比最高的两家企业为军信股份和兴源环境，其募集资金分别为 15 亿元和 12.1 亿元，占绿色上市企业 2022 年度增发募资额的 40.67%；其他 8 家环保上市企业增发募资额共计 39.53 亿元，平均募资额为 4.94 亿元①。

二、证券基金业的绿色投资实践现状

（一）投资意识与机构参与：逐步深化 ESG 投资意识，签署 UN PRI 的机构数量持续攀升

从 2018 年开始，中国机构加入 UN PRI 的节奏明显加快，截至 2023 年 2 月，我国大陆地区签约 UN PRI 机构已达 128 家，包含投资机构、服务机构与资产管理机构等类别（见图 6-6）。

① 资料来源：Wind 数据库。

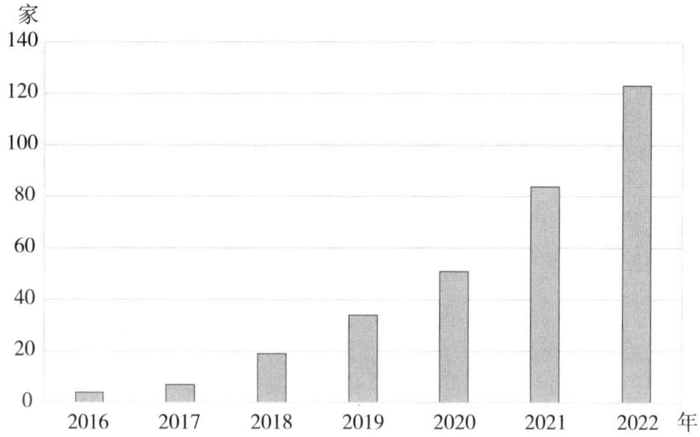

图 6-6　中国资管机构加入 UN PRI 组织的数量趋势图（2016 年—2022 年）

（资料来源：UN PRI 官网）

（二）投资产品创新：积极抢占 ESG 投资风口，相关主题产品种类不断丰富

1. 绿色证券指数：产品数量不断增加，ESG 主题持续深化

绿色股票指数数量保持逐年提升态势，ESG 主题逐渐成为发展重点。从数量的变化上看，自 2005 年起，我国绿色股票指数发布数量整体保持逐年平稳增长态势。如图 6-7 所示，绿色股票指数的发布在 2009 年、2010 年、2015 年、2019 年和 2021 年这五个时间点上出现小幅提速。2018 年以前，我国绿色股票指数的主题主要集中于环境层面，整体数量占比接近 2/3；而截至 2021 年底，综合 ESG 主题的股票指数占比已达 45%，这一占比变化是绿色股票指数体系近年来逐步发展完善的直接表现。2022 年度，我国绿色股票指数市场持续稳定发展。我国沪深港三地新增发布绿色股票指数 16 条，累计发布指数已达 106 条（见图 6-7）。

2. 绿色基金：基金产品规模不断扩大，积极布局低碳投资领域

基金公司布局方面，自 2021 年下半年开始，根据不完全统计，目前布局绿色投资相关方向的基金公司已有 50 余家，其中易方达基金、鹏华基金、富国基金、华夏基金、工银瑞信基金、建信基金、景顺长城基金等公司布局力度较大。根据中国证券投资基金业协会查询数据，截至 2022 年 6 月末，具有绿色、可持续、ESG 投资方向的公私募基金达到 1178 只，规模合计 8821 亿元，与 2020 年底相比规模增长 34%。其中，公募基金约 242

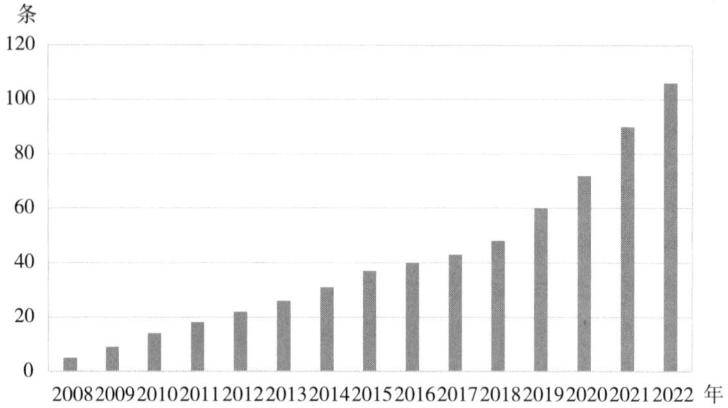

图 6-7　2008—2022 年中国绿色金融市场绿色股票指数发行数量变化

（资料来源：Wind 数据库）

只，管理规模超过 4420 亿元；私募基金 936 只，管理规模超过 4000 亿元，股权创投基金规模占比超过 90%。2022 年 7 月，我国首批 8 只碳中和 ETF 发行，此类产品主要投向"深度低碳"和"高碳减排"两大方向的股票池。除了快速发展的绿色证券投资基金外，绿色产业基金近年来也多有实践，绿色产业引导基金重在引导社会资本，投向对绿色发展有重大意义的行业、项目和技术。当前国家层面设立了绿色发展基金，由财政部、生态环境部、上海市共同发起设立，基金将重点投资污染治理、生态修复和国土空间绿化、能源资源节约利用、绿色交通和清洁能源等领域；2020 年 7 月 15 日，国家绿色发展基金股份有限公司在上海市揭牌运营，首期募资规模 885 亿元。地方层面，各级政府陆续设立绿色发展基金，用以针对地方绿色产业提供资金支持。2023 年 1 月，首期规模 100 亿元、总规模 300 亿元的四川省绿色低碳优势产业基金正式运营，采取"政府引导+市场运作"模式，重点支持清洁能源、动力电池、晶硅光伏、钒钛、存储及环保科技、绿色材料、环境修复、资源再利用等产业。

（三）投资策略与实践：引导证券基金经营机构参与绿色投资，绿色投资理念逐步嵌入机构实践策略

2017 年，证监会修订《证券公司分类监管规定》，将社会责任履行情况纳入证券公司分类评价范畴，对支持绿色债发行取得良好效果的证券公司给予加分。2018 年，中国证券投资基金业协会发布《绿色投资指引（试

行）》，明确基金行业绿色投资制度安排。在相关政策的指引下，近年来证券基金业机构积极投入绿色投资实践。根据中国证券投资基金业协会发布的《基金管理人绿色投资自评估报告（2022）》中的统计结果显示，在参与评估的46家公募基金管理公司中，25家样本公募机构将“绿色投资”明文纳入公司战略，占样本公募机构比重的54.3%，其中，15家依战略出台配套文件或写入公司章程。在绿色投资产品运作方面，33家样本公募机构发行过或正在发行以绿色投资为目标的产品，其中21家发行了多只产品，产品共108只。整体看，填报的108只产品中，88.9%样本基金遵循特定绿色投资策略，28.7%样本基金采取主动措施促进被投企业提升绿色绩效①。

（四）信息披露：以环境信息披露为抓手，鼓励上市公司积极履行绿色责任

近年来，我国资本市场持续完善上市公司ESG信息披露相关要求，鼓励上市公司通过信息披露切实承担环境治理主体责任。自2006年深交所率先发布《上市公司社会责任指引》后，2008年上交所发布《上海证券交易所上市公司环境信息披露指引》，资本市场持续推动上市公司社会责任信息披露常态化、规范化，同时实施分层次环境信息披露制度，督促属于环保部门公布的重点排污企业，按照要求披露环境信息，鼓励上市公司自愿披露为减少碳排放所采取的措施及效果。经过多年规范引导，现阶段我国上市公司ESG信息披露质量明显改善，披露主动性显著提高，参与生态文明建设的责任感进一步增强。从披露数量来看，2007年至2022年，A股市场进行社会责任报告披露的上市公司由22家逐年增加至1455家，2022年的披露数量较2021年增加了317家。从披露率来看，截至2022年12月31日，在5079家A股上市公司②中，已有28.65%的企业主动发布了社会责任报告，而在2007年披露率仅为1.44%。

---

① 中国证券投资基金业协会．基金管理人绿色投资自评估报告（2022）[R]．2022.

② 此处仅涵盖上海证券交易所、深圳证券交易所上市公司，北京证券交易所由于欠缺历史数据暂不涵盖。

第二节 证券基金业绿色金融发展痛点问题

一、信息披露及标准化统计工作有待完善

（一）绿色投融资产品信息披露不充分

在融资端，目前我国已制定绿色债券发行规则及各类绿债信息披露要求，但仍存在绿色债券信息披露不充分现象，标准化数据统计工作有待完善。目前，绿色债券的发行需与具体的绿色项目对应，以确保绿色债券融资资金用于绿色项目的建设，债券存续期间融资主体需披露绿色债券资金用途，但是关于资金用途的披露缺乏监管，尤其是绿色金融债券，资金使用去向较多，资金用途无法逐一追踪，加大了募集资金后续监管难度，因此，绿色债券的标准化数据统计制度也需进一步完善。

在投资端，由于缺乏信息披露的统一标准，相关部门未能明确划分信息披露监管责任，导致绿色基金的信息披露程度不足，基金的投资模式和管理模式不透明不公开，信息披露的可信度与有效性降低，在一定程度上降低了投资人参与绿色投资的积极性。近年来尽管我国陆续出台了针对企业环境信息披露相关法规，但仍然存在公司环境信息披露不全面、监管不到位等问题，导致投资者缺少绿色投资项目的相关信息，造成信息不对称问题，难以正确评估选择投资项目。由于缺少绿色基金监管政策和信息披露机制，部分绿色基金过度追求经济收益，偏离重点投资于绿色领域的原则，将资金用于小微企业周转，投资股票、基金、房地产、资管产品等，未起到支持绿色产业发展的作用。如一些绿色基金将大部分资金投资于基础设施建设和公共服务领域，扩大了资金使用范围，偏离了绿色基金的宗旨和目标。

从金融机构的角度看，金融机构在开展绿色金融业务时由于缺乏专业知识及相关权限，往往难以直接获得绿色企业的信息，与环境保护部门之间的沟通不足且缺乏效率，金融机构不得不成立专门的部门或派专人调查绿色项目的进展情况，获取信息的成本极高，这使得金融机构不愿把资金投向绿色领域。从投资者的角度看，投资者面临较高的信息成本。《指导意见》虽然提出要探索第三方评级和评估机制，但统一的标准尚未成型，目

前各金融机构在绿色项目的认证及评级制度方面各自为政，导致投资者无法以较低的成本识别出绿色项目的优劣，动摇了投资的信心。金融机构、投资者、企业以及环保部门之间的信息不对称已经严重阻碍了绿色金融的发展。

（二）企业环境/ESG 信息披露参差不齐

在企业端，由于现阶段我国尚未出台统一且标准化的上市公司环境/ESG 信息强制披露标准，支持企业进行环境/ESG 信息披露的基础设施尚待完善，因此市场参与者对企业环境/ESG 数据的获取渠道有限。一方面，由于缺少政策层面的标准来指导企业披露环境/ESG 信息，同时尚未实施全面强制性的披露要求，因此造成一些公司在披露环境/ESG 信息时选择性披露，甚至不披露关键信息。另一方面，由于 ESG 数据涉及的维度较广，信息较为分散，目前市场参与者整合 ESG 信息难度较大，但能够提供高质量上市公司和发债主体 ESG 数据的第三方机构相对较少。因此，现阶段我国企业环境/ESG 数据的连贯性和可比性较低，披露数据的真实性和有效性缺乏保障，为投资者在后续的统一量化处理带来一定困难。

二、投融资及经营活动的环境影响计算困难

（一）投融资活动的环境影响有待科学计算

证券基金业机构所参与绿色投融资活动产生的环境影响，以及如何通过科学有效的方法去量化这一影响，是衡量其是否能够有效支持绿色产业或项目发展的重要衡量指标。在实际操作层面，由于目前缺少对于投融资活动的环境影响评价的标准方法或体系，以及环境影响本身在量化测算方面存在不确定性与复杂性，因此多数绿色投融资活动的环境效益测算有待深化研究。以绿色债券的环境效益计算为例，目前我国绿色债券募集资金投向绿色项目名称、类型及金额等信息披露虽已较规范，但由于尚未建立覆盖募集资金投向绿色项目全生命周期的环境效益信息披露机制，缺少详细统一的指标体系以及科学有效的计算方法学支持，因此现阶段我国绿色债券产生的环境效益信息披露质量不高，环境效益信息的及时性、完整性、真实性、可得性有所欠缺，绿债资金运用存在“漂绿”“染绿”等潜在风险。此外，现实中有很多债券实际投向绿色项目，但没有被认定为绿色债

券，这部分债券的识别同样需要环境效益的测算给予支持。

此外，随着我国“碳达峰、碳中和”目标行动的持续推进，证券基金业机构现有项目或资产，尤其是棕色项目或资产的碳排放和碳足迹对于目标的达成同样关键。目前，大部分已开展环境信息披露的证券基金业机构多主动自愿披露绿色项目或资产的环境影响，但缺少对棕色项目或资产所产生的碳排放和碳足迹进行的测算与披露，这不仅需要相关政策标准提供基础，也需要客观有效的测算技术与方法学进行支撑。

（二）经营活动环境影响计算有待深化

由于证券基金业机构本身也属于企业法人主体，因此在国家“碳达峰、碳中和”的目标背景下，同样需要定期披露自身经营活动所带来的环境影响。根据中国人民银行发布的《金融机构环境信息披露指南》的要求，金融机构需要对自身经营活动产生的直接及间接温室气体排放和自然资源消耗情况以及所实施环保措施的环境影响进行定量测算与披露，并对所采取的统计口径与计算方法进行说明。目前，有部分证券基金业机构对自身经营活动产生的环境影响量化信息进行了披露，但大部分机构在这方面没有进行披露，随着我国“碳达峰、碳中和”行动进程的不断推进，未来金融机构需要对自身经营活动所带来的环境影响进行更多考量。

三、产品创新力度仍需强化

（一）绿色投融资产品种类仍需创新丰富

在融资端，绿色股权融资市场和债权融资市场在产品类型、融资渠道和风险保障等后续跟踪管理方面有待持续创新。整体来看，由于目前我国多层次资本市场仍存在建设不足的问题，绿色企业直接融资的比例仍然较低，中小微绿色企业受到资金支持的力度较小。以债权融资市场为例，目前我国已经发行的绿色债券涵盖了金融债、公司债、企业债、中期票据、短期融资券等国内主要债券品种，但绿色债券整体创新能力仍待提升，以项目收益作为绿色债券偿付来源的机制尚未成熟，绿色地方政府债券发行仍处于起步阶段，现行绿色债券付息模式还未实现票息率与环境效益相挂钩，增信机制有待健全，多层次绿色债券体系尚待开发。

在投资端，虽然近年来我国绿色基金和证券指数等绿色投资工具的数量越来越多，但是整体绿色投资规模仍然较小，多元化产品供给较为不足。在投资方式上，目前大多数开展绿色/ESG投资实践的证券基金业机构多以被动投资为主，基于绿色证券指数开展衍生金融产品。在产品类型上，目前基于绿色证券指数衍生的金融产品主要为公募基金，挂钩型理财产品、资产管理计划、信托产品以及指数期货/期权等产品有待进一步开发。此外，绿色/ESG投资市场的整体流动性和活跃度不高，投资标的主要集中于债权类资产，产品投资结构单一，同质性较强，传统绿色金融产品外的创新产品仍处于萌芽发展阶段。

（二）支持“双碳”目标的转型金融产品有待开发

在我国“碳达峰、碳中和”目标持续推进的背景下，除了绿色投融资产品外，和碳足迹挂钩、支持碳减排的转型金融产品有待证券基金业机构进一步创新开发。目前，多数证券基金业机构对于转型金融的研究尚处于起步阶段，相关产品的创新实践是否能真正协助经济社会实现碳减排，同时防范金融和社会风险，仍需进一步探索。以债权融资市场中的转型金融债券为例，这类债券的利率与接受债券融资主体或项目的碳足迹挂钩，能够成为持续引导企业减碳的激励机制，推进企业采取实际行动参与到绿色低碳经济活动之中。

四、风险识别及管理工具有待健全

气候变化所带来的法规政策、技术、市场、声誉等转型风险在微观上会导致经济主体损失进而给金融机构带来更多风险，然而目前证券基金业机构对环境和气候风险的实际重视程度不足，具体开展的务实工作仍然较少，对气候变化风险的识别、评估和动态监测等仍存在不足。随着我国“双碳”目标的持续推进，高碳行业的低碳转型趋势成为必然，这一转型过程将产生大量资金需求，证券基金业机构需要在产能过剩、能效标准提高、环境保护税、全国碳市场、水资源税和非水可再生能源规划项目的风险约束下，建立环境风险识别和分析工具，对自身所持有的高碳资产可能会导致的影响开展定量分析，并在此基础上采取应对措施，调整自身的资产组合，以规避风险和争取把握绿色低碳产业的发展机遇。从目前环境风险识别和分析工具的应用情况来看，证券基金业机构在该方面仍处于初期探索阶段，主要集中在方法学摸索，尚未普遍推广应用或发展成熟案例，未来仍需进一步探索。

五、投资能力建设相对落后

由于我国的 ESG 投资尚处于起步阶段，因此多数证券基金业机构的 ESG 投资能力建设仍较为落后，整体战略规划、部门建设到投资机制等各个环节尚待完善。从战略规划看，目前多数证券基金业机构缺乏对在机构中长期经营愿景和战略规划中加入 ESG 因素的考量，也缺乏短期 ESG 绩效目标的设定；从机构管理看，多数证券基金业机构尚无基于 ESG 制定明确的管理政策和机制，其组织架构上也没有形成 ESG 专项工作部门；从投资机制看，多数证券基金业机构并未在其投策策略和流程中充分践行 ESG 理念，内部暂无形成 ESG 投资的评价方法和数据管理机制，无法有效进行 ESG 数据分析；从风险管理看，多数证券基金业机构目前并未将 ESG 因素纳入机构风险管控机制，缺乏对 ESG 风险的有效识别、评估与管理。

第三节　金融科技在绿色证券领域的运用

一、金融科技在绿色融资市场的运用

现阶段，金融科技在绿色融资市场中的运用主要集中在绿色债券市场。当前，我国绿色债券市场存在产品创新不足、绿色债券信息披露制度不健全、环境效益量化测算困难和市场主体能力建设不足等问题。金融科技可以通过技术手段，针对这些痛点，筛选建立评价指标体系，统一并完善相关分类标准，缓解信息不对称，简化绿色认证流程，推动绿色债券产品创新和绿色债券融资渠道创新。

（一）优化绿色债券发行流程

绿色债券的发行具体包括绿色资产认证、独立审查、债券发行等多个环节，证券机构可运用金融科技相关技术在多个环节实现绿色债券发行优化。

首先，对于目前评级机构针对绿色债券的评价指标体系中出现的效益界定不清、效益标准不统一、指标权重不合理，以及计算方法在机构间出现差异等问题，可以结合大数据、人工智能、云平台等相关技术，做好经济效益与社会效益等方面的结构化与非结构化的数据收集整理，建立数据平台完成数据储存，并利用平台筛选指标，优化现有环境效益测算方法，结合人工智能中的机器学习与深度学习等技术方法、运用大数据的数据建模软件及编程工具规定绿色证券认证算法，最后通过可视化数据分析，形成普适性的指标体系，向相关企业发布，推动绿色资产认证过程更加科学化，同时对绿色资产的绿色程度实现精准量化。

另外，对于绿色资产认证环节出现的信息不对称，包括虚假申报、隐匿重大不利因素等以及耗时长问题，证券机构可通过构建绿色资产信息库，与环保、工商、金融等政府部门进行数据连通，基于大数据，多维度描述发债主体信息。同时基于人工智能，包括神经网络图像识别等技术，自动识别文件图片真伪，完成文件核验程序，有效缩短绿色资产认证的时间，提高绿色债券发行效率，降低“洗绿”“漂绿”风险，提升绿色资产认证的透明度。

除了大数据与人工智能的使用，区块链技术同样能够赋能绿色债券发行流程。基于区块链技术架构发行绿色债券，交易信息和企业的原始凭证会被记录在区块链的主体部分，市场主体的所有财务活动的交易信息都会被通过哈希指针链接依序记录在不同的区块中，并生成进一步加强安全保障的安全时间戳。债券发行过程中，系统分步在不同时间点通过智能合约自动将关键信息上链存储，包括债券详情、公告文件、配售结果等。系统用户可查看各步上链信息的区块链交易 ID、区块哈希值和区块编号。上链信息实时在全网广播，确保各节点平等知情，具有不可篡改的特点，有利于提升信息的透明度和公信力（见图 6-8）。

对于绿色债券而言，使用区块链进行发行，具有两大优势。一方面，可以提高绿色债券发行效率。绿色债券的发行流程以智能合约为基础设立，系统可以自动执行所有复杂步骤，节约时间成本和人力成本，有效降低绿色债券发行额外成本。另一方面，区块链技术通过对绿色债券发行进行标准化处理，开放性架构便于拓展资金来源，容纳更多资金需求企业，降低融资门槛，为中小型绿色项目提供了更多融资机会，也让更多投资者接触到绿色债券。

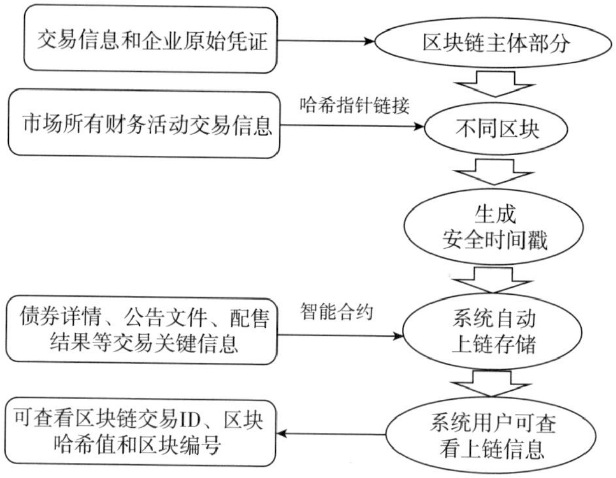

图 6-8　区块链赋能绿色债券发行过程

区块链应用的分布式账本技术在全网记账，降低了单节点记账的风险，保障了信息的安全。此外，区块链上链信息不可篡改，提升了信息的透明度和公信力，减少了信息不对称。但是区块链发行绿色债券的实现仅局限于私有链，即限制在小范围内密封的区块链，随着今后数字货币技术的发展，区块链发行绿色债券有望在联盟链甚至公有链上进行。

（二）协助绿色债券产品创新

使用金融科技技术可为绿色债券产品创新提供助力。证券公司可使用大数据和人工智能技术对绿色项目融资主体的融资需求进行系统梳理，如资金使用时限、利率范围、还款机制、项目商业模式等，依据具体行业生成融资需求评估报告，同时通过历史数据分析资金需求方的还款能力等，开发出期限匹配、风险适度的个性化绿色债券产品。同时针对现行绿色债券息票率和环境效益未挂钩问题，利用机器学习，建立环境效益评估模型，并通过评分表等功能模块，转化为合理的票面利率。

区块链技术的发展，可将绿色资产依据其资金流特征拆分为不同的部分，绿色资产的不同部分制定不同的融资规则，可由同一个或者不同投资者进行投资，提高了绿色项目融资的灵活性，有利于引导绿色项目的潜在投资者参与投资。如海南自贸港积极利用区块链技术，创新绿色资产抵质押登记的方式；利用大数据与云平台，围绕核心企业收集与其有交易往来的上下游企业相关信息开展供应链金融，实现权益转让的实时化，从而降低交易成本，同时能够在平台上收集整理金融纠纷，进行纠纷化解与风险防范；对于绿色资产认证需要的环境信息，也可通过云平台进行环境信息共享与绿色认定（见图 6–9）。

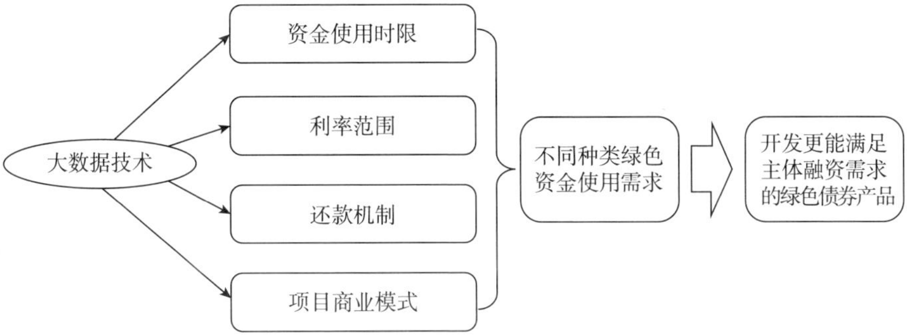

图 6–9　大数据助力绿色债券产品创新

（三）支持融资渠道拓展

目前，绿色债券融资渠道较为单一，但未来发展前景良好，这主要是因为个人投资者领域仍是蓝海。绿色资产往往涉及金额较大，如环保相关市政设施、土壤修复项目、光伏项目等，因此绿色资产的投资主体以机构为主。一方面，机构在绿色资产投资方面比较专业，有专业的团队对资产的“绿色”进行鉴别，同时对项目风险和收益情况等进行把控，可实现对资产质量的有效筛选，而个人投资者对绿色项目的质量难以实现把控，且无法对绿色债券募集资金的用途进行追踪。因此，利用金融科技解决个人投资者和绿色债券发行方之间的信息不对称问题，成为拓展个人投资渠道的有益思路。

针对个人投资者的信息不对称问题，大数据和人工智能技术的运用使得证券业金融机构可对个人投资者进行更为精准的用户画像及动态变化，如个人风险偏好、投资规模和投资期限等，匹配合理的绿色债券项目，实现智能营销，再结合投资者对于绿色、环境友好等社会责任偏好程度，向投资者推荐综合投资收益、投资风险、环境效益等多方面的最优投资组合。

区块链技术的运用可便利个人投资者获取信息，降低信任成本。基于去中心化特点，各节点获得授权后，可查看项目信息、财务指标、融资计划以及营利模式等信息，缓解个人投资者和绿色项目信息不对称的问题，降低个人投资者获取信息的成本。此外，关键信息实时上链且不可篡改，因此个人投资者可实现对绿色项目资金用途的实时监控和追踪，拓展绿色项目的融资渠道。

2017 年 9 月，我国首单绿色金融柜台债“国开行 2017 年第三期绿色金融债券”面向个人投资者开放，允许个人投资者通过工行、农行、中行等银行的营业网点和电子渠道购买绿色债券。未来，随着更多面向个人投资者的绿色理财、绿色基金、绿色保险等创新绿色金融产品不断涌现，人工智能、区块链等金融科技将逐渐降低个人投资者投资门槛和绿色企业融资成本。

二、金融科技在绿色投资市场的应用

与绿色融资市场相似，当前我国绿色投资市场同样存在产品创新不足、企业环境/ESG 信息披露不健全等问题，在风险评估与管理、ESG 投资能力建设等方面的表现也有待进一步完善。随着经济社会和科学技术的高速发展，在投资领域，金融科技能够广泛应用于探索投资边界、强化信息披露、加强理念推广、量化交易工具、智能投研、智能风险管控等方面，将这些应用转换到绿色投资市场，则能够进一步推动绿色项目合理定价，提升金融机构对 ESG 数据的收集及分析能力，强化其 ESG 投资能力，同时能够助力金融机构开展环境压力测试，提升环境风险识别及管理能力。

（一）推动绿色项目合理定价

在推动绿色投资方面，证券基金业机构可以利用区块链、大数据和人工智能等，将环境风险和效益纳入投资决策过程，降低信息不对称水平，实现对绿色项目的合理定价。2018 年，德意志银行基于大数据工具，对 5000 家公司进行 ESG 评级分析。在对美国证券公司和证券交易委员会报告关键词进行检索分析的基础上，从媒体等其他渠道收集影响业绩和估值的公司消息作为有效补充。同时，该工具会将生成结果和其他类似公司案例进行比较，使用算法从回报率、风险水平和估值变化等方面追踪两类公司表现，提供未经市场定价的环境收益水平参考。同年，瑞典“绿色资产钱包”项目旨在通过区块链平台，降低信息不对称带来的交易成本，提高绿色债券市场的透明度和效率，扩大绿债市场规模。该平台面向投资者、发行者和验证者三类用户，发行者需要提交绿色证券框架报告，验证者需要出具针对发行者绿色承诺的验证报告，使用、耦合各方上链数据，验证交易有效性和投资项目绿色水平，投资者可以直接获取两方报告，并建立投资组合，实时监测项目运行。此外该平台保持灵活的可接入性，为新进入节点记录真实业绩数据和相应的信用水平。

（二）提升ESG数据收集及处理能力

支持ESG数据采集及监测。运用大数据等金融科技技术，投资机构可对上市公司ESG相关信息进行全方位搜集，在海量信息中实现对有效数据的准确捕捉；再通过深度数据清洗，建立量化驱动的模型，将ESG指标逐一量化、标准化，整合并融入到传统投研体系中，将环境风险考量纳入投资决策中。同时，人工智能中机器学习、深度学习等底层技术，可协助证券基金业机构对上市公司ESG相关舆情进行实时跟踪，从社交媒体、互联网新闻平台等渠道，抓取企业履行社会责任、环境保护和公司治理三方面信息，及时有效地避免损失或捕捉收益。自然语言处理技术可使计算机理解语言文本的意义，也能以自然语言文本来表达给定的深层意图、思想等。基于自然语言处理技术搭载的ESG舆情监控类平台，可根据拟定的百余个ESG相关舆情标签，对投资标的的实时舆情进行抓取和分类，在ESG层面及时反馈投资标的潜在的风险，辅助投资决策的产生以及投后的跟踪管理。

建设金融机构ESG评价系统。以环境、社会和公司治理为核心的ESG体系，是指倡导在投资决策过程中充分考虑环境、社会及管治因素的投资理念，具体包括信息披露、评估评级和投资指引等工作内容。金融机构可以运用金融科技确定与自身经营活动相关的ESG相关维度，筛选出各维度下的关键性议题指标，建立ESG评价系统，并通过监测舆情等信息源，实时更新评估对象评分以及排名，摆脱完全依赖公司主动披露的局面，结合已有评价体系、加入本土化指标，进行更高质量、长期跟进的ESG评价（见表6-1）。

表 6-1 ESG 涵盖重要议题示例

维度	重要议题示例	
环境（Environmental）	气候变化	能源效率
	生物多样性与生态系统	空气、土壤和水质污染
	废物及废物管理	自然灾害
社会（Social）	劳工标准	人权
	当地社区关系	人力资本发展
	员工关系，多元化和包容性，无歧视	产品质量与生命周期管理
	隐私和数据安全	
治理（Governance）	商业道德与管理	董事会组成及责任制
	可持续监督	高管薪酬
	透明度和披露惯例	反贿赂
	税收公平与透明	

资料来源：中央财经大学绿色金融国际研究院依据当前各类 ESG 标准框架整理。

（三）强化 ESG 投资能力建设

在数据支持的基础上，证券基金业机构可进一步利用金融科技技术，在资产管理业务全过程中落实 ESG 投资理念，强化 ESG 投资能力建设。在具体工具应用方面，对于中小型证券基金业机构而言，在实践初期可以通过借助外部独立的投资管理平台供应商来提升自身的 ESG 投资能力，而对于大型证券基金业机构而言，既可以在现有投资管理平台中融合 ESG 投资理念，也可以独立建设一个以 ESG 为主题的投资管理平台。

对于建设以 ESG 为主题的投资管理平台，主要包括数据收集、智能分析及决策、可视化报告三块内容。首先，在集成海量 ESG 数据的基础上，证券基金业机构可利用大数据和云计算技术建立供投资决策及管理人员访问的数据中心，以便其及时快速获取能够辅助投资决策的 ESG 相关数据。其次，证券基金业机构可利用人工智能和数据分析工具，从 ESG 投资实践特征、关键投资行业领域特征以及客户个性化需求等角度出发，开发具有针对性的数据模型，或将 ESG 投资理念集成到传统投资模型之中（如信用评级），创新开发新型投资分析工具，协助投资决策及管理人员实现投资标的基于 ESG 标准的筛选或剔除。最后，证券基金业机构还需要积极利用数据可视化工具（包括图表、地图、图形等），将基于 ESG 投资模型的数据结果与分析结论进行可视化，并将可视化内容通过数据技术自动集成为独立的投资分析报告，帮助投资决策和管理人员了解关键投资数据的趋势变化、相关关系与模式等内容。

（四）助力开展环境压力测试

环境压力测试是推动其将环境因素纳入风险管理全流程的重要分析工具。基金公司开展环境压力测试可以将环境风险和气候风险量化，以规避由于环境和气候因素导致的市场风险，并在资产配置和内部定价中充分考虑环境和气候因素。与此同时，基金公司对环境风险认知的提升倒逼企业进行环境信息披露，强化了环境信息披露的力度和透明度，从而减少因信息不对称带来的环境风险对基金公司业绩的负面影响（见图 6-10）。

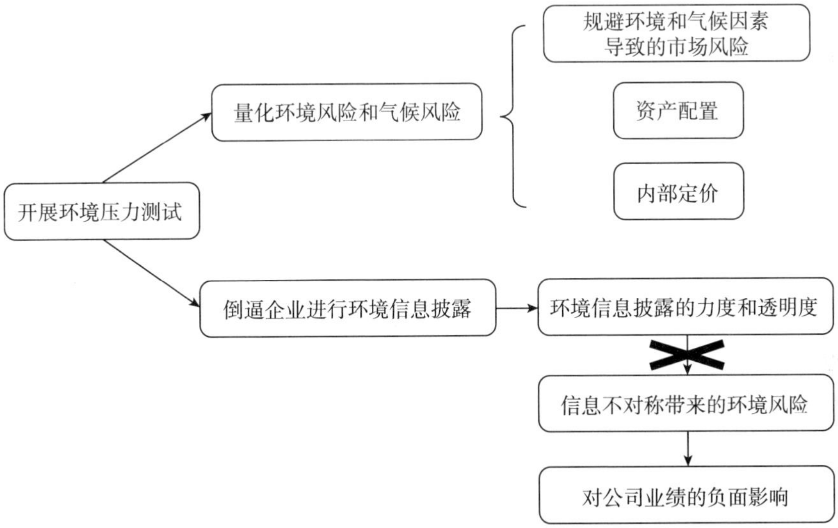

图 6-10 环境压力测试的作用

具体而言，基金公司通过环境和气候风险识别，结构化处理、输出环境气候因素对基金公司压力测试等量化指标来管理资产组合的环境和气候风险。采用人工智能等金融科技技术可提高运算的准确度和效率，对优化基金公司环境压力测试具有重要的意义（见图 6-11）。

中央财经大学绿色金融国际研究院（IIGF）绿色金融产品创新团队提出了基金公司环境压力测试的风险评估框架以及方法学，构建绿色金融数据库，准确识别环境风险和气候风险，并利用大数据技术进行敏感度分析、情景分析，准确衡量环境风险对公司投资组合的影响。同时，利用大数据等数据处理技术处理结构化和非结构化数据，采用资产定价模型衡量市场风险，同时采用风险值模型提供定量的环境风险，从而为基金公司提供决策依据，并为政府提供制定环境信息披露与环境压力测试的量化参考。

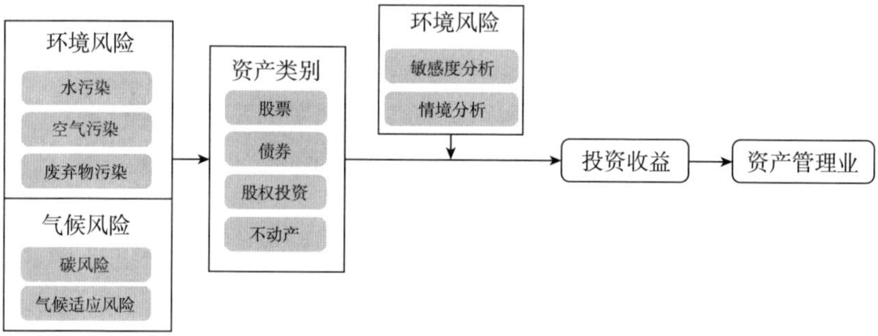

图 6-11　基金公司环境压力测试架构

第四节　典型案例分析

一、绿色金融科技在融资市场应用——GAW 的绿色债券发行平台

（一）GAW 简介

2019 年 12 月 12 日，Green Assets Wallet（GAW）上线，这是世界上第一个用于认证绿色债券和报告绿色影响的区块链平台，其由斯德哥尔摩绿色数字金融（Stockholm Green Digital Finance）牵头创建。GAW 是一个创新的区块链数据库，面向绿色债券的发行人和投资者。它由领先的资本市场参与者、绿色金融专家和技术创新者共同创建，是一个透明的平台，提供值得信赖的绿色债券数据。GAW 的目标是提供更多对环境产生影响的可信投资机会，并且旨在提高效率，降低绿色债券发行成本；增加透明度，在绿色债券市场的参与者之间建立信任，为投资者提供更广泛的投资机会，尤其是对于非洲等新兴市场。

（二）GAW 平台运行机制

GAW 通过及时发现、评估和收集可信的影响报告，为投资者创造价值。另一方面，它为发行人的市场沟通和报告创造了价值。GAW 的设计降低了新发行者加入市场的门槛，有效地证明了其投资产品的可靠性和影响力。

同时，平台通过成本效益和区块链的不可变验证，以及透明有效的影响报告，提高绿色债务市场的效率和透明度。为了在全球范围和不同的行业者以及部门之间提供支持，发行人需要选择和遵守与其特定背景和行业相关的法规和标准，并将其反映在 GAW 中。另一方面，投资者可以根据提供的信息对发行人的信誉作出自己的判断。未来，平台将继续扩大投资类型，并开发自动化系统（见图 6-12）。

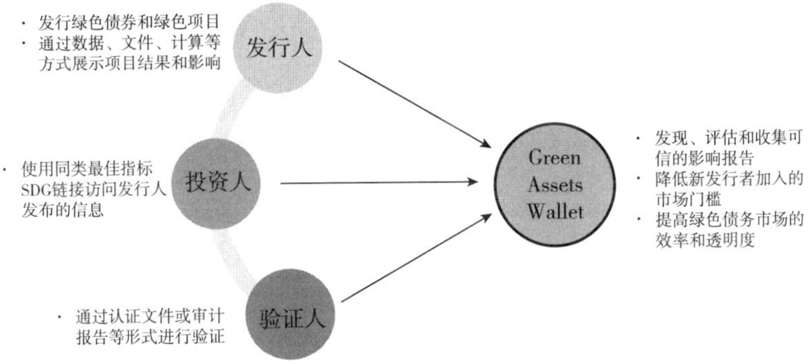

图 6-12　GAW 平台具体作用

（三）GAW 的区块链技术优势

平台的区块链技术保证了存储数据的完整性和透明度。GAW 绿色项目类别广泛，包含可再生能源到清洁运输和应对气候变化等国际资本市场协会（ICMA）绿色债券原则中定义的所有绿色项目类别。平台设有发行人、投资者和验证人三个登录入口。发行人可以发布绿色债券或者绿色项目等投资机会，通过提供数据、支持性文件、计算等多种方式，展示项目的成果和影响。投资者可以使用同类最佳指标、SDG 链接访问跟踪上述信息。同时平台可以进行审计跟踪，验证由发行人或第三方提供。目前主要通过认证文件或审计报告等传统形式进行验证，未来有望通过遥感验证等自动化技术来实现。

GAW 通过区块链技术将投资项目产生的环境影响向发债者和投资者展示。在这一系统中，投资项目的影响力部分将会显示出耗水量和太阳能用量等详细信息。GAW 的三大核心优势是可验证性（Validation）、全球有效性（Global Impact）和 Trust（可被信任性）。GAW 展示的绿色投资项目不仅是基于成本有效性，而且应用不可篡改的区块链技术是关键创新所在，GAW 平台的信任设计区块链架构有助于推动绿色投资产生更大的影响，防篡改区块链数据库为投资者提供对发行人信息和影响报告的实时直接访问。GAW 的认证性是基于对事实数据（Evidence points）的认证，包含工程报告、认证方案和标识、卫星画面等数据，这些数据都会被有资质的验证方来验证其真实有效性。利用区块链技术，绿色资产钱包可以确保绿色投资项目具有极高的安全性。GAW 更是一种为全球绿色投资项目和投资者搭建的桥梁。

（四）GAW 相较传统债券数据平台的优势

相较于其他债券数据平台，GAW 凭借区块链技术透明、高效及不可篡改性、可追溯的特点，帮助企业公司发行人验证绿色债券的绿色承诺，提供环境效益的有力数据支持，并为国际投资者寻找发现相应的投资市场。对于个人投资者来说，查阅和比较不同的影响报告既复杂又耗时，而 GWA 平台可以有效简化投资者的这一过程。由于绿色债券市场已经引领了其他类型的环境金融产品，那么 GWA 这种使用区块链作为底层构架债券信息数据平台将会成为未来各种金融平台在绿色金融领域运用金融科技的有力参考。

GAW 为市场提供了一个独立的平台，发行人可以在其中展示投资机会并报告可交付成果和影响。同时，投资者可以使用一流的指标和可持续发展目标的链接来访问和跟进影响。且对于非洲和一些落后发展中国家的可投资绿色项目，GAW 也及时跟进。作为与领先的绿色债券发行人共同创造的平台，该平台的设计通过经济高效地展示其投资产品的可信度和高影响力，降低了新发行人加入市场的门槛。但该平台也支持更成熟的参与者，因为报告影响变得具有时效性，对投资者具有吸引力。GWA 是一个有吸引力且用户友好的平台，可以促进发行人和投资者之间的绿色债券影响沟通。底层区块链为系统注入了信任度，这对新的市场参与者很有效。投资者可以从以透明和有吸引力的格式直接访问受信任的发行人影响数据中受益。到目前为止，即使是世界上最大的机构投资者也不得不手动收集影响数据。GWA 有潜力帮助扩大绿色债券市场，特别是在新兴市场。

二、绿色金融科技在投资市场的应用——SUSFINTEQ ESG 平台

（一）SUSFINTEQ 介绍

SUSFINTEQ 是一家 AI 绿色金融科技创业公司，第一家拥有瑞士（国

际）专利和商标，具有中国背景的金融科技公司，它拥有自创的人工智能技术，专注ESG数据的分析和自动化评估，拥有瑞士（国际）专利——自主研发的ESG综合评估体系，可覆盖超过6000家中国上市公司。于2018年3月获得瑞士证券交易所SIX集团种子轮资助，并从Fintech孵化器和加速器F10项目成功毕业（全球TOP10），2018年10月在瑞士苏黎世完成天使轮融资。公司使用自然语义分析和机器学习等技术，对A股、港股、美股的中国上市公司（包括中资境外上市公司）的ESG等非财务信息进行系统评估，并将评估信息作为服务提供给资产管理公司、银行和上市公司三类客户。

（二）SUSFINTEQ核心ESG评估平台

核心产品“ESG评估平台”提供所有中国上市公司的ESG评分。用户通过该平台可以查看公司ESG风险（实时）、管理和绩效的情况，根据需求获得自动化的ESG评估报告，适用于不同的绿色金融服务场景。公司自动抓取网络公开信息，结合年报、访谈等公司内部信息，通过自然语义分析、人工智能和机器学期等技术筛选、分析，自动生成上市公司的ESG评分、报告等成果，同时提供支持投资与风险决策的ESG数据，在中国绿色金融生态应用场景中，服务个人与机构客户，并成为信息基础设施。SUSFINTEQ的ESG平台技术相比于传统人工分析的模式，覆盖信息更及时、更全面，同时可以提高工作效率，降低时间成本和人工成本（见图6-13）。

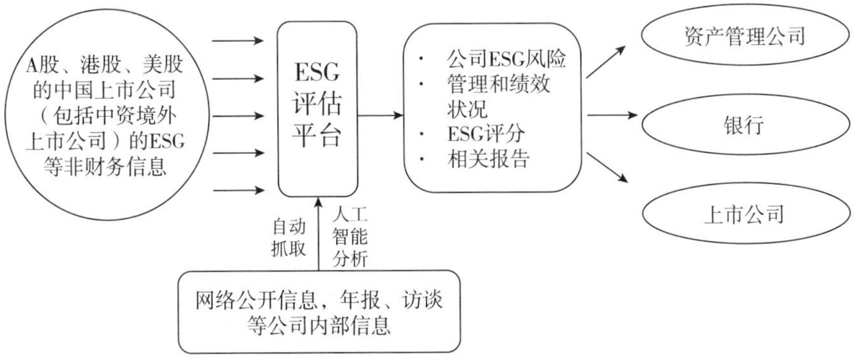

图6-13　SUSFINTEQ公司ESG平台运作原理

（三）SUSFINTEQ 服务客户

资产管理公司包括服务养老金和企业年金的基金公司等，基金公司需要满足资产所有者对于中长期价值投资的需要，尤其是国内外越来越多大型养老金机构执行 ESG 投资策略，因此 ESG 评估成为基金公司的刚性需求。

银行在授予企业绿色信贷以及贷后管理的过程中，需要评估企业是否真的符合绿色的要求。上市公司的 ESG 分数可以作为银行决策的重要参考。

上市公司可以借助平台提升自身 ESG 管理，进行 ESG 对标分析，实现吸引中长期投资的目标。

现阶段，SUSFINTEQ 已经与瑞士证券交易所 SIX 集团、上海证券交易所、陆家嘴金融城、华夏基金等启动试点合作项目，与瑞士和中国持牌资产管理机构客户产生订单。

（四）SUSFINTEQ 资料来源

目前，SUSFINTEQ 的 ESG 评估资料来源主要有三类。第一类是上市公司主动披露的信息，如公司年报等；第二类是公开渠道可获取的信息，如媒体新闻、政策、舆论评价等；第三类是公司访谈后获得的信息，更多是采用资管机构授权 SUSFINTEQ，对所投资公司高管进行 ESG 访谈的方式。

第七章　金融科技赋能绿色金融创新：保险业

保险业，作为金融体系中的风险管理者、风险承担者和机构投资者，与银行业、证券业、信托业协同发力，促进绿色金融体系的建设和完善。随着我国在应对气候变化、保护环境和生物多样性等方面加快步伐，保险业为了更好地发挥绿色金融工具的支持作用，在产品及服务开发、风险管理及承保、保险资金（以下简称险资）投资中也加大布局，进行了诸多前瞻性的尝试。在这个过程中，以云计算、大数据、人工智能、区块链和物联网等为代表的保险科技是否能成为保险业深入推进绿色发展的"催化剂"？"绿色保险+科技"的模式如何成为我国实现碳达峰碳中和"3060 目标"的重要抓手之一？本章围绕我国保险业绿色发展现状、痛点以及金融科技在绿色保险领域的运用三个维度对上述议题进行了阐述，并以气候风险区块链农作物保险分析了全球范围内金融科技赋能绿色保险的典型案例。

第一节　保险业绿色发展现状

保险业在应对气候变化、保护环境和生物多样性任务日益急迫的背景下，不仅可以从负债端以保险机制促进环境风险成本内部化，也能作为最大的机构投资者之一，从资产端引领长期价值投资与 ESG 理念相结合，助力经济绿色低碳转型。据此，"绿色保险"主要涵盖了保险业在支持环境改善、应对气候变化、生物多样性保护及资源节约高效利用等方面提供的保险解决方案，包括产品和服务（负债端），以及保险资金支持（资产端）（见图 7-1）。纵览保险业负债和资产两个维度，本节从政策基础、产品开发和创新、风险管理和险资投资四个方面对我国保险业绿色发展进行了梳理。

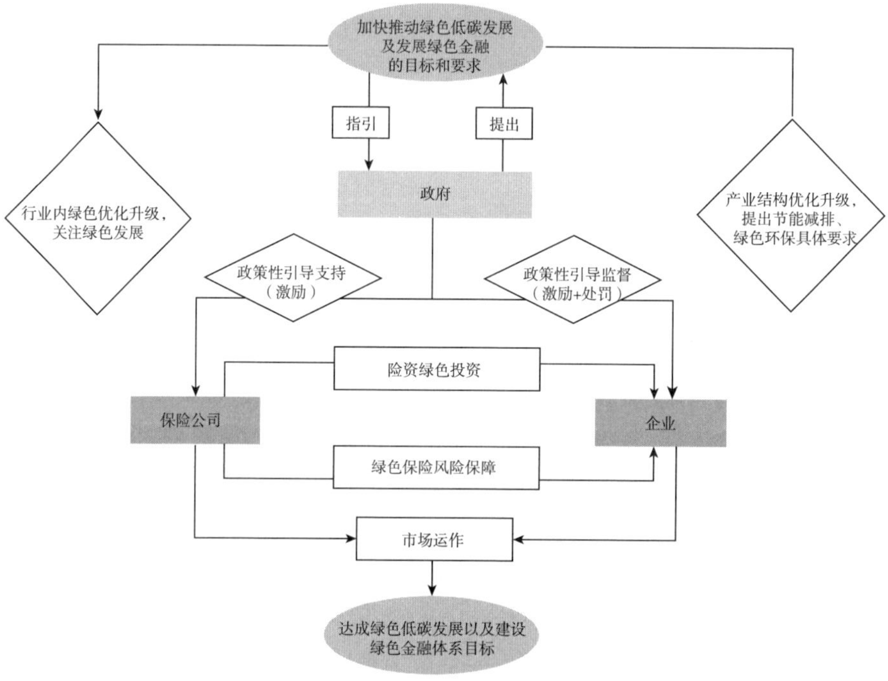

图 7-1　绿色保险的功能和作用

（资料来源：根据中央财经大学、平安证券研究所相关研究①）

一、绿色保险政策加速落地

我国绿色保险的探索发展起步较早，以环境污染责任险（以下简称环责险）为抓手形成中央推动、地方响应的试点模式，通过政策指引和激励，配以相关立法强制等方式加强绿色保险政策体系建设。整体而言，中央层面上，政府和相关监管部门强调大力发展绿色金融、探索创新型绿色保险产品、推动绿色保险与其他金融工具形成优势互补。原银保监会、农业农村部、交通运输部等多个部门陆续出台涉及绿色保险相关政策指引，内容覆盖环责险、巨灾保险、绿色农业保险等多种产品，体现我国进一步加强绿色保险支持力度以及完善相关政策体系的稳步进程。地方层面上，环责险的试点工作在各地持续推进，部分省区市规定强制投保的行业和企业；巨灾保险地方试点逐渐起步，旨在各地形成因地制宜的产品和服

① 平安证券．充分发挥绿色保险的市场化风险管理作用．［EB/OL］．2021-05-11．https：//pdf. dfcfw. com/pdf/H3_AP202105121491210222_1. pdf？1620808383000. pdf.

务制度。除中央和地方政府外，保险行业协会、保险资管协会等行业自律组织同样在绿色保险产品基线研究、相关标准体系的设计以及险资投资指引方面领导头部险企率先开展了一系列工作（见图 7-2）。

图 7-2　2020—2021 年国内政策顶层设计

（资料来源：根据公开资料整理）

具体而言，针对绿色保险的顶层设计主要在四个方面持续推进：一是关于我国发展较早、较完备的环境污染责任保险，随着国家政策推动及地方政府的积极响应，环境污染责任保险试点地区和行业不断增加①。政策层正在从“指导意见”“管理办法”等向立法发展和过渡，通过各地多年试点工作，逐步健全和深化与之相关的环境法律法规体系。各试点地区互通有无，学习譬如以“政府推动、市场运作、专业经营、风险可控、多方共赢”为特色的“无锡模式”等地方试点先进经验。二是针对巨灾保险及其配套机制，自 2013 年中央提出建立巨灾保险制度以来，原银保监会指导地方性巨灾保险试点在全国 15 个省市落地，合力构建“政府推动、商业运作”的多层次巨灾险风险分担机制，形成覆盖台风、洪水、强降雨造成的城市内涝等灾害的综合性的风险解决方案。三是在引导产品和服务进一步创新过程中，相关政策指导意见明确鼓励和支持保险机构开发创新型绿色保险产品、提高服务质量。与此同时，加强同实体经济各行各业以及金融其他子行业的交流和合作，挖掘经济社会全面绿色转型过程中的潜在市场，更好

① 截至 2021 年 6 月，全国 31 个省（自治区、直辖市）都开展了试点工作，涉及 20 多个高风险行业领域。

地发挥保险保障功能。四是涉及险资投资，原银保监会正在抓紧研究制定险资 ESG 投资指引，通过加强政策支持、强化信息披露、推进自律管理、加强协同交流等方式，稳定有序地推进险资 ESG 投资（见图 7-3）。

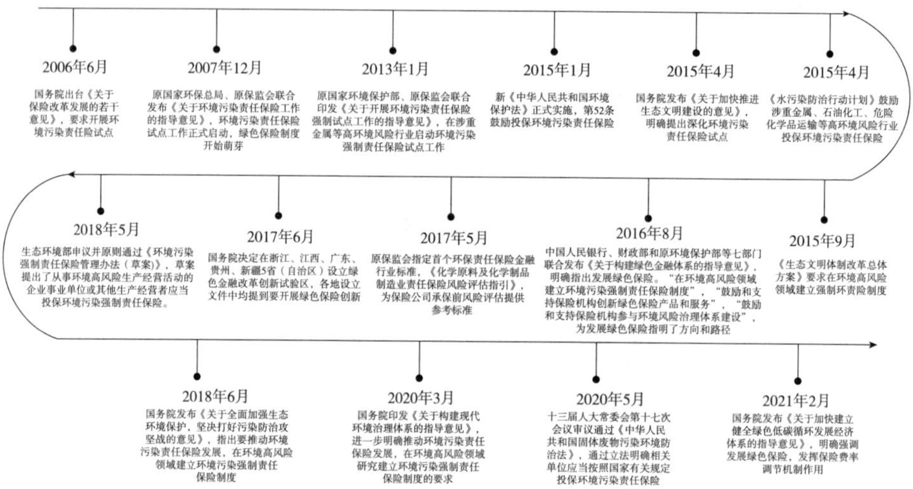

图 7-3 中国绿色保险政策及相关倡议发展历程

（资料来源：根据国务院、银保监会、原环保部、平安证券研究所等公开信息整理）

二、绿色保险产品渐趋多样

总体来看，环责险在相关政策的推动下“一枝独秀”，成了整个绿色保险产品服务体系中发展最为完善的细分门类之一，风险保障规模逐年扩大。除了环责险以外，在实体经济低碳转型的需求拉动下，针对绿色能源、绿色交通、绿色建筑、绿色技术、气候治理等方面的产品服务创新，如可再生能源保险、新能源汽车保险、绿色建筑保险和碳排放配额质押融资保险等应运而生。虽然目前仍处于局部、分散的试点探索阶段，但未来有望形成百花齐放的态势。

根据中国保险行业协会基于成员保险公司和保险资管公司的报送信息统计，2018 年至 2020 年保险业累计为全社会提供了 45.03 万亿元保额的绿色保险保障，支付赔款 533.77 亿元，有力发挥了绿色保险的风险保障功效。2020 年绿色保险保额为 18.33 万亿元，较 2018 年增加 6.30 万亿元，年均增长 23.43%；2020 年绿色保险赔付金额为 213.57 亿元，较 2018 年增加 84.78 亿元，年均增长 28.77%，高于保费年均增长 6.81 个百分点，发展势头良好（见图 7-4 和图 7-5）。

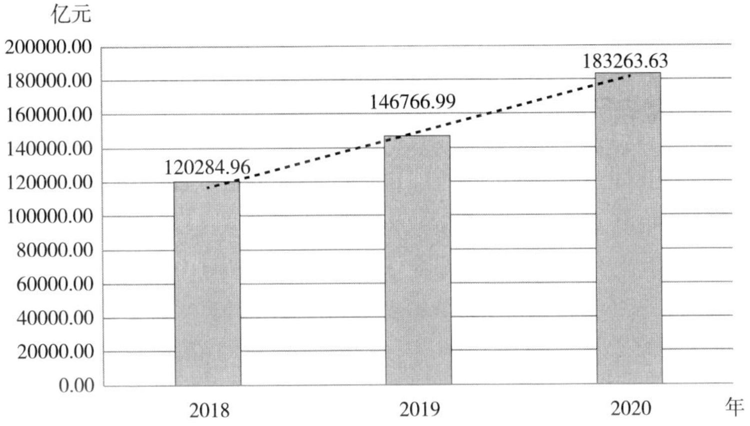

图 7-4　2018—2020 年绿色保险保额趋势

（资料来源：《保险业聚焦碳达峰碳中和目标助推绿色发展蓝皮书》）

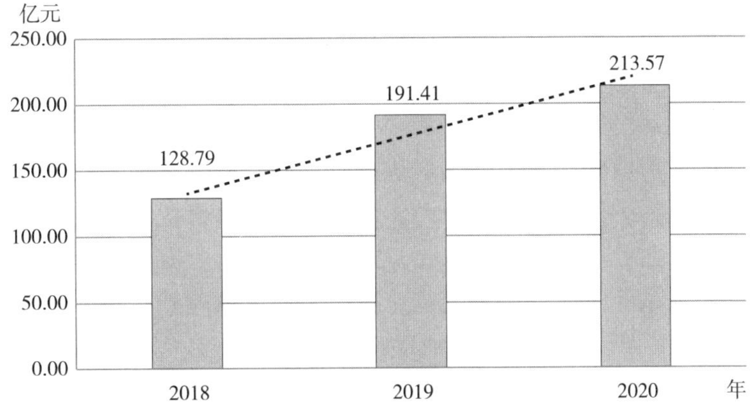

图 7-5　2018—2020 年绿色保险赔付趋势

（资料来源：《保险业聚焦碳达峰碳中和目标助推绿色发展蓝皮书》）

随着“碳中和”与“碳达峰”目标被纳入宏观政策框架，气候相关物理风险和转型风险将不同程度地对产业施压，形成搁浅资产，继而损害企业经济利益。为充分发挥市场调节作用，综合保障财政与社会资本的稳定性，保险业致力于提前规避或化解物理和转型风险敞口所带来的“弊”、同时积极探索和抓准“双碳”目标下的“利”。譬如，保险业聚焦节能减排从两个方向发力：一是护航新能源产业，通过开发如光伏日照指数保险、风电指数保险等创新性可再生能源保险产品，为新能源行业相关利益主体分散风险，提高竞争力。二是赋能节能行业，如合同能源管理系列保险产品有望促进节能行业发展，发挥开发项目质量监督及融资增信作用，提升节能服务公司现金流风险管理能力，进而提高项目融资的信用能力①。

三、环境与气候风险管理能力亟待提升

保险的本质即是市场化的风险管理手段。保险业的核心竞争力是准确识别、科学量化和有效管理风险。从风险管理的角度来看，绿色保险最重要的标志即是其对环境和气候风险的事前预警、事中管理和事后应对。综合而言，我国保险业在环责险的实践中对于环境污染风险识别、把控和管理能力逐渐增强；与之相较，针对气候风险尤其是转型风险的认知和管理水平仍处于起步阶段；与自然相关的风险管理水平的提升迫在眉睫。

首先，环责险的实施推动了保险业深度参与到企业环境风险管理的全流程，利用保险产品定价机制促进环境成本内部化。在开展环责险试点过程中，保险企业（以下简称险企）会对投保企业的环境风险隐患及环境风险管理状况进行事前评估，并根据评估结果确定是否承保相关业务。对于确定承保的业务，一些险企可以探索性地将保险费率与企业环境风险管理水平挂钩，制定差异化的保险条款和费率。在承保过程中，险企会对投保企业的污染防治设施和义务作出明确规定，并开展随机抽查，进一步强化其对企业环境污染风险的监督效力。环责险及差异化费率的机制一方面满足了险企自身业务风险管理的需要，同时激励了企业提高环境风险管理水平以达到投保条件或获得保费优惠。除保障环境风险外，部分险企着力构建信息化管理平台，协助投保企业动态管理环境风险、及时进行风险评估、加强环境风险预警和防范等，尽可能协助企业规避潜在环境风险。

然而，我国保险业对于气候变化所带来的风险的认知和管理水平亟待提升。气候变化所带来的金融风险主要由物理风险和转型风险组成。根据气候相关财务信息披露工作组（Task Force on Climate-related Financial Disclosures，TCFD）的定义可知，物理风险是指气候变化的物理冲击产生的财务影响，包括极端天气对企业运营和供应链带来的急性物理风险以及长期变化带来的慢性物理风险；转型风险是指实体经济低碳转型中与气候变化相关风险，包括现有政策和法规、未来政策变化趋势预测、技术风险、市场风险、声誉风险等。与此同时，气候相关风险将借助经济传导机制影响

① 施懿宸、梁楠楠、姜良珍．2021 年 2 月 3 日，新浪专栏，绿色保险支持合同能源管理的路径分析。

包括保险业在内的金融业。具体而言，包括但不限于违约和抵押品贬值所造成的信用风险；保险损失增加、缺口扩大的承保风险；权益、固收等资产的重新定价带来的市场风险；流动性需求增加下的流动性风险；以及供应链断裂、营业中断等运营风险。气候变化相关金融风险将直接或间接地对保险的保费定价、投资组合收益带来影响①（见图 7-6）。

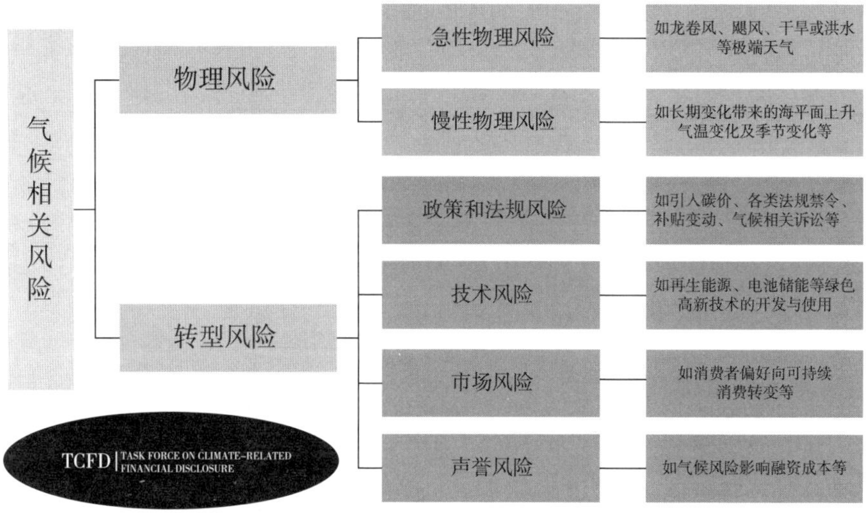

图 7-6　TCFD 框架下气候相关的物理风险和转型风险

（资料来源：TCFD Guidance on Risk Management Integration and Disclosure）

在评估和管理物理风险方面，财产保险业有着较长时间的数据和经验积累。譬如，在巨灾保险风险管理上，2020 年入汛以来，一些险企在银保监会及当地银保监局的指导下，根据历年理赔经验、风险评估模型，积极开展汛期风险排查，向高风险客户提出书面整改建议、提供现场防灾防损服务。然而，从目前的应用来看，现有的环境与气候风险分析数据和模型仍需要提高精细化程度。

与之不同的是，我国保险业对于转型风险的理解和把控仍处于不成熟的阶段。不论是能源、制造等传统产业转型升级，还是光伏、新能源汽车等绿色产业创新发展都仅经历了五六年的时间。从技术和市场风险的维度来看，险企难以在较短时间内全面收集相关的专业数据。加上数据周期过

① 从环境和气候相关风险到金融风险的传导机制，详见 NGFS Overview of Environmental Risk Analysis by Financial Institutions：https：//www. ngfs. net/sites/default/files/medias/documents/overview_of_environmental_risk_analysis_by_financial_institutions. pdf.

短、基础数据不足，对相关产业新技术新模式的风险规模和影响难以进行准确判断。就目前而言，支持实体经济低碳转型发展的绿色保险产品虽然呈现出了多点开花的态势，但其未来爆发式的发展仍受限于数据支持和有效的风险管理手段。

延伸到与自然相关的风险管理，即对生物多样性的丧失所造成的经济和金融负面影响的管理，我国保险业仍然缺乏对其机理和逻辑的全面深入了解。人类经济活动正在导致严重的生物多样性的丧失，而其对全球经济发展和金融稳定，包括农业、林业、渔业、旅游、制药、房地产、交通等行业的影响是非线性的，会随着生物多样性丧失的加剧而产生急速上升的负面影响。目前，参与生态环境保护类绿色保险中发展较为成熟的仅有森林保险①等少数几个险种。因此，对于我国保险业而言，提升对与自然相关的风险管理的认知、增强工具的开发和能力建设、制定出能准确识别生物多样性风险的方法学迫在眉睫。

四、险资绿色投资市场逐步壮大

从资产端来看，险资在绿色投资中独具优势。首先，其资金规模大、来源稳定。其次，其资金期限长、与绿色投资项目契合度高。因此险资可适时运用资产配置机制，以长期投资者身份将绿色发展理念融入投资管理决策，借助债权与股权投资计划、资产支持计划、私募股权基金、产业基金、绿色信托等系列绿色金融产品，直接参与能源、环保、水务、防污防治等绿色项目投资建设过程中，积极引导资金流向可持续发展领域。最后，险资具有融资增信的显著特征，能够对于扩大绿色投资规模、提高保险资金使用有效性以及激发投资者内生动力产生正面影响。近年来，险资绿色投资规模逐步扩大，呈现有序发展趋势。据保险行业协会统计，从 2018 年至 2021 年，保险业资产规模从 16.4 万亿元增加到 21.7 万亿元，成为市场上第二大机构投资者。险资运用于绿色投资的存量从 2018 年的 3954 亿元增加至 2020 年的 5615 亿元，年均增幅为 19.17%，险资向绿色投资领域的倾斜力度逐步加大，对绿色产业、绿色技术的资金扶持力度也在进一步提升。

投资标的上，2020 年险资用于绿色债券、债权计划、股票投资、股权

① 森林保险是指森林经营者按照一定的标准缴纳保险费以获得保险企业在森林遭受灾害时提供经济补偿的行为。

投资、公募及私募基金等主要绿色金融领域的投资余额较 2018 年同比增长了 40%以上。截至 2021 年 8 月底，险资实体投资项目中涉及绿色产业的债权投资计划登记（注册）规模达 10601. 76 亿元。其中，直接投向的重点领域包括交通 3306. 22 亿元、能源 3211. 05 亿元、水利 695. 04 亿元、市政 564. 61 亿元等。险资以股权投资计划形式进行绿色投资的登记（注册）规模为 114 亿元，其中直接投向环保企业股权 14 亿元，投向清洁能源企业 100 亿元（见图 7-7 和图 7-8）。

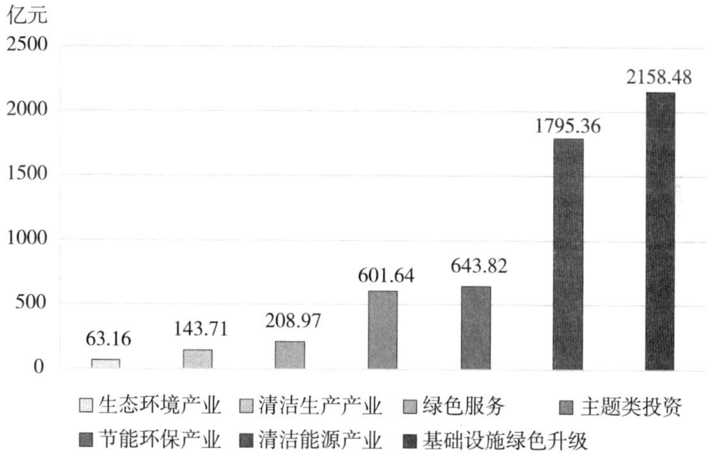

图 7-7　2020 年保险资金绿色投资分布

（资料来源：《保险业聚焦碳达峰碳中和目标助推绿色发展蓝皮书》）

图 7-8　保险资金绿色投资规模（截至 2021 年 8 月底）

（资料来源：根据公开资料整理）

总体来看，我国绿色保险相关的政策以环责险为切入点加速落地、稳步推进；绿色保险产品呈现多点开花的局面，慢慢覆盖全产业链；环境和气候风险管理能力尚待加强，尤其是对于气候转型风险以及与自然相关的风险等；险资加速布局绿色产业，绿色投资规模逐步扩大，激活了保险业在资产端助力“双碳”目标实现的新潜能。

第二节　保险业绿色发展痛点问题

近年来，国内绿色保险政策的制定逐渐由点及面、市场快速起步。然而在此过程中，监管、产品研发、风险管理以及险资投资等方面依然受制于一些内外部因素，痛点逐渐显露。本节重点梳理了以下四个方面的痛点。

一、统一标准和管理体系缺失

我国在绿色金融标准制定方面在世界处于领先位置。然而，专门针对绿色保险的相关标准和管理体系的制定才刚刚起步，对于绿色保险范围的界定仍然十分模糊。目前，绿色保险的推行以环责险为主。但从促进环境成本内部化、减少环境风险因素影响等角度而言，绿色保险的范围实则更加宽泛，如包含气候保险、农业保险、可再生能源保险、新能源汽车保险、绿色建筑保险和碳排放配额质押融资保险等方面。

绿色保险的界定标准和全方位的管理体系的缺失将激发市场上绿色保险产品良莠不齐的潜在风险：一方面投保人的权益难以得到有效保障；另一方面，绿色保险相关的鼓励政策措施也难以精准实施。

二、数据基础不足

目前，绿色保险产品的开发和市场投放仍处于局部、分散的试点探索阶段。究其根源，绿色保险创新规模的进一步扩张极大程度上受限于数据积累的不足，体现在数据长度、广度、深度和精度各维度的薄弱。

一是从数据的长度而言，关于绿色转型和绿色发展的基础数据积累的年限较短。自党的十八大以来，我国生态文明建设发生了历史性、转折性、全局性变化。但从全局的高度将绿色作为发展的底色，明确经济全链条绿色发展，尤其是 2020 年“双碳”目标的提出及其配套政策的出台仅经历数个年头。数据周期过短将导致保险业依据传统的数据积累模式以及分析方法无法满足对绿色转型风险的准确测算。

二是从数据的广度而言，绿色转型发展牵动到各个行业。保险业以往数据收集和积累的方式已经难以满足设计绿色保险产品所需的数据覆盖面，从而无法全面掌握市场业态变化。由于信息机制的不健全，很多保险机构面临较高的信息搜寻成本，甚至有些信息难以被搜寻。事实上，很多保险机构缺乏对于绿色实体产业充分积累的基础数据，比如污染事故发生频率、损失强度、事故处理费用等①。

三是从数据的深度和精度而言，不论是传统产业的转型升级还是绿色低碳产业的创新发展，都意味着颠覆性的经营模式调整或者新兴技术迭代。只有摸清这些产业经营管理乃至应用的技术的底层逻辑，才能对其风险特征和未来发展路径有较为清晰、准确的判断。然而，目前险企抓取的数据颗粒度低，导致数据分析结果偏差较大。

值得一提的是，缺少高质量的数据支撑不仅阻碍了绿色保险产品的创新开发和费率厘定，而且制约了险企的风险管理和风险防控能力的提升。由于对新型风险以及原有风险新特征的相关数据缺乏掌握，险企难以做到对现有产品和服务中面临的风险进行全面评估和有效管理，导致部分风险未能及时规避和转移，乃至触发系统性风险。

三、信息不对称

除了数据基础不足外，绿色保险市场中，投保人和保险机构的信息掌握程度不同，信息不对称问题突出。双方数据壁垒的普遍存在大大制约了保险机构进一步优化风险预警和防范机制、提升风险保障水平。在环境和气候风险管理方面，由于保险市场主体之间缺乏充分沟通和交流，造成的客户、标的、承保理赔业务信息的不透明、不全面以及一些情形下的保险欺诈行为，使得保险机构无法做到有效地识别潜在风险、做到风险溯源，以至于难以为灾害管理预留出足够的时间窗口，同时还造成防灾防损和理赔查勘定损的成本数倍增加；且不得不面临信用风险、道德风险和逆向选择风险带来的损失。

四、ESG 信息披露未标准化

保险资金期限长、风险承受能力低的特点与绿色投资项目需求契合度较高。虽然当前国内保险机构对 ESG 投资等绿色可持续投资的认知正不断

① 侯小丽．我国绿色保险问题研究——从保险公司经营角度［J］．对外经贸，2019（7）：87-89.

加强，但是仍和其他投资主体一样受制于绿色投资市场上信息披露指标不完善、绿色项目信息共享机制不健全、创新型绿色金融产品仍不足。

首先，ESG 披露指标仍未统一，不同主体对于绿色资产、棕色资产的测算和界定方法学之间存在较大差异，披露的内容和统计口径也不一致，在一定程度上造成了“漂绿”现象，使得保险机构作为投资人无法准确识别风险和机遇。

其次，当前的绿色投资信息共享机制仍不完善。由于绿色项目信息数据整合和校验在较大程度上的缺失所造成的信息不对称和信息碎片化的问题，直接增加了机构投资者搜寻绿色项目的成本，进一步阻碍了产业端、融资端和投资端的有效对接。

此外，我国绿色债券市场位居世界前列，发展蓬勃迅猛。然而，除了绿色债券外的适合险资期限长、风险承受能力低的特点的创新型绿色金融产品，如 ESG 指数化产品、绿色股权类基金等在市场上仍然供给不足。

以上由 ESG 信息披露制度不规范引申出的信息共享平台不健全和相应产品过于单一等种种问题制约了保险机构当前的绿色投资实践。

第三节　金融科技在绿色保险领域的运用

保险业是以数据为基础的行业。基于大数法则这一不可动摇的数理逻辑和定价基础，保险业得以按照合理、公平、充足的原则科学厘定保险费率。但从上一章节中对于制约保险业绿色发展的痛点梳理中可知，数据的缺乏以及信息不对称是痛点背后的根源问题。换言之，为了让绿色保险更好地赋能支持绿色、低碳转型发展，首先要加强数据可获得性、打破“数据壁垒”和“信息孤岛”。面对当前绿色保险的数据难点和信息堵点，保险业传统的思路以及数据收集模式已经难以满足需求，亟待思维观念和应用工具上的革新所带来新的解决方案。

科技创新成为当前保险业绿色发展的重要助推器。围绕保险业务流程的金融科技，可以通过改善产品、营销、企业管理、信息咨询、平台构建和新技术运用到各方面升级保险生态系统，借助多种应用场景提升保险行业相关生态主体的价值，最终实现保险生态的改良和拓展、创造新的市场、服务消费者①。以云计算、大数据、人工智能、区块链和物联网等为代表的

① 于斌，陆晓华．金融科技概论［M］．北京：人民邮电出版社，2017.

金融科技有效赋能保险市场中各个参与主体包括监管机构，促使科技与保险融合，解决当前监管、产品设计、风险管理和险资投资各个维度上的核心问题，拓宽保险行业在绿色、低碳转型阶段的保障职能以及维护含保险业在内的金融业健康稳定发展。

为了更好地探索科技与绿色保险的联动，我国监管和行业协会也在加快顶层设计上的引导和规范。2020 年 1 月，原银保监会发布《关于推动银行业和保险业高质量发展的指导意见》，对进一步增强金融产品创新的科技支撑工作进行了全面部署。2020 年 7 月，原银保监会发布《推动财产保险业高质量发展三年行动方案（2020—2022 年）》，对支持财产保险公司提升数字科技水平工作细化了工作重点。推动行业向科技化转型发展，将进一步为促进绿色保险提升服务能力提供有力支撑。相应地，2021 年 12 月，中国保险行业协会下发《保险科技“十四五”发展规划》。其中特别强调，险企应强化科技战略支撑，深刻认识发展保险科技的紧迫性和必要性，根据自身发展定位和风险偏好，科学制定科技发展战略，将数字化转型纳入整体科技战略，明确数字化转型的时间表和路线图。

有鉴于此，本节重点梳理了金融科技如何在监管、产品研发、风险管理和险资投资四个应用场景下克服绿色发展过程中的痛点。

一、提升保险机构风险管理水平

绿色保险业的良性发展离不开有效监管，监管机构需要在鼓励创新与防范风险之间保持动态平衡。为解决当前对于绿色保险全方位管理体系的缺失，相关监管部门、地方政府应联合保险机构一道不断强化大数据、区块链等科技在绿色保险中的应用，加强相关数据的收集、整合和共享，建立完备的绿色保险数据融合共享平台，帮助环保部门和金融监管机构实现监管“闭环”的同时，助推保险机构实现内外部数据互通。

该平台可与环保、金融、工商等政府有关部门，以及银行等其他金融机构实现数据连通。从多渠道收集数据，了解用户的生活方式、风险偏好等，通过对用户画像，标签筛选等方式，实现对用户绿色保险需求的可视化分析，对用户环境信用的准确评价，以及对环境风险的实时监测。

绿色保险大数据平台的建设同时可以有效降低绿色保险的相关风险。保险机构利用大数据平台可实现在承保前分析技术协助保险人进行风险评估，来识别并过滤存在欺诈行为或者具有较高风险发生概率的投保人，从而预防逆向选择行为的发生。承保期间利用实时数据监测技术进行数据监测，利用部署在云平台上的服务器对实时数据进行分析与计算，发挥第三方的监督职能，从而降低在保险期限内风险发生的概率（见图 7-9）。

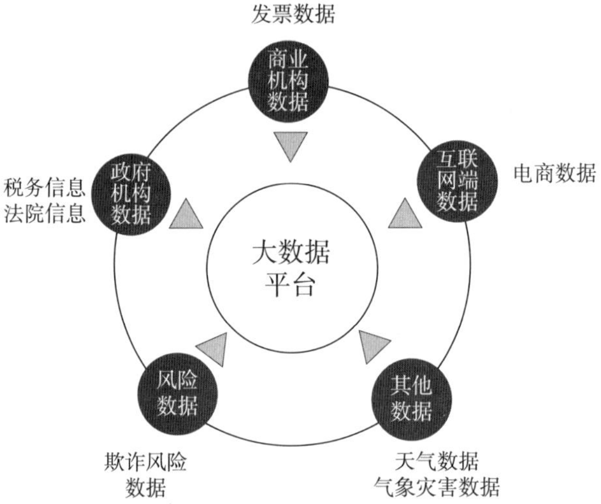

图 7-9 绿色保险大数据平台概念

（资料来源：根据公开资料整理）

除此之外，大数据平台的构建可使用区块链技术进行构建。区块链是一个分布式的共享账本和数据库，具有去中心化、不可篡改、全程留痕、可以追溯、集体维护、公开透明等特点。大数据平台可运用区块链技术保障数据的安全准确。区块链技术的运用依托其数据的不可伪造性，能够通过相关物品数据的追溯，减少可能产生的纠纷，降低这类险种的定价难度，能够拓展绿色保险的承保范围，促进绿色保险的进一步发展。此外，平台建设方可基于区块链技术建设平台风控模块。各保险机构将用户资料、理赔数据等信息上链，此后可利用区块链上参与各方自有的用户和案件数据，实现链上行业保险数据互通、交叉互验和共享，打破数据孤岛限制，实现行业信息共享。保险机构之间通过出险信息、定损信息、赔付信息等信息的上链共享，能有效识别重复赔付、套用旧件、虚构损失等欺诈风险和欺诈团伙。

基于区块链技术的绿色保险大数据平台的建立有助于跨部门、跨机构集合行业力量，形成协同效应，实现资源共享，共同推动绿色保险领域相关政策、法规、制度、标准和监管的进步。

二、赋能产品创新和精细化定价

虽然近几年我国绿色保险产品种类有所创新，但是绿色保险仍集中在环境污染防治责任险等少数险种上，绿色保险迫切需要进行产品创新。

首先需要探索对环境风险的识别和定价。保险机构可运用大数据等技术，对多渠道收集到的海量数据进行结构化处理后存储，在数据仓库中对其进行多维度、实时数据挖掘；同时利用机器学习算法，根据输入的数据学习得到诸如损失预测等的输出结果，筛选适当指标，修正环境风险算法模型，提高损失预测精度，实现合理定价。同时，保险机构的数据平台可利用云平台提供的云计算服务，实现风险的实时监测，缩短风险模型修正时间，对于保险产品的改进创新、风险的控制意义重大。从某种程度上来讲，环境风险的精确测算对于绿色保险发挥作用，解决久期错配问题，真正实现环境风险内生化具有重要作用。

金融科技的运用使得保险公司对绿色企业和项目的需求更加了解。以往保险机构设计产品更多是从公司自身利益出发，对用户需求有所忽视，导致很多产品适用性不强，而保险公司通过大数据、云计算等技术，与其他数据渠道对接，通过对用户浏览险种、用户提交数据以及外部渠道如社交平台等进行需求分析，结合项目自身建设周期、潜在风险等设计出符合用户需求的产品。同时，金融科技的运用提高了用户需求调研的触达率、准确率、覆盖率和效率，使保险机构对用户需求有更加深入的了解。

与此同时，绿色保险产品设计有望更多的从场景应用出发。以收集到的海量场景数据为输入，依托数据分析和数据挖掘算法对数据进行分析，根据场景风险，将数据的分析结果运用到不同的业务场景中，开发绿色保险产品，如建立在气象数据分析上的气象保险，针对作物温度范围推出的绿色农业保险等。未来，保险公司可探索建立基础险种产品库，结合基于具体绿色项目的风险特征和项目周期，加入特色保险条款，向用户提供差异化定价的保险项目（见图 7-10）。

与此同时，传统保险业务的定价主要依赖于大数法则，围绕厘定好的费率进行定价，灵活性较差，且无法根据被保险人或物的具体情况做到差异化定价，不同特征的用户所购买的保险费率相同。绿色保险的费率“一刀切”无法根据差异化风险定价，实现环境风险内生化，且所有用户费率一样会降低用户参与绿色保险的积极性，限制了绿色保险的进一步推广。

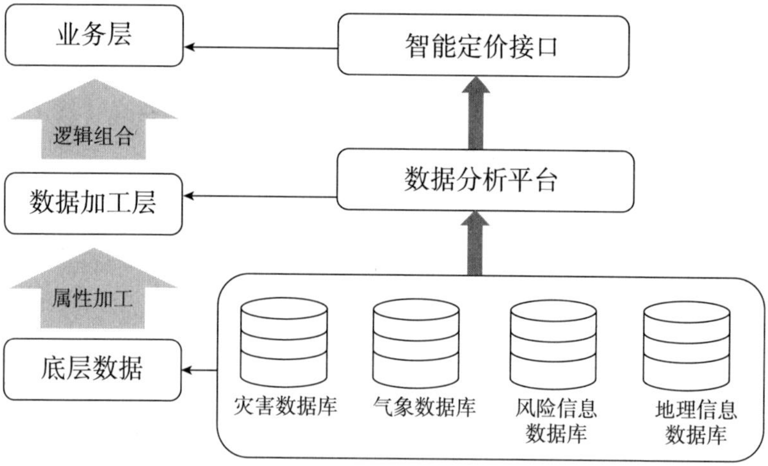

图 7-10 绿色保险大数据分析流程

（资料来源：根据公开资料整理）

运用大数据技术，保险机构可通过跨平台合作的方式全方位获取用户信息，如用户收入情况、生活习惯、消费习惯等，利用聚类分析等算法对用户进行分群，并区别需求特征，通过不断优化保险行业定价模型实现保险产品精准定价，提高了绿色保险的合理性。与此同时，保险机构可运用大数据技术、人工智能技术实现对全量样本数据的分析，从而进行更全面的风险评估，针对不同用户的特征进行精确测算，判断不同用户的环境风险，同时提供更准确的风控方案和定价模型，为用户提供个性化、定制化、智能化的绿色保险产品。

众安保险与区块链创业公司连陌科技合作推出“步步鸡”项目，项目为每只鸡佩戴识别设备，同时运用区块链、人工智能等多项技术，将每只鸡从鸡苗到成鸡、从鸡场到餐桌的过程中产生的数据记录到区块链上，区块链不可篡改的特性保障了数据的真实性，全流程的农业饲养数据也为保险产品的开发提供了精确的数据支持。保险公司使用“步步鸡”项目数据，实现实时监控农业生产养殖，对农户资产进行准确的风险评估，可根据每一户农户的饲养情况为其制定相应保费的产品。

平安产险推出的鹰眼系统（Digital Risk System，DRS）每年为广大企业主及个人用户减少大量的损失，同时根据系统预测进行精细化定价。鹰眼融合全国地理数据、自然灾害监测数据、承保及理赔数据、中大型企业用户数据等，提供在中国境内 11.85 亿个物理空间单元上的 9 种自然灾害和 5 种最常见农作物的主要自然灾害风险评级，能有效支持单一地质风险识别、评估，区域累计风险管理及核保政策的制定、灾害预警等。基于鹰眼系统开发出的环境风险地图，可根据 GPS 坐标及相关信息导入进行风险预估。企业用户可以据此进行环境风险评估，选择新建工厂位置，降低风险概率；保险公司可以通过线下、线上评估相结合，判断用户风险等级，做出优惠费率或提高费率的决策；政府主管部门可以通过该平台，掌握辖区内风险、投保、理赔情况（见图 7-11）。①

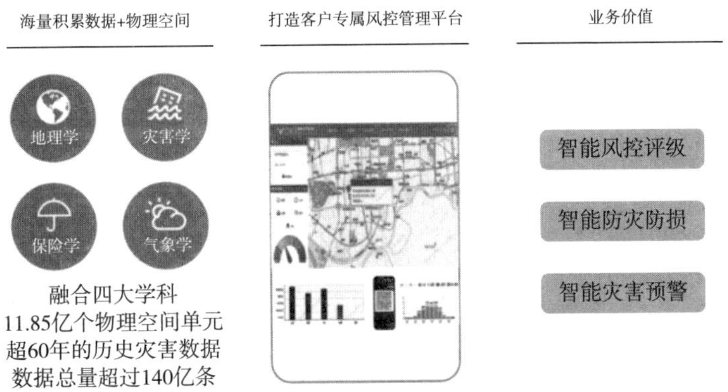

图 7-11　平安鹰眼系统风控管理平台

（资料来源：根据公开资料整理）

由此可见，大数据、云计算等技术的充分运用能够为保险机构的绿色保险产品创新以及精细化定价赋能、降本、增效。

三、支持绿色风险控制体系搭建

除了上文中提到的绿色保险数据融合共享平台外，保险机构还可以利用大数据和人工智能等技术解决绿色保险中存在的信息不对称问题，建设绿色保险反欺诈系统，保障绿色保险的顺利推行。人工智能和区块链等技术在绿色风控中的运用贯穿于保险的整个业务流程阶段（见图 7-12）。

在投保环节，保险公司可运用大数据模型搭建风险评估模型，筛查环境风险、信用风险高的用户，采取拒保或者提高保费等方式，降低高环境风险、高信用风险用户的参保意愿，降低绿色保险的风险。

在承保运营环节，保险公司可利用大数据、区块链风控平台等对保险用户的动态跟踪反馈，定期对承保中客户信息进行维护，更新客户风险指数，并实现客户信用风险、环境风险、气候风险等相关风险的实时监

① 中国保险学会，金融壹账通 . 2019 年中国保险行业智能风控白皮书［R］. 2019.

测，对绿色保险的风险进行过程控制。

在理赔环节，保险公司可利用包括图像、生物识别等技术对绿色保险赔付资料真实性进行快速识别，以及利用基于机器学习算法的智能风控模型识别欺诈行为并预测出险概率，减少不合理赔付，之后再人工介入进行重点审核和调查，减少人工现场查勘误差，提高查勘效率。

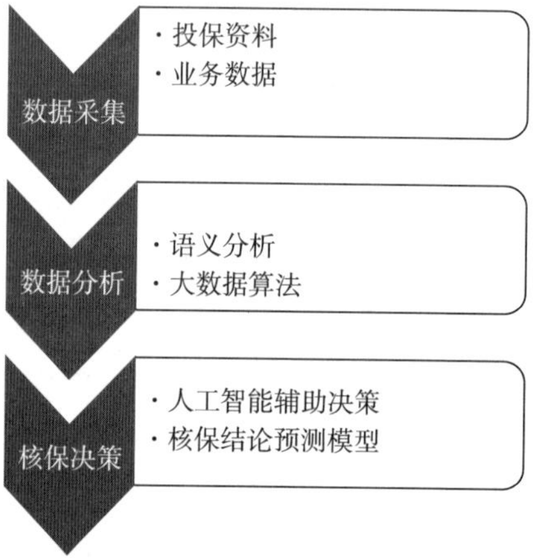

图 7-12 平安鹰眼系统风控管理平台

（资料来源：根据公开资料整理）

例如，绿色农业保险中鲑鱼养殖险种，保险涵盖了因鲑鱼疾病或自然灾害造成的损失。养殖场可通过遥感和面部识别技术，通过追踪每条鲑鱼以确认健康状况，比如是否感染寄生虫。除此之外，如果发生暴风雨袭击和围栏破坏导致鲑鱼落跑，人工智能技术可帮助养殖场追踪鲑鱼，并提供损失记录，金融科技的运用使得数据无法被篡改，可为绿色保险理赔申请出具可靠的证明，实现反欺诈功能。

四、助力保险资金 ESG 投资

对于金融科技如何赋能 ESG 投资等绿色可持续投资实践，本书第六章已有详细描述。本节以平安 CN-ESG 数据体系和中央财经大学绿色金融国际研究院 ESG 数据库为例，简要概述我国依托人工智能、大数据等技术在 ESG 指标评估体系本土化上的探索。

由于国际指标体系缺乏横向可比性，国际上通行的 ESG 体系不完全适用于中国市场。因此，更符合中国企业机制和管理模式的本土化 ESG 评估体系和数据库成了广大投资者包括保险机构更准确地了解中国 A 股市场和其他发债主体的风向标。

中国平安保险集团凭借自身在金融科技方面的专长，研发出CN-ESG数据库及评价体系。该体系聚焦中国企业的特色，对标国际标准，运用数据挖掘、人工智能、卫星遥感等技术，充分挖掘企业未披露的另类数据，为投资者包括保险机构提供多维度的信息。①

与平安类似的科技赋能ESG本土化的实践还包括中央财经大学绿色金融国际研究院建设的ESG数据库和自主创新开发的ESG评估体系。在全球资本市场上领航“中国标准”。截至2023年3月，该数据库已实现A股上市公司和非上市发债主体全覆盖，并涵盖部分港股上市公司，共计超过10000家公司的ESG数据。在此基础上，中央财经大学绿色金融国际研究院借助人工智能、大数据等技术相继研发出ESG三优信用模型2.0、碳评价数据库、中国公募基金ESG评级、中央财大环境信息披露系统等成果。

第四节 典型案例分析

一、案例背景

气候变化对农业生产带来负面影响，农作物的气候脆弱性日益增强，对粮食安全构成重大威胁。然而在发展中国家，只有20%的人有机会获得农业保险，这一比例在最不发达国家更低，非洲2018年农业小额保险参保比例仅为3%。与此同时，5公顷以下土地的小农户粮食产量占全球产量的50%，这些农户的基础设施和农业技术并不先进，面临着从传统农业向气候智能农业过渡和气候韧性价值链转变的挑战。因此，加强这些小农户应对气候变化的能力显得尤为重要。

气候风险区块链农作物保险可以通过提供更易获得的指数保险产品，提高小农户应对极端天气的风险能力。它提供的标准化和定制保险产品以及通过区块链技术实现了支付自动化，降低了交易成本，缩短了索赔周期。这款产品可通过手机提供给小农户，使他们能够对极端天气做出迅速反应，提高抗灾能力。

---

① 平安数字经济研究中心．平安CN-ESG数据体系在量化策略中的运用［EB/OL］．2021-01．http：//www.pingan.com/app_upload/images/info/upload/2a543b42-5abd-4c18-9604-568c023aca56.pdf。

二、项目设计

项目方利用区块链技术搭建了一个标准化、数字化的平台，每个保险合同都插入到区块链上的智能合约中，并根据当地天气条件进行条件设定。当极端天气事件发生时，保险合同会在技术平台上自动触发，并及时、公平地进行赔付。与传统的保险系统相比，这一系统更快捷、更透明，有效地降低了成本，有利于农民和保险公司获取相关信息。

保险分试点阶段和推广阶段实施，具体的实施主要依靠保险提供者和数据提供者、便于使用的用户界面、将保险单链接到区块链的应用层三个关键要素。在试点阶段和推广阶段，这些要素的侧重点各不相同。

（一）试点阶段

试点地区为非洲肯尼亚，因此根据试点的实际情况对天气等参数进行了调整（见图 7-13）。

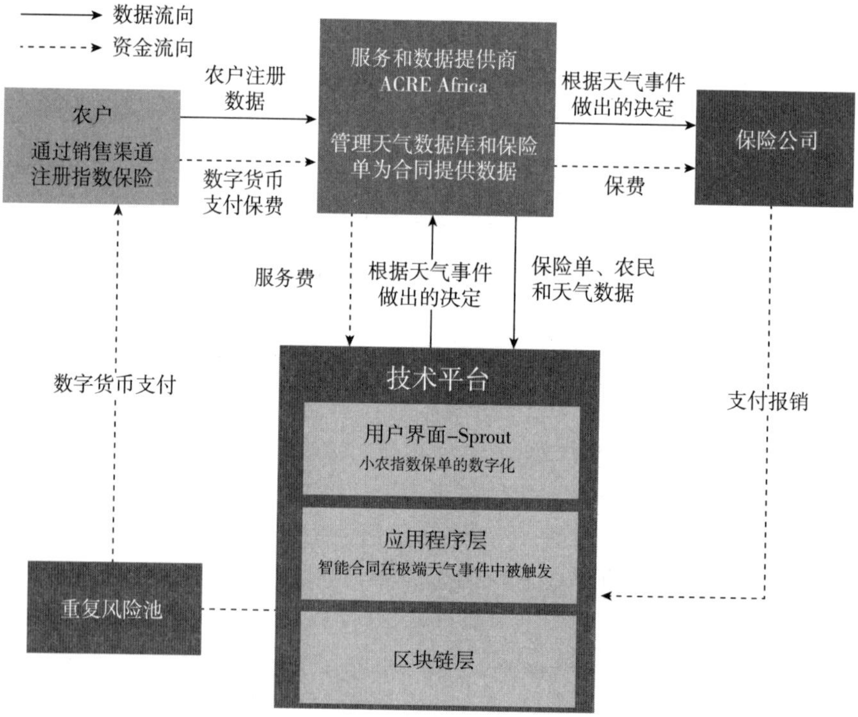

图 7-13　试点阶段的项目机制

试点阶段的三个关键要素提供商为以下三个。

1. ACRE Africa，一家保险服务和数据提供商，负责保险产品的设计、保费支付、管理产品商业化和客户服务。这家机构还收集和管理天气数据，用于构建风险模型和验证极端天气事件的发生概率。

2. 一个由 Sprout Insure 设计和管理的用户界面，将保险单注册为区块链上的智能合约。平台将协调处理各个独立的支付，收集农户数据和保险单信息，最终降低交易成本。

3. 由 Etherisc 开发的应用程序层，给智能合约的构建提供基础。

此外该项目的顺利开展还涉及另外三个主要项目参与方。

1. 保险公司 UAP Holdings，负责管理风险池并通过数字货币进行支付。为了突出更快和更透明的支付概念，UAP 创建了在技术平台内管理的重复风险池，技术平台将代表保险人将款项快速支付给农户。核实付款后，保险公司再将保费偿还给技术平台。

2. 分销商，负责将指数保险与认证分销商的农作物种子捆绑在一起。该产品将以卡片形式附在种子袋上进行分发，并在小商店、偏远地区或合作社出售，所有农民都可以使用手机进行核证。

3. 移动货币提供商 M-Pesa，负责支持终端用户与指数保险产品之间的金融交易。

（二）推广阶段

项目方计划在试点阶段取得成功的前提下，进一步将保险程序标准化和自动化，并在更多地区推广。区块链平台将发挥更大的作用，在极端天气事件发生时自动触发保险公司层面的赔付。

在推广阶段，服务提供商和保险公司通过用户界面（Sprout）推出自己的指数保险，向小农户收取保险费和服务费。这一阶段仍通过数字货币的形式进行支付，资金流管理仍由区块链技术平台负责。平台将代表保险公司负责保费支付和服务费的收取，而不需要像在试点阶段那样设置一个重复风险池来进行支付管理。

推广阶段主要参与者与试点阶段大致相同，但由于功能的日益集中，区块链技术平台将直接与保险公司、天气数据提供商（如 IBM 的天气频道）和服务提供商合作。除将区块链保险与种子的购买绑定外，还将探索其他分销渠道，如说服小额信贷机构在为农户提供贷款同时配备这一区块链保险（见图 7-14）。

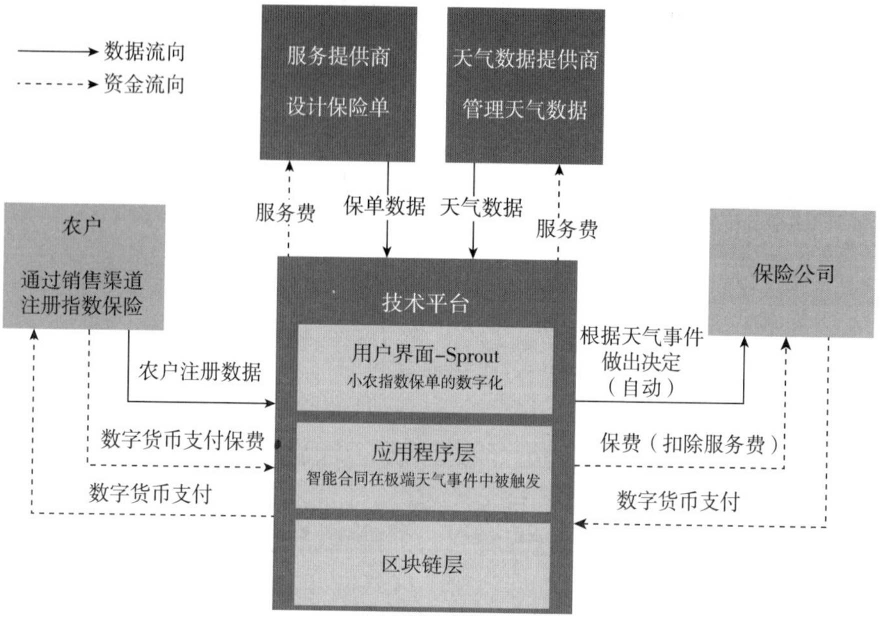

图 7-14　推广阶段的项目机制

从长远来看，区块链技术平台计划通过租用保险牌照、在公共区块链系统内部设立风险池的形式打造一站式保险服务，从而进一步降低交易成本，扩大保险规模。各利益相关者（如天气数据提供商、保险单提供商等）可在区块链平台进行交流互动，小农户可以通过第三方进行支付和获得赔付。

三、案例的影响和启示

（一）对环境和社会都有正面影响

项目在试点阶段计划每年为 50 万肯尼亚小农户提供气候保险服务，保险覆盖的农作物年产量可供 28 万肯尼亚人的年度粮食需求。试点地区 4 年内预计可销售 215 万份保险单，这些保单每年为价值 2500 万美元的作物产出提供保障，相当于肯尼亚玉米年产量的 2.5%左右，而玉米是肯尼亚大多数家庭的主食。此外，通过应用这一保险可以改进当前小农户的种植技术，倡导气候智能型农业，更好地管理气候变化引发的风险，进一步提高农业领域的气候适应能力。

（二）调动社会资本参与融资

项目在试点阶段充分发挥公共资金的杠杆作用，预计每1美元的公共资金将撬动0.68美元的社会资本，共计筹集1160万美元的社会资本进行投资。在资金运用上，该项目预计使用35万~82万美元用于平台开发和整合，并在四年内向农户出售相当于1080万美元的保险产品。倘若进一步扩大规模并在其他国家复制推广，该产品将有可能吸引高达60亿~100亿美元的资本进行保费投资。

（三）具备可复制可推广性

项目方基于项目成功的三个关键要素，包括是否具备支持区块链技术、小额保险和公共资金支持的大环境、地区对粮食安全和气候风险管理的实际需要和小农户为主的市场需求。调查在其他国家推广这一项目的可行性，结果显示，撒哈拉以南非洲，特别是西非的布基纳法索、塞内加尔和马里以及东非的肯尼亚、乌干达和卢旺达都具备推广该保险的实际需求和条件。而在亚洲的很多国家，包括南亚的印度、孟加拉国和尼泊尔以及东南亚的柬埔寨、泰国和菲律宾也具备复制推广的潜力。后续推广过程中可根据国家政府对采用区块链技术的态度以及实际情况进行方案的个性化设计。

第八章　金融科技赋能绿色金融创新：信托业

自2018年以来，随着信托业转型日益深入，金融科技在其中的运用更为普遍。信托业借助大数据、区块链、人工智能等金融科技，推动数字化转型，信托公司的数字化转型聚焦资产、服务、组织体系、文化四个维度，助力提升数字能力建设水平。同时运用人工智能技术从三个方面推动信托业发展，一是实现客户识别与分层，一定程度上提升产品的销售成功率和客户满意度；二是运用AI机器人实现员工常规工作的部分替代，降低人力成本的同时，提升工作效率；三是探索智能投顾服务，助力资管团队提高服务水平，帮助财富端客户优化资产配置及组合。

绿色信托作为全新的信托概念，发展时间较短，国内外对于绿色信托的含义尚未形成一致共识。目前中国绿色信托仍处于初步发展阶段，体系设计与配套机制有待健全，市场化应用程度较低。金融科技可以通过强化项目筛选标准、保障资金流向和完善项目评估等方式，支持绿色信托发展。本章围绕我国信托业绿色金融发展现状、痛点问题、转型趋势以及金融科技在绿色信托领域的运用三个维度进行了详细分析与阐述，并结合平安信托搭建ESG责任投资体系，分别对金融科技赋能绿色信托的典型案例进行分析。

第一节　信托业绿色金融发展现状

绿色金融体系中，绿色信托是重要的组成部分，主要指信托公司为支持环境改善、应对气候变化和资源节约高效利用等活动，通过绿色信托贷款、绿色股权投资、绿色资产证券化、绿色公益（慈善）信托等多种方式提供的信托产品及受托服务。绿色信托的发展时间较短，但是整体增速较快，同时绿色建筑信托等创新形式也在有序探索。借助金融科技手段，强化绿色项目筛选，拓宽增信渠道，进一步推动信托业绿色转型。

一、绿色信托的含义

国际方面，2006 年，联合国责任投资原则组织（The United Nations-supported Principles for Responsible Investment，UN PRI）成立，其宗旨是帮助推广负责任投资行为，即将环境保护、社会责任、公司治理风险（Environmental，Social and Corporate Governance，ESG）三方面因素在投资决策中予以体现。在 UN PRI 的推进下，ESG 在全球范围内得到快速发展。此外，高盛同年发布研究报告，称公司治理因素被融入传统责任投资因素（环境因素、社会因素）。进入 21 世纪，随着全球资源紧缺、生态破坏等环境问题的日益凸显，可持续发展战略逐渐普及，ESG 投资也进入了蓬勃发展的阶段，绿色金融理念深入人心。随后几年，绿色金融的概念逐渐渗透进各个金融领域，出现了绿色信贷、绿色保险等具体应用形式。

直到 2015 年，绿色信托逐渐登上了国际舞台。联合国责任投资原则组织（UN PRI）等机构联合发布研究报告《21 世纪的信托责任》，该报告介绍了加拿大、美国、巴西、英国、德国等八个国家的信托实践经验，报告中体现环境、社会与公司治理（ESG）因素对资产价值的影响与日俱增，投资价值凸显，而资产管理机构对资产所有者承担信托责任，因此有必要将环境、社会与治理因素归入投资决策流程，甚至政策制定者需要出台相关的政策措施作为支撑，以强制或鼓励的方式把环境、社会与治理因素纳入信托责任体系，并融入投资实践中的相关义务和责任。由此，绿色低碳理念在信托行业日益深化，积极承担社会责任、践行可持续发展理念的绿色信托逐步被公众所接受。

国内方面，中国的绿色信托发展稍晚于全球，不过仍然保持着较快的发展速度。在 2016 年 5 月召开的中国金融论坛上，绿色信托被定义为“运用贷款、股权投资、债券、资产证券化等多种金融工具，通过信托型政府和社会资本合作产业基金、可交易绿色权益融资、公益信托等方式为绿色产业、绿色公益发展提供的信托产品与服务”。之后，根据人民银行编著的《绿色金融术语手册 2018》，将绿色信托定义为“信托机构为支持环境改善、应对气候变化和资源节约高效利用等经济活动，所提供的信托产品及服务”，该定义是从绿色实现效能的角度对绿色信托的产品和服务进行定义，较为全面地包含目前绿色发展涉及的三个重要方面，但是对信托产品及服务具体细分内容的界定尚不具体。2019 年 12 月，中国信托业协会发布

《绿色信托指引》，引用人民银行研究局的释义界定绿色信托，并制定了绿色信托业务分类，《绿色信托指引》中绿色信托是指信托公司为支持环境改善、应对气候变化和资源节约高效利用等经济活动，通过绿色信托贷款、绿色股权投资、绿色债券投资、绿色资产证券化、绿色产业基金、绿色公益（慈善）信托等方式提供的信托产品及受托服务。

综合上述可以看出，国内对于绿色信托的概念正在逐渐细化，分类更加清晰。绿色信托根据融资性质可分为绿色资金信托、绿色服务信托、绿色慈善信托；根据金融产品可划分为绿色信托贷款、绿色股权投资、绿色债券、绿色资产证券化、绿色基金。其中绿色信托根据不同的类型，参与到各项金融产品支持绿色建筑产业的实践路径中。

二、绿色信托国内发展历程及现状

（一）绿色信托发展历程

发展绿色信托是构建完善绿色金融体系的重要组成部分，对于经济和环境的可持续发展都具有深刻意义。当前，国内创设的良好营商环境和政策支持有利于绿色信托的发展，行业监管政策更能促进信托业务健康长远良性稳健运营。

首先，发展绿色信托作为绿色经济转型的重要步骤，具备良好的绿色金融政策环境。2015 年 9 月，中共中央、国务院印发《生态文明体制改革总体方案》，首次明确提出“建立绿色金融体系”的总体目标，为金融助力生态文明领域改革做出了顶层设计和战略部署。2016 年 8 月，人民银行等七部门出台《关于构建绿色金融体系的指导意见》，提出构建国内绿色金融体系的总体目标和具体任务，中国成为全球首个建立了比较完整绿色金融政策体系的经济体。

在支持绿色产业发展方面，既有的政策规范主要聚焦绿色产品和服务。2015 年 5 月，国务院《关于加快推进生态文明建设的意见》，将绿色化与新型工业化、信息化、城镇化、农业现代化相并列，共同作为经济社会发展的重大发展方向，并明确了绿色发展的产业载体，即绿色产业主要包括节能环保产业、新能源产业、新能源汽车产业、有机农业、生态农业以及特色经济林、林下经济、森林旅游等产业。

在生态环境保护方面，2007 年原环境保护部和原保监会联合出台《关于环境污染责任保险工作的指导意见》，2013 年印发《关于开展环境污染强制责任保险十点工作的指导意见》，2016 年制定《环境污染强制责任保险管理办法》。2017 年 12 月，中共中央办公厅、国务院印发《生态环境损害赔偿制度改革方案》，明确了生态环境损害赔偿范围、责任主体、索赔主体、损害赔偿解决途径等，为环境污染强制责任保险的推进奠定了基础。

其次，绿色信托的发展具备相对完善的专门监管政策。自《信托法》《信托公司管理办法》《信托公司集合资金信托计划管理办法》和《信托公司净资本管理办法》“一法三规”的相继颁布和实施，明确了信托公司作为专业理财和金融服务机构的功能定位，信托业逐渐步入良性和规范发展轨道。2018 年 3 月 28 日召开的中央全面深化改革委员会第一次会议审议通过了《关于规范金融机构资产管理业务的指导意见》。按照资产管理产品的类型统一监管标准，实行公平的市场准入和监管，最大程度消除监管套利空间，促进资产管理业务规范发展。“资管新规”可以视作对资管业务实现跨行业监管的统一性文件，“资管新规”以及同年 7 月发布的《关于进一步明确规范金融机构资产管理业务指导意见有关事项的通知》，旨在将不规范、不标准的资管产品向规范化和标准化方向引导。因此，在此背景下，切实推动信托产品标准化将契合监管机构希望信托行业回归本源，加速转型的监管意图，促使信托公司更快适应行业生态环境的变化和监管秩序的重置。

此外，信托业在 2020 年加强了行业监管，更为详细的监管准则有利于绿色信托的良性增长。2020 年，国家层面的信托业政策主要集中于完善信托业监管框架，以防范化解金融风险、强化合规经营和规范发展为主要目标，虽暂无绿色信托专项政策文件，但 2020 年信托行业的主要监管政策倡导了信托行业转型和健康发展，为绿色信托构建了健康规范的发展框架。

2021 年，原银保监会下发《关于推进信托公司与专业机构合作处置风险资产的通知》，鼓励信托公司与资产管理公司等专业机构通过批量转让、财务重组等方式处置风险资产，以此建立风险处置的市场化机制，控制信托的风险资产，让信托公司得以良性发展。2023 年 3 月，原银保监会发布《关于规范信托公司信托业务分类的通知》。其中提出，严防利用信托机制灵活性变相开展违规业务。不得以任何形式承诺信托财产不受损失或承诺最低收益，坚决压降影子银行风险突出的融资类信托业务。表 8-1 为从 2007 年至 2023 年间，中国信托业部分相关监管政策梳理。

表 8-1 中国信托业监管政策（2007—2023 年）

发布时间	发布单位	文件名称
2007.03	原银保监会	《信托公司管理办法》
2009.02	原银保监会	《信托公司集合资金信托计划管理办法》
2010.08	原银保监会	《信托公司净资本管理办法》
2018.04	人民银行、原银保监会、证监会、国家外汇管理局	《关于规范金融机构资产管理业务的指导意见》
2018.07	中国人民银行	《关于进一步明确规范金融机构资产管理业务指导意见有关事项的通知》
2018.08	中国信托登记有限责任公司	《中国信托登记有限责任公司信托登记管理细则》
2018.08	原银保监会	《关于加强规范资产管理业务过渡期内信托监管工作的通知》
2018.09	中国信托业协会	《信托公司受托责任尽职指引》
2020.01	原银保监会	《中国银保监会非银行金融机构行政许可事项实施办法（征求意见稿）》
2020.02	原银保监会	《信托公司股权管理暂行办法》
2020.05	原银保监会	《信托公司资金信托管理暂行办法（征求意见稿）》
2020.06	原银保监会	《关于信托公司风险资产处置相关工作的通知》
2020.07	人民银行、原银保监会、国家外汇管理局	《标准化债权类资产认定规则》
2020.11	原银保监会	《信托公司行政许可事项实施办法》
2021.05	原银保监会	《关于推进信托公司与专业机构合作处置风险资产的通知》
2021.11	原银保监会	《关于进一步推进信托公司“两项业务”压降有关事项的通知》
2023.03	原银保监会	《关于规范信托公司信托业务分类的通知》

资料来源：根据公开信息整理。

（二）绿色信托发展现状

“十四五”规划提出了“推动经济社会发展全面绿色转型”的目标，绿色金融将成为我国“十四五”时期的重点发展方向。开展绿色信托业务，是信托行业践行绿色发展理念的最佳体现。根据《中国信托业社会责任报告（2021—2022）》统计数据显示，截至 2021 年年末，绿色信托资产存续规模 3317.05 亿元，较 2013 年增加 607.52%，同比降低 7.68%；信托业存续绿色信托项目数量 665 个，较 2013 年增加 170.33%，同比降低 25.11%。其中，2021 年度新增绿色信托项目数量为 280 个，新增绿色信托规模 1411.00 亿元。其中，除支持节能环保、新能源、新能源汽车等战略性新兴产业外，信托行业还积极参与了大气污染治理、生态环境修复、资源循环利用、环保能效提升等各类绿色项目（见图 8-1）

近年来，信托行业积极推进业务转型，大力提升主动管理能力，逐步从传统的融资类信托向投资类信托转型，绿色资产证券化、绿色基金和绿色债券投资等方式将大有可为。

图 8-1　绿色信托规模与项目数量统计（2013—2021 年）

（资料来源：中国信托业协会）

金融科技方面，信托公司主动提升自身信息与数字科技水平，逐年加大金融科技的资金投入、人力资源投入及组织协调力度，信托公司数字化转型升级的需求愈发凸显。具体来说，科技投入过亿元的信托公司数量不断增加；根据信托业协会金融科技专业委员会的调研，2019—2021 年行业科技累计投入达 60.41 亿元，行业平均投入从 2516 万元提高到 3344 万元，增幅为 33%，营业收入占比也从 2.62%提升至 3.12%，但相较银行、证券等金融同业仍存一定差距（见图 8-2）。

除此之外，信托业协会也积极推进和服务信托行业数字化转型，与业内机构共同合作打造开放共享的行业金融科技生态，持续促进全行业数字化转型建设。2021 年 11 月，信托业金融科技创新联合实验室在上海正式揭牌，实验室的建立在信托业金融科技建设史上具有里程碑意义。该实验室由中国信托登记有限责任公司联合行业内外机构联合发起设立，旨在建设服务行业数字化转型的科创平台，首批成员包括信托公司、金融科技公司、自律组织、行业基础设施等机构共计 100 家。除此之外，根据信托业协会金融科技专业委员会的调研，截至 2022 年 3 月，行业整体在编科技人员 926 人。

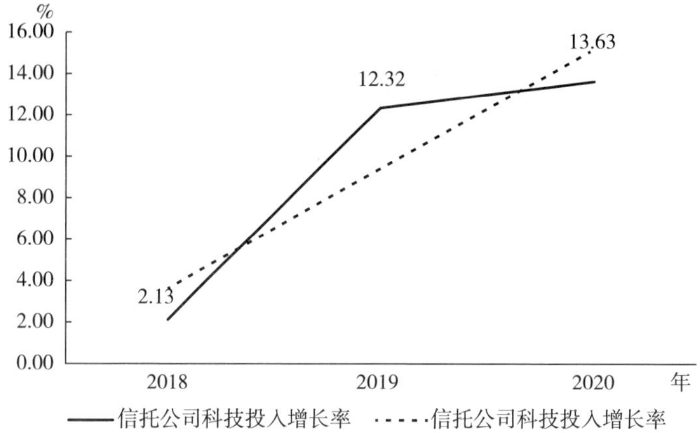

图 8-2　信托公司科技投入增长率（2018—2020 年）

（资料来源：中国信托业协会）

（三）绿色信托业务模式

2021 年 1 月，原银保监会工作会议以视频形式召开，郭树清在会议上提出“要积极发展绿色信贷、绿色保险、绿色信托，为构建新发展格局提供有力支持”。国内绿色信托发展至今，涉足领域不断扩展、业务种类不断丰富，现行的创新业务模式主要有以下五种，分别是碳排放权信托、绿色资产支持票据信托、供应链金融信托、融资租赁财产权信托和绿色慈善信托。

一是积极参与碳市场交易。该业务模式为信托公司通过设立碳排放权信托产品，将资金投资于碳排放权的配额交易市场和中国核证自愿减排量（CCER）市场；也可以运用银行间债券市场非金融企业债务融资工具分销资格，参与碳中和债券的分销业务。如中建投信托设立的“涌泉 1 号（招金盈碳）集合资金信托计划”投资方式为设立有限合伙企业，进行碳配和国家核证自愿减排量之间的价差套利交易，以及中航信托发起的“碳中和主题绿色信托计划”，通过主动管理的基金化运作方式，投资标的覆盖全国范围内可交易的优质碳资产。

二是运用资产证券化工具。信托公司通过设立绿色资产支持票据，该业务模式的底层资产为废弃电子产品处理、可循环再利用分解物加工、废旧家电拆解等绿色环保项目。如华能信托设立的“中再资源环境股份有限公司 2020 年度第一期绿色资产支持票据”、兴业信托设立的“华电国际电力股份有限公司 2020 年度第一期绿色定向资产支持票据信托”等，形成绿色信托多模式发展。

三是探索绿色供应链金融服务。该业务模式为信托公司以集团产业链为切入点，通过灵活设置贷款期限、标准化放款流程、差异化贷款利率、数据化授信机制等绿色信托贷款方式，为农业领域中小企业提供资金支持，降低企业经营成本，助力集团产业链升级，在生态、经济、社会效益中实现共赢。如中粮信托设立的“圣牧上游一号供应链集合资金信托计划”等。

四是开展融资租赁财产权信托。该业务模式为信托公司在光伏发电领域创新将融资租赁与信托业务相结合，将项目公司股权纳入信托交易结构以强化增信措施、提高资产未来处置的便捷性，保障资金安全。如华润信托设立的“新泰旭蓝财产权信托”项目、百瑞信托发行的“中电投融和融资租赁 2020 年度绿能第一期绿色资产支持商业票据”等。

五是设立慈善信托支持绿色公益。该业务模式为信托公司设立绿色慈善信托积极参与大气、水资源、生态环境、文化遗产保护等领域，与慈善组织、政府部门、生态环保专家等各方合作，持续助力绿色可持续发展。如华润信托就环境诉讼赔偿金设立的“腾格里沙漠环境慈善信托”、五矿信托为保护三江源地区生态环境设立的“思源”系列慈善信托等。

（四）信托业支持绿色产业投资领域

绿色信托不断深入绿色产业及细分领域，支持产业结构优化、能源结构低碳化与交通结构低碳化，为我国绿色经济发展提质增效，已然成为绿色金融体系中的重要组成部分。截至 2021 年末，信托资金投向绿色领域前三位分别为清洁能源产业、基础设施绿色升级产业和节能环保产业，三大领域获得资金共 2659 亿元，占总规模的 80.17%（见图 8-3）[①]。

① 中国信托业协会．中国信托业社会责任报告（2021—2022）［R］．2022.

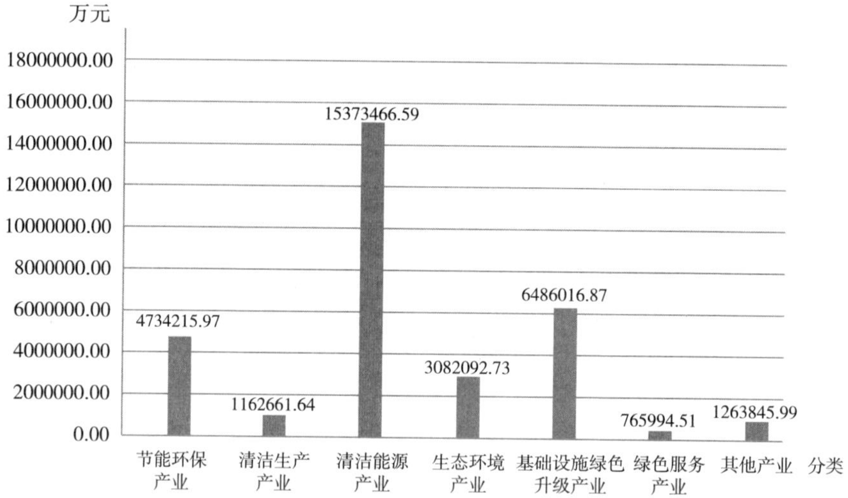

图 8-3　2021 年信托业资产绿色投向及规模

（资料来源：中国信托业协会）

（五）绿色信托创新产品和服务

2020 年，多家信托机构从绿色资金信托产品创新、拓展绿色服务信托支持范畴、绿色慈善信托特色业务等领域展开实践，典型案例为 2020 年 12 月兴业信托设立业内首单标准化绿色资产投资信托“兴业信托·绿金优选集合资金信托计划”，其将标准化固收类绿色金融资产列为优选配置资产。绿色服务信托方面，2020 年信托机构以财产受托管理人身份深度参与多只绿色资产证券化产品发行，有效盘活绿色资产、引导更多社会资本支持绿色产业发展。2020 年发行的 29 单绿色资产支持（商业）票据业务中有 13 只由信托公司作为计划管理人，新增 1 家百瑞信托，累计参与绿色资产证券化业务的信托公司达 14 家，当年信托公司资产证券化产品服务规模达 141.243 亿元。百瑞信托作为“中电投融和融资租赁有限公司 2020 年度绿能第一期绿色资产支持商业票据”（也是市场首单绿色资产支持商业票据）的计划管理人和受托人，首次参与到绿色资产证券化项目中。绿色慈善信托成为特色业务。2020 年 12 月兴业信托与中华环境保护基金会达成绿色慈善信托合作，设立我国首个以生物多样性保护为主题的绿色慈善信托。目前慈善信托仍然更多聚焦于扶贫和教育领域，绿色慈善信托产品较少，但在《慈善法》的政策激励下，未来绿色慈善信托领域将展开更多有益探索。

2021年，信托业积极利用股东资源，加强核心企业合作，依托金融科技，创新供应链金融服务方案，实现信托资金对制造业产业链的精准金融支持。2021年，西藏信托参与交易所发行的供应链ABS项目，储架规模10亿元，运用金融科技手段提升了基础资产池的运转效率，在解决中小微企业融资难、融资贵的问题上探索出了新的方向。同年，华宝信托发行“物华筑宝”系列产品，存续规模14.6亿元，为中国宝武生态圈上下游客户提供融资支持，实现产业和金融的融合互补，中国宝武生态圈企业与供应链合作伙伴进行了涵盖智能装备、资材备件、机器人等多领域合作，其中包括钢铁主要制造工序产线升级提效所需的低碳冶金设备、工艺系统，冶金行业智慧制造机器人等，以进一步推动中国宝武制造效率提升和绿色智慧转型升级。2022年，“渤海信托·2021中和2号单一资金信托”由渤海信托作为受托人，向融资人江苏容宁科技发展有限公司发放信托贷款，用于支持句容开发区石狮片区生活给水与污水处理工程建设。同年，鲁信集团旗下的山东国信与山高环能集团，合作发行国内首单“CCER碳资产收益权”绿色信托，与传统融资方式抵押或质押担保不同，本次交易标的为企业待开发的CCER指标，通过将山高环能未来开发持有的不超过600万吨CCER收益权设立为“山东信托·碳中和-碳资产投资集合资金信托计划”，帮助企业实现CCER碳资产的提前盘活变现（表8-2）。

表8-2　2020—2022年重点绿色信托创新实践

发行时间	产品名称	主要内容
2020年	中电投融和融资租赁有限公司2020年度绿能第一期绿色资产支持商业票据	百瑞信托有限责任公司作为发行人载体，服务中电投融和融资租赁有限公司发行市场首单绿色资产支持商业票据产品
2020年	兴业信托与中华环境保护基金会合作设立绿色慈善信托	兴业信托与中华环境保护基金会正式签署绿色慈善信托，该项信托将围绕生态环境保护各个公益领域展开，首期试点项目将围绕《生物多样性公约》第十五次缔约方大会举办开展相关的公益活动
2020年	兴业信托设立业内首单标准化绿色资产投资信托	兴业信托设立业内首单标准化绿色资产投资信托“兴业信托·绿金优选集合资金信托计划”，将标准化固收类绿色金融资产列为优选配置资

续表

发行时间	产品名称	主要内容
2021 年	西藏信托通过供应链 ABS 项目支持小微企业融资	西藏信托参与交易所发行的供应链 ABS 项目，储架规模 10 亿元，运用金融科技手段提升了基础资产池的运转效率，在解决中小微企业融资难、融资贵的问题上探索出了新的方向
2021 年	华宝信托创新供应链金融模式促进产融互补	华宝信托发行“物华筑宝”系列产品，存续规模 14.6 亿元，为中国宝武生态圈上下游客户提供融资支持，实现产业和金融的融合互补
2022 年	渤海信托生活污水处理单一资金信托项目	“渤海信托·2021 中和 2 号单一资金信托”由渤海信托作为受托人，向融资人江苏容宁科技发展有限公司发放信托贷款，用于支持句容开发区石狮片区生活给水与污水处理工程建设
2022 年	山东信托 CCER 碳资产收益权项目	“山东信托·碳中和-碳资产投资集合资金信托计划”，项目交易对手是山高环能，信托资金不超过 2 亿元，用于受让山高环能未来开发持有的不超过 600 万吨 CCER 收益权，信托期限 2 年。最终，由山高环能负责出售 CCER 或由山高环能负责回购 CCER 收益权，实现信托计划收益后，信托计划分配信托利益退出

资料来源：中国信托业协会，根据公开资料整理。

第二节　信托业绿色金融发展痛点问题及转型趋势

目前，信托业务支持与绿色金融发展之间仍然存在亟待解决的问题，本文借由 SCP 分析模型（Structure-Conduct-Performance Model）的产业分析基本框架，主要从外部环境、市场结构、行业行为及投资效果四个层面对绿色信托的痛点问题进行全面分析。SCP 框架的基本含义是，在行业或企业受到外部环境和政策的影响时，市场结构决定行业行为，而行业行为又决定市场运行在各个方面的经济绩效和投资效果。痛点是行业变化的源动力、是企业技术发展的驱动力。根据分析，当前绿色信托面临的痛点主要有：配套政策和激励机制有待建立、市场化应用有待普及、体系设计和行业政策有待健全、行业绿色信托人才队伍建设有待加强、碳市场交易实践少及专业门槛高、业务范围较窄、投资成效有待评估、投资不确定风险较高等。

一、信托业绿色金融发展痛点问题

（一）外部环境痛点分析

1. 缺乏法律制度和宏观政策支持

信托产品的创新发展离不开法律及监管政策的支持，目前一些信托业务创新特别是信托业务绿色金融创新还面临着法律及政策上的障碍，或在某些方面缺少制度上的支持。法律法规方面，目前有《信托法》和《全国法院民商事审判工作会议纪要》（以下简称“九民纪要”）对于信托业务开展的法律制度方面具有指导性作用，“九民纪要”第七章为关于营业信托纠纷案件的审理，不过“九民纪要”不是严格的规范性文件，也不是司法解释，不能直接引用于案例审判，反观证券、银行、基金等行业均有较多相关法律、行政法规、司法解释予以规范；宏观政策方面，需要得到财政、货币等相关政策的大力支持。

2. 配套制度和激励机制有待建立

我国绿色经济已经呈现快速蓬勃发展趋势，对绿色金融的需求日益迫切。为了确保绿色信托业务积极、健康、有序发展，就信托业而言，需要监管部门尽快出台绿色金融激励机制、评价标准和监管措施。除此之外，《信托公司资金信托管理暂行办法》已经在征求意见阶段，但该新规仍不能满足业务转型需要：第一，鼓励发展的服务信托缺乏明确规范指引；第二，制约慈善信托发展的税收优惠问题一直未得到解决；第三，信托参与定向增发、网下申购新股、股指期货以外的衍生品等仍受到较多限制，无法参与公平竞争。以上问题不是《信托公司资金信托管理暂行办法》可以完全解决的，也不是信托监管部门可以独立解决的，更多需要从资产管理行业发展顶层规划和统筹监管方面入手。

（二）市场结构痛点分析

1. 市场化应用有待普及

目前，绿色信托市场实践受约束，市场化应用并不普及。从融资需求侧来看，绿色产业多是前期投资大，回报周期长，项目营利能力主要依赖对政府补贴。而信托融资成本高于信贷、债券等融资渠道，会抑制企业融资需求。此外，资管新规发布后，信托准入门槛提高，在房地产领域尤为突出，一定程度上影响绿色建筑发展。从绿色信托业务模式来看，我国绿色信托的发展主要依靠发放信托贷款来支持绿色产业的发展，绿色股权、绿色基金、绿色资产证券化等金融工具的使用率不高，信托提供整合金融服务不强，绿色信托还未充分发挥提供整合绿色金融服务的能力，对绿色产业投融资支持有限。

2. 市场基础设施建设和组织机制有待完善

完善的市场基础设施建设和有效的组织机制架构是信托公司开展创新业务的前提，信托创新业务发展需要信托机构具备一定的“硬件基础设施”和构建相应的组织机制。当前，信托公司创新业务基础设施以及组织机构不完善给创新业务的发展带来阻碍，依靠传统业务的操作模式和管理机制难以推进创新业务的持续发展。如在股权投资信托业务中，多数信托公司没有搭建起与股权投资业务相适应的投资决策机制。随着小微/普惠金融信托业务的发展，目前信托参与消费金融业务所依据的征信基础、支付基础、抵质押平台出现一些不匹配的情况，致使信托公司开展消费金融业务面临发展障碍。如供应链金融信托业务，信托公司在金融科技应用方面相对滞后。

（三）行业行为痛点分析

1. 体系设计和行业政策有待健全

目前，信托业绿色金融发展仍处于初级阶段，绿色信托体系设计和配套机制仍不健全。从顶层设计来看，目前仅有中国信托业协会发布的《绿色信托指引》，实践中尚无绿色信托业务相关细化标准以及更加规范、更具法律效力的规章制度，且缺乏信托业主管部门发布的绿色信托专项政策对绿色信托业务的开展进行指导。从绿色信托体系建设来看，当前绿色信托业务尚未明确统计口径，信托机构环境信息披露机制还未健全，信托业气候风险管理基础还未建立。此外，绿色信托的界定、认证、评估等工作还有待建立完善。上述各项机制均未纳入监管要求，一定程度上并未激发信托机构创新发展绿色信托的积极性。相较于信贷、债券等相对成熟的绿色金融市场，还有较大的发展差距。由于绿色产业可持续发展要求较强的专业性和技术性，信托公司服务绿色产业的能力亟待提升。

2. 信托业财富管理方向发展科技化水平较低

目前，国内信托公司存在产品模式单一、投资战略不够创新、客户类型以固收类为主等问题，同时信托业财富管理端数字化水平仍落后于银行、券商、基金等资管机构。一般来说，信托公司是以产品为中心来进行传统资产管理，从产品研发到业务营销，未深入挖掘客户需求，以客户为导向的营销模式稀缺。在客户个性化服务需求增加以及同业竞争加剧的情况下，客户"定制化"产品的营销模式转型已成为大势所趋。客户导向信托业务模式需要加强客户行为分析以及数据挖掘，即客户画像，充分利用数字化技术，引入经济变量、行业数据和财务指标预测，针对不同风险偏好的客户进行产品设计，搭建投资体系，精准营销，提高资金端和资产端的匹配效率（见图 8-4）。

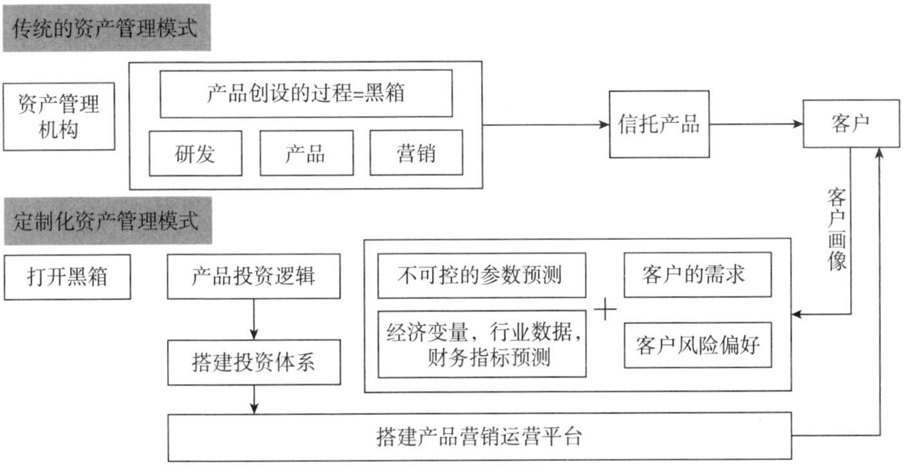

图 8-4　信托业财富管理方向发展存在问题

（资料来源：中国信托业协会）

目前，信托业在财富管理业务数字化转型的过程中主要存在以下三个方面的问题：第一，数据管理方面，信托公司的数据维度较低、来源单一，数据采集、整合、分析、运用均存在一定困难；第二，投研方面，产品初设阶段，客户规模快速扩大以致数据信息呈爆发式增长，对于产品信息实时分析、投资决策逻辑效率、收益风险有效匹配提出了更高要求；第三，产品创新数字化方面，信托产品结构有待改善，资金信托占比较高，创新型产品占比较小，发展路径不够明晰（见图 8-5）。

3. 行业绿色信托人才队伍建设有待加强

行业绿色信托人才队伍仍待充实。绿色信托对应的新能源、碳资产、节能减排、环保科技等行业是信托公司较为陌生的领域，与传统产业相比，虽然市场前景较为广阔，但业内竞争激烈，技术迭代较快，对信托公司绿色产业人才储备和投研能力等提出了更高要求。此外，目前国内高等

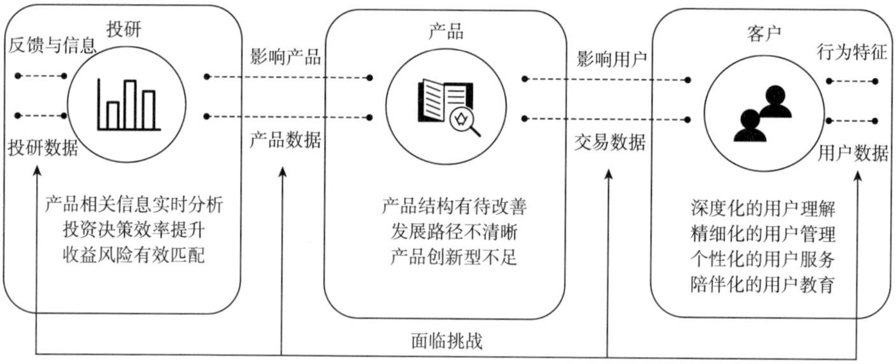

图 8-5　信托业财富管理业务数字化转型面临的挑战

（资料来源：中国信托业协会）

教育人才培养体系中，缺乏绿色金融科技高精尖跨领域的复合型专业型人才，随着绿色金融科技的发展与进步，未来对该类岗位的需求的增加可能会形成行业缺口。

（四）投资效果痛点分析

1. 碳市场交易实践少及专业门槛高

我国碳市场交易仍属新生事物，目前全国碳市场仅有发电行业纳入其中，交易活跃度有限，尚未形成较为成熟、完善的交易模式和资产价格机制。此外，碳排放权交易具有极强专业性，碳金融理论基础、制度依据、实践参考仍然较少，信托公司深度参与碳市场交易存在一定难度。

2. 业务范围较窄、投资成效有待评估

绿色信托业务自身具有公共性、外部性等属性，投资周期较长，容易受到宏观政策、内外部环境变化乃至建设进度等因素影响。加之一些项目主体增信保障措施不足，还款来源依赖于项目投产后的收费权或政府补贴，投资回报率相对较低，收益存在不确定性。同时，信托业务目前主要还是以政府主导的项目为主，面向对象范围较为狭窄；且中小绿色创新企业在评估体系尚未建立的当下几乎无法获得信托支持等问题仍然存在。此外，信托项目投资期限长、流动性较差，投资成效有待评估。

3. 投资不确定风险较高

一般来说，投资收益的不确定性变化给投资主体带来损失的可能性较大。信托公司作为在投资中追求高投资回报率的主体，如投资项目及合作对象筛选不当或风险控制不当都可能会造成实际的投资收益低于投资成本，或未达预期收益，如资金来源利率高于资金运用利率、短期资金来源用作长期资金用途等。具体以绿色建筑信托为例，我国绿色信托支持绿色建筑时，投资前与投资后均面临系列不确定性风险。根据初步梳理，绿色信托支持绿色建筑在投资前、投资后都存在着一定的制约因素，主要集中在绿色建筑标准的一致性、绿色建筑收益与风险的匹配性、绿色建筑运营结果等方面。

二、信托业绿色金融数字化转型趋势

近年来，信托业积极推进行业数字化转型，大力提升主动管理能力，以解决加强市场化应用普及、完善市场基础设施建设和组织机制、健全体系设计和行业政策、财富管理科技化程度提高、扩大业务范围及控制投资风险等问题。同时，随着绿色发展理念的持续深化，以及绿色金融市场体系建设的进一步完善，绿色信托也将成为促进信托行业转型的一个重要切入点。

（一）资产主动管理成为主流发展方向

2020 年，监管政策频出，《信托公司股权管理暂行办法》的实施强化了信托公司的股权穿透，提高了股东门槛；在资管新规及《资金信托管理暂行办法（征求意见稿）》的引导下，信托行业自 2018 年开始，逐步压缩融资类和通道类业务，提高投资类业务，转型和创新成为信托行业发展主基调；《信托公司资金信托管理暂行办法（征求意见稿）》明确了非标占比 50%的限制，资金信托定位为私募，彻底禁绝非标资金池，严格限制客户集中度。

近年来，信托公司对金融科技的定位、数字化转型战略部署的重要意义都有了更加清晰的认识。根据《中国信托业发展报告（2020—2021）》，在中国信托业协会（以下简称信托业协会）调研中，54 家信托公司中有 42 家信托公司有数字化转型意愿，其中 25 家信托公司已经将数字化转型确定为公司战略或重点规划，并且有明确目标及路线安排，其中包括中航信托、光大兴陇信托、爱建信托、五矿信托、外贸信托、中建投信托等。

随着资管新规出台，提升主动管理能力，向高质量信托发展是信托业未来不可逆转的发展趋势。2020 年信托业坚定响应监管部门号召，在提升服务实体经济能力的同时向高品质的受托人定位转变。在2020年严监管环境下，通道类业务规模持续回落，融资类信托压缩接近1万亿元，信托公司的业务结构有了改善，主动管理能力有所提升。信托业务转型的重点之一是要优化资金来源结构。截至2020年末，集合资金信托规模占比为49.65%，同比上升3.72个百分点；管理财产信托占比为20.41%，同比上升3.44个百分点；单一资金信托占比为29.94%，同比下降7.16个百分点。信托业将继续逐步减少以单一信托形式的通道类业务，朝着提升主动管理能力的方向不断取得成效。在此背景下，信托业回归本源，提高对资产的主动管理能力，将有助信托机构在未来主流过程中，抢占先机。

（二）信息披露机制逐步完善

基于现有信托业务统计口径，规范投向绿色建筑等各类信托产品的统计、监测标准。根据中国信托业协会数据，当前已经建立系统性信托业务数据披露机制。面向以绿色建筑为代表的特定绿色产业，信托机构需要围绕绿色建筑资产，规范需要披露的资产种类，如财产权、财产收益权、信托受益权等。

随着中国人民银行金融机构环境信息披露工作不断推进，未来将逐步纳入金融市场各类主体。在此发展趋势下，信托机构将提前准备，建立系统性的绿色信托信息披露机制，规范绿色产业的绿色信托业务披露机制，如服务的绿色资产规模、绿色信托资产结构、信托资产功能、资金用途等口径，针对绿色金融业务定期开展信息披露工作。

（三）金融科技赋能绿色信托业务优势

1. 强化项目甄选

运用大数据、云计算和人工智能等技术实现绿色项目的识别与筛选，解决绿色信托在全流程管理中信息不对称的问题，依托前期建立的绿色项目库，以及绿色项目评价体系，实现系统自主判别绿色水平和是否具备贷款资格，并且根据绿色水平的量化得分，确定贷款金额、周期以及还款计划，可进一步提升项目审批效率，简化贷款发放流程，降低人工成本。

2. 保障资金流向

信托公司交易对手的资产信用要置于特定绿色业务场景考量，资产的获取和评估在向数字化方式迭代。对于符合条件的绿色企业，基于区块链技术，引入上下游供应商，环保机构、信托公司等外部监督机构，共同上链。信托公司可以利用绿色供应链，与其他数据库在实现互联互通的基础上，核验上链的无形资产、环境权益、应收账款和票据等多种形式标的资产。

同时，运用区块链和物联网技术基础设施确保项目以及资金的绿色用途、强化可追溯性。每一笔交易信息都会被区块链的相关节点记录，受托人可实时追踪资金动态，进一步实现项目资金的高效管理，确保资金精准投放至绿色环保领域。

3. 完善项目评估

利用大数据和人工智能，将多渠道收集的评价数据结构化存储，运用机器学习，筛选建立绿色合作企业和绿色项目的环境效益、经济效益和社会效益的综合评价模型，通过智能决策系统，给出可视化效益分析报告，并对效益和风险给出具体分值，通过多维度指标对绿色信托业务进行数字化管理。

三、金融科技时代背景下的信托业数字化转型与发展

在金融科技时代背景下的信托业数字化转型，信托公司对于商业模式和业态的选择，都需要从客户管理、业务创新、合规风控、运营管理这些流程的创新和重塑进行。未来，信托业将从私募投行、资产管理、财富管理、服务信托和综合金融的转型方向驱动信托业流程的数字化转型，助力信托公司转型与发展目标的实现（见图 8-6）。

图 8-6　基于业务流程的信托业数字化转型

（资料来源：中国信托业协会）

（一）客户管理“多对多”模式发展

首先，以人民银行2015年发布的《关于改进个人银行账户服务 加强账户管理的通知》为基准，明确提出“提供个人资管账户开立服务时，有条件的资管可探索将生物特征识别技术和其他安全有效的技术手段作为核验开户申请人身份信息的辅助手段”，在信托业务进展过程中，人脸识别算法与机器学习、大数据、云计算等技术的融合，将在远程开户、产品购买、提款识别等方面得到广泛应用。其次，随着现代社会的不断发展，客户家庭人群结构也在不断变化，对金融产品种类需求愈加丰富。目前，传统金融机构面临的最大的挑战就是如何更全面精准地刻画用户画像，借助金融科技，可以从人口属性、消费特征、信用信息、社交圈层等方面收集、提取数据信息，从而构建客户标签体系，形成客户画像数据库。最后，根据客户画像深度挖掘客户价值，以技术替代人工理财顾问，从人工客服的“一对多”模式演变为智能机器的“多对多”模式，结合智能投顾系统，实现精准营销的同时也能较大程度地提升效率。

（二）多样化金融场景业务创新

信托业数字化转型可以提升业务多样化金融场景应用的深度和广度。针对消费金融业务场景，信托公司在开展业务过程中，以金融科技支撑，建立小微信贷管理系统、征信查询系统、支付平台系统等系统群，防控业务风险、降低运营成本、提升客户服务与体验，中国外贸信托在此方面已有相关实践内容；针对资本市场业务场景，结合资本市场所具有的标准化特性，运用大数据、人工智能、云计算等科技前沿技术形成智能化投顾策略，提升投资运营效率；针对产业投融资一体化业务场景，根据经济新常态的发展方向，如5G、物联网、新能源、新材料等新兴技术产业，对行业进行深度研判。

对于信托公司而言，可借助区块链、人工智能、大数据等技术建立的产业图谱、企业画像、交叉销售平台等，加强对高新技术产业的行业研究能力，提高判断与决策能力。以华能信托的资产资金雷达及智能投研系统为例，在投研方面，智能投研在深入学习的基础上，可以自动形成简单报告观点，在此基础上编写研究报告，生成金融中介提交的规范性文件和经纪分析师每日市场简短评论，充分提高投研人员工作效率。此外，信托公司通过资产资金雷达推动业务转型，利用人工智能技术抓取合适的资产信息，挖掘潜在业务机会。资产雷达可以自动获取上市公司行业属性、办公地址、联系方式等，以及上市公司发布的非公开发行股票、可转债、可交债的相关信息，供业务人员挖掘潜在业务机会。同时，还可以通过 Python 的爬虫技术对相关资讯网站的上市公司公告进行获取，智能筛选 3000 多家上市公司的相关公告，自动录入数据库。

（三）提升合规风控工作效率

近年来，金融监管加大力度，针对信托行业乱象，推动公司回归本源，做好各项合规风控工作。然而，传统信托合规风控业务流程较大程度上依靠人工完成，金融科技的优势，可以提高信托业合规风控的工作效率，主要体现在以下四个方面。

第一，人工智能尽职调查。一般来说，公司尽职调查人员在进行调查任务上需花费大量资源、资金和时间。利用人工智能技术，可以把大部分非结构化的原始数据资料转化为精细的结构化数据，通过系统整合分析后，以简单的数据报表和可视化图表的形式呈现，供专职调查人员信息复核、参考决策，或进行更深入的研究，节省人力物力时间成本。如平安信托建立的“1+N”智能风控平台，实现了投前、投中、投后全流程管理体系，支持包括立项尽调等业务全周期全流程管理。

第二，金融科技舆情监测。舆情监测指对网络上公众的言论和观点进行监视和预测的行为。早期舆情监管运用于政府公共管理部门，最近几年在金融行业开始兴起。金融行业基于信用和预期的特点，使得其比其他行业更容易受到舆情影响，从单个机构风险事件、声誉危机到国家经济政策运行、通货膨胀预期、金融监管效应等，都与舆情传播息息相关。金融科技舆情监测的推出，将及时提升数据的准确度和时效性。如华能信托推出的舆情监控系统，属于公司大数据智能风险管理系统的重要环节，该系统在 2019 年获得国家版权局颁发的计算机软件著作权登记证书。

第三，大数据风险控制。指通过大数据建模的方式对某项业务或公司行为风险控制和风险提示。随着金融科技的发展、金融业务的提效增速，传统的风控方式已逐渐跟不上机构的业务扩展。从国内互联网金融发展实际出发，机器学习算法金融风控模型相较于传统的统计评分卡模型对于预测个人信用风险更具优势，可以建立更为有效的风控体系。如华能信托公司建立的大数据智能风控系统，该系统包含了较为详细的机构信息浏览功能，涉及企业概览、产品信息、财务数据、经营预计、财务数据、诚信事件、评级记录等内容。

第四，金融数字化反欺诈平台。针对数字化金融欺诈具有的专业化、隐蔽性等特点，智能反欺诈系统或平台可以较为准确地识别出用户的恶意行为，避免金融机构在各个业务环节，如支付、理财、风控等收到欺诈或威胁行为，减少企业损失。数字化反欺诈平台具有两个方面的优势：其一，人工智能的大规模数据高频率处理和分析功能，可以把设备、IP 地址等信息节点整合进行知识图谱构建，基于知识图谱建立机器学习欺诈模型，并且不断训练、实时更新、识别，迭代黑产知识图谱，从而可以识别出多种类型的欺诈风险；其二，数字化反欺诈平台通过基于知识图谱的人工智能技术，可以对整个互联网风险进行动态监测，当出现信用风险时，及时向决策层发出风险预警信号并采取预控对策防御机制。如平安信托创建的“1+N”智能风控平台，同样具有反欺诈的业务功能，在项目投中审核阶段，通过人脸识别、视频面签等技术，核验业务人员身份，降低运营成本及操作风险，预防欺诈行为。

（四）信托公司运营管理数字化

当前，信托公司运营管理正在从“线上化”到“数字化和智能化”转型，主要通过以下三种方式进行。

第一，数据治理。是指公司数据治理部门发起，制定及实施针对公司内部数据的商业应用和技术管理的一套系统化流程。近年来，原银保监会高度重视数据治理工作，以免数据质量问题造成银行等金融机构高质量发展阻滞。针对此问题，信托公司可以制定切实可行的数据战略充分挖掘数据价值，具体可以分为三个步骤：首先，对来自不同业务系统的数据进行聚合，形成综合数据集并进而生成数据洞察；其次，利用数据湖以自然格式将数据存储在单一存储库中，保证各类结构化和非结构化数据的可视化、可用于报告以及分析机器学习技术；最后，通过数据整理并呈现出来源不同的数据集，进而持续提升商业数据价值。

第二，资产质量监控。一般是指监管当局对于金融机构资产质量进行管理及监督。随着金融科技的迅速发展，信托公司资产运营管理亟须数字化转型，信托机构传统的资产质量监控方式为对贷款企业的现场检查、动态实时监测企业的资金流向及财务状况等重点领域。当前的经济形势下，各类企业经营不稳定性增加，信托公司面临的风险更为复杂，需要提前制定各类风险解决方案，识别企业及个人的潜在财务和信用风险，保证持仓资产质量的稳定性。据德勤会计师事务所出具的第 11 次全球风险管理调查显示，约 29% 机构表示正在使用机器流程自动化进行数据风险管理、风险报告和风险监管，约 25% 和 19% 的机构正在利用机器学习和认知分析等前沿技术降低风险管理成本。这些金融科技前沿工具能够帮助信托业风险管理人员制定相关业务风险报告及审查交易情况，还能够自动识别内外部环境中的各类数据，应对新进入风险、新威胁者及不良行为者，对信托资产进行智能化风险管理。

第三，智能化自动清算及分配。具备信托产品设计和存量业务管理自动化功能，可以在一定程度上提高信托产品“募投管退”的效率。当前信托公司中台存在多个不同的子系统，协调处理信托产品的管理运行，可以利用金融科技将子系统整合在一个平台集中运营，同时，区块链和智能合约技术均在实际信托业务运行中应用于产品清算及分配。如平安信托通过公司创设的项目“一键建壳”和“账户直通车”，把同样角色和场景进行高度集成，这种高度集成是在一个界面完成产品设立、开户等全流程工作，信息不需要人工输入，可以机器自动引用、系统传输信息，所有操作流程均线上交互，提高了产品经理的工作效率。

第三节　金融科技在绿色信托中的应用

一、云计算技术在绿色信托中的应用

在信托行业数字化转型过程中，针对信托行业市场基础设施建设和组织机制有待完善、信托业财富管理方向发展科技化水平较低以及统一管控和管理合规能力亟待提升等问题，构建自主可控技术体系成为关键①。随着云计算应用的深度和广度不断增加，云原生（Cloud Native）应运而生，其概念是在 2013 年由著名 PaaS 云服务公司 Pivotal 的程序员 Matt Stine 首次提

① 陈泳，姚文胜，陈靖翔，等．基于云原生技术敏捷交付云网融合应用［J］．电信科学，2020，36（12）．

出[①]。云原生是一种新型技术体系，是云计算未来的发展方向（见图 8-7）。

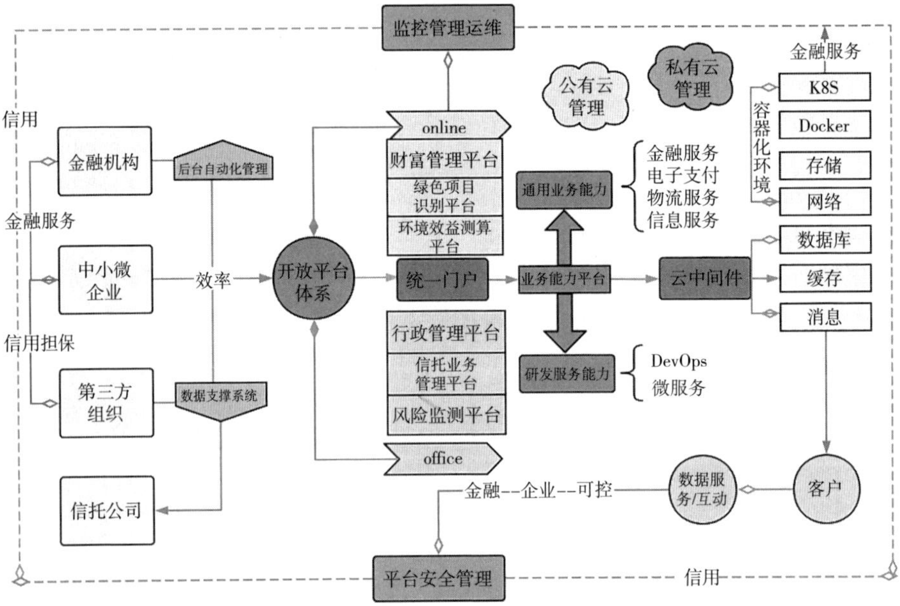

图 8-7　基于云原生+混合云的信托行业云平台架构

（资料来源：云原生在信托行业的应用）

国内信托行业数字化水平发展有所差别，行业需求繁杂多样，对灵活性要求较高，同时兼容传统 IT 架构，以动态更迭方式应对个性化需求，来实现服务的统一管理、统一运维、统一监控等能力[②]。以云原生为核心的研发平台来建立基于“云原生+混合云”的信托行业云平台架构，有助于信托公司迅速定位客户需求，通过 DevOps、微服务、容器化等技术服务，实现应用的快速开发，业务的敏捷迭代。同时，建设数据中台打通内部系统的数据共享，消除“信息孤岛”，提升数据利用价值[③]。此外，针对绿色信托业务，应用平台中也可以加入绿色项目识别、环境效益测算及风险监测等功能，从而更好地发挥信托行业优势，提升金融业服务绿色低碳业务能力及水平。

① 杨绍光，董文静，郭澄宇，等. 云原生在信托行业的应用［N］. 信息通信技术. 2021.

② 张胜. 信托“未来之路”：借力金融科技 打造信息化铁军［N］. 中国经营报，2019-06-03（B05）.

③ 杨绍光，董文静，郭澄宇，等. 云原生在信托行业的应用［J］. 信息通信技术，2021.

二、大数据技术在绿色信托中的应用

绿色建筑信托是绿色信托中的创新型业务，其主要由信托公司通过开展绿色建筑信托业务，服务于绿色建筑相关产业链的直接投融资、碳权交易和信托贷款等金融活动。近年来，随着宏观政策调控及市场环境改变，房地产信托业务转型发展面临新的机遇和挑战，绿色建筑信托是房地产信托转型的重要创新方向。信托公司可以利用在传统建筑领域积累的相关投融资经验，将管理运营及风险控制等精细化措施充分运用于绿色建筑项目识别与管理中，同时结合绿色建筑行业特点，在环境效应评价及改善方面创新金融服务模式，助力绿色建筑实现节能减排。

2017 年 3 月，住房和城乡建设部发布《建筑节能与绿色建筑发展“十三五”规划》（以下简称《规划》），《规划》指出加强科技创新，推动建筑节能与绿色建筑技术及产品从被动跟随到自主创新。同时，积极搭建市场服务平台，实现建筑领域节能和绿色建筑与金融机构、第三方服务机构的融资及技术能力的有效链接。

目前，信托支持绿色建筑细分领域主要存在以下两个障碍：第一，绿色建筑增量成本及绿色化效益较难确认，如在信托贷款贷前环节，绿色建筑和非绿色建筑在融资条件及流程上并无明显差异，项目运行期间绿色效益的测算和统计难度较大；第二，绿色建筑信托项目贷后信息不透明，难以动态监测项目运行状态、及时掌握能耗信息（见图 8-8）。

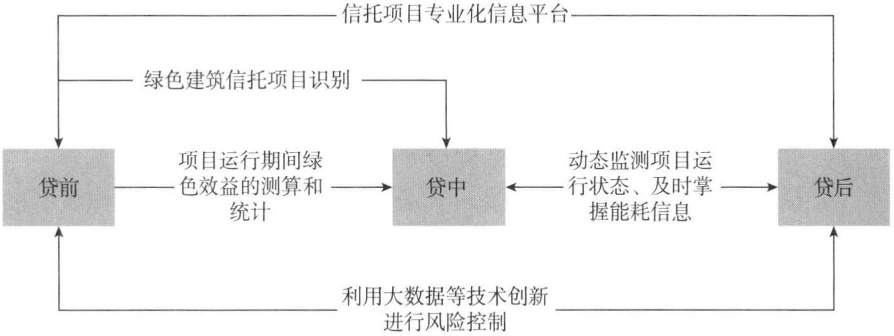

图 8-8　绿色建筑信托项目信息平台基础设施建设

统一、专业化信息平台是绿色信托发展的重要基础设施，运用科技手段搭建相关动态数据平台，可以解决绿色建筑信托项目贷前与贷后信息不对称问题，同时提升信托公司对项目识别、风险控制及收益评估能力，降低项目资金成本、监管成本及管理风险。对绿色建筑开发商来说，也能降低项目融资门槛，改善绿色建筑项目评估周期过长等问题。

三、区块链技术在绿色信托中的应用

（一）区块链助力数字化转型

1. 搭建信托线上平台，提升信息的透明度

信托公司利用区块链等新兴技术，建立企业线上管理平台，使委托人对信托公司和产品的情况有更深入的了解，如公司经营状况、借款人基本情况、信托产品底层资产等信息，并且掌握信托公司技术应用水平和能力，可以较大程度提高信息透明度，进而提升委托人对公司的信任度，以便作出正确的投资判断和风险评估。

2. 提升信托业数字化程度，防范各类风险

区块链技术以行业互联网和数字化程度为基础和前提，数字化程度可以用大数据应用、物联网开发和人工智能算法等方式进行，通过大数据应用能够改善委托人与借款人的信息不对称问题，对服务对象综合全面的评估以获得全面真实的企业资料，将物流、资金流和信息流融合的物联网技术，由此形成的数字流，进而运用区块链技术叠加融合运用，提升决策的科学性和有效性。此外，积极引用人工智能算法，对区块链运行过程中会产生大量的数据信息进行高效处理，可以提高运营管理自动化水平。在信托业数字化过程中加强信托云建设，运用区块链技术打通服务企业系统，实时了解企业动态信息，构建信息预警指标体系，对于日益增加的数据量适应性的风险控制程度更高。

3. 深化信托业体制改革，加快转型升级步伐

区块链技术的实现需要有体制和机制创新作为载体，以科学技术驱动信托业发展，重视运用技术手段解决信托业发展中难点与痛点，同时通过“金融科技+信托”的融合应用研究，构建适合信托业稳健运行的金融科技发展体制与体系。在实际情况中，金融市场的发展与交易的便捷、信息对称、成本的降低有直接关系，区块链是基于共识机制构建的分布式共享数据解决方案，具有去中心化、共识机制、智能合约、可追溯性以及不可篡改性等特点，区块链技术创新的金融模式可以脱离中介进行点对点的直接交易，降低金融交易成本、提高金融交易效率，快速地为交易双方建立信任关系，真正实现交易双方信息对称。

（二）区块链在信托业的场景应用

2019 年 10 月，习近平总书记在中央政治局第十八次集体学习时发表重要讲话，深刻阐明了区块链技术在新的技术革新和产业变革中的重要作用。当前，区块链落地的场景主要集中在供应链、公证防伪、公益溯源等领域。随着监管逐步完善，未来，区块链在数字金融、物联网、智能制造、供应链管理、数字资产交易等多个领域，都有广泛的应用前景，本节着重阐述与绿色信托相关的应用（见图 8-9）。

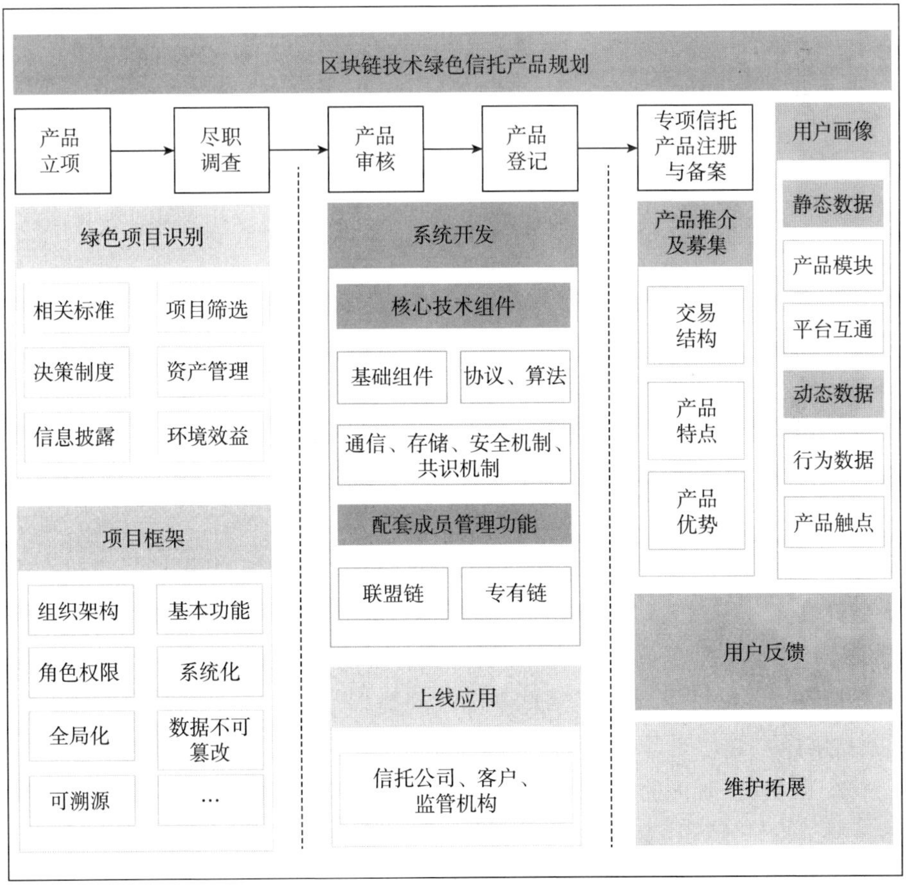

图 8-9　区块链在绿色信托中的应用流程

区块链在绿色信托中的应用流程基本上可以分为项目框架搭建、系统开发、上线应用、功能维护拓展四个步骤。第一，项目框架搭建。项目框架包括组织架构、基本功能、角色权限等，同时需要结合绿色信托项目筛选，根据信托业协会 2019 年 12 月发布的《绿色信托指引》，信托公司针对绿色项目考虑的因素主要有：绿色项目是否符合绿色产业相关标准及指导文件；绿色项目筛选和决策制度是否完备；绿色项目资金与资产管理机制是否完备；绿色项目信息披露和报告制度是否完备；绿色项目环境效益目标是否合理等。第二，系统开发。区块链核心技术组件包含区块链系统所依赖的基础组件、协议和算法，进一步可细分为通信、存储、安全机制和共识机制四层结构，此外，区块链系统还由核心技术组件和配套设施组成，核心技术组件提供了针对区块链特有应用场景的功能①。如果信托公司选取采用联盟链、专有链形式，区块链系统中还应有配套成员管理功能。第三，上线应用。系统开发完成并经过测试之后，主要供信托公司、客户和监管机构使用，同时实现数据资料上链、信息验伪、追踪资产、账户管理等功能。第四，功能维护拓展。根据系统运行情况和用户反馈，对系统进行定期维护更新。同时，在系统使用过程中加入新功能、满足新需求，配合应用场景发展。未来，区块链技术主要可以应用到以下绿色信托业务场景中。

1. 区块链+供应链金融。供应链金融，是金融机构将核心企业和上下游企业联系在一起提供金融产品和服务的一种融资模式。区块链技术具有公开可查的特点，可以减少人工介入，将纸质作业的各种流程都程序化、数字化。在区块链系统中，所有参与方都能使用一个去中心化的账本分享文件。通过智能合约，款项可以在达到预定时间和结果时自动进行支付，在提高效率的同时，还可以在很大程度上避免人工操作失误。目前这一场景落地的技术难点在于验证实体货物上链这一过程的真实可靠性。当前，中航信托在实践中通过深化绿色信托和碳信托创新，服务绿色产融，助力绿色航空产业链供应链转型升级寻找到可持续均衡发展新路径。此外，中航信托持续加强绿色供应链数字化基础设施建设，在绿色供应链各环节运用“数据信托”管理提升，推动供应链升级优化，为实体经济服务。

2. 区块链+智能监管。区块链技术与管理存在结合点。管理与区块链技术一样，均基于程序和规则的设定与监督。信托项目存续期间，信托公司需要对项目进行期间管理，金融监管机构和信托公司可以通过区块链构建

---

① 中国信托业协会．区块链在信托中的应用研究［EB/OL］．2018－01－26．https：//www.sohu.com/a/219077944_481769.

包括交易数据、交易记录、信用文件的管理链，简化实时对账、数据共享流程等，同时可以将预设规则写入智能合约，针对绿色项目如绿色信托项目识别及相关规则等，以及将借款人申请材料、不良信用记录、支付结算等信息进行整合构建多维度图谱模型，一旦发现违反内部合规及外部监管要求的行为，智能合约会发送重点提示异常信息，实现基于客户行为的风险监控体系，从而较大程度提升监管效率。

3. 区块链+慈善信托。区块链的不可篡改、可追溯、公开透明的特性可以与慈善信托完美结合。如华能信托探索尝试设计"区块链慈善信托"产品，中航信托同样也在生态环保领域继续深耕慈善信托创新路径，通过"科技+慈善"，推进慈善信托领域更加公开透明。具体来说，资金来源、账户余额、资金投向、项目明细及具体收益等都将通过区块链技术变得公开透明。金融科技在金融业的广泛应用是大势所趋，中国金融业在蓬勃发展的同时，也需比对自身与世界总体水平的差距。根据卫报 2019 年公布的数据，境外 FinTech Top10 的营收规模均值为 769.1 亿元，国内 FinTech Top10 的营收规模均值为 34.0 亿元，境外营收规模是国内的 22.6 倍；同时，境外 FinTech Top10 的净利润为 81.8 亿元，是国内的 85.9 倍，中国金融科技产业仍有较大的发展空间。

四、人工智能技术在绿色信托中的应用

（一）人工智能助力数字化转型

数字化经济是以数据为生产资料，云计算、大数据、人工智能等技术作为生产力，利用算力和算法，将数据转变为价值的一种新经济形态。利用数字技术可以重塑业务流程，从而带来新的收入和价值创造机会。数字化经济不会完全替代传统经济，而是利用数据智能技术实现传统业务的智能化，提升运行和管理效率。信托行业也在探索推动数字化转型，在信托业务的强需求和充足的 IT 预算支持下，云计算、大数据等技术已经得到初步应用，积累了相对完善的数据基础设施。人工智能技术在信托行业的应用也越来越广泛，在产品设计、市场营销、风险控制、客户服务等环节已经实现了不同程度的渗透（见图 8-10）。

结合市场实践，已有信托公司在人工智能技术应用方面做了相关探索，主要包括几个方面。其一，运用人工智能技术实现客户识别与分

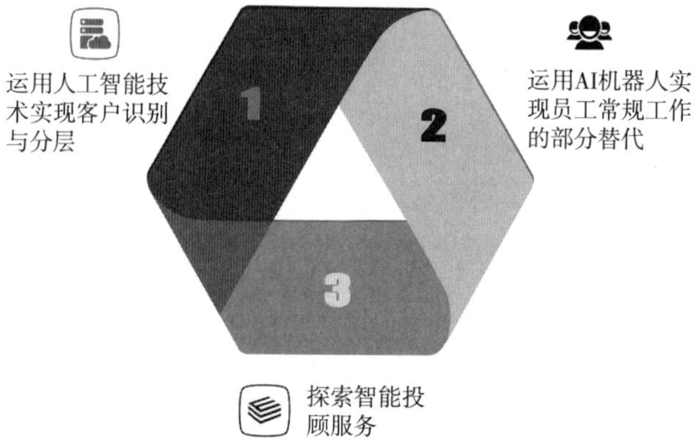

图 8-10　区块链在绿色信托中的应用流程

层，一定程度上提升了产品的销售成功率和客户满意度；其二，运用 AI 机器人实现员工常规工作的部分替代，降低人力成本的同时，提升工作效率；其三，探索智能投顾服务，助力资管团队提高服务水平，帮助财富端客户优化资产配置及组合。

（二）人工智能在信托业的场景应用

人工智能主要包括五个关键技术：机器学习、生物识别、自然语言处理、语音技术以及知识图谱。人工智能技术有望显著改变金融行业现有格局，在前台可以用于提升客户体验，使服务更加个性化；在中台辅助支持金融交易的分析与预测，使决策更加智能化；在后台用于风险识别和防控保障，使管理更加稳定化。

目前，人工智能技术在信托领域应用的范围主要集中在智能客服、智能投顾、智能风控、智能投研、智能营销等方面。随着信托行业的不断发展，沉淀了大量的业务和管理数据，能够有效支撑机器学习，不断完善机器的认知能力。在金融交易与风险管理这类复杂数据的处理方面，人工智能的应用将大幅降低人力成本，通过对大数据进行筛选分析，帮助人们更高效的决策，提升风控及业务处理能力。

近年来，已有多家信托公司开始践行绿色信托理念及 ESG 发展战略，如中航信托、平安信托等。中航信托结合研究与实践，率先总结形成“ESG 价值明星建设 STAR”业务模式，同时，中航信托开始探索碳信托账户功能，聚焦“碳资产”，实现对碳汇资产交易的综合服务，设立全国首单碳中和主题绿色信托计划。平安信托全面搭建 ESG 责任投资体系，通过大数据、人工智能等前沿科技，将 ESG 理念植入信托项目评审流程，拓展绿色金融业务边界。

2021 年，信托业正处于转型升级关键时期，运用数字化技术对专业能力的提升已成为业内众多信托公司的选择。通过融合大数据、区块链、人工智能技术挖掘用户个性化需求和差异化偏好，可以更快顺应数字经济时代市场需求变化，推出差异化、场景化、智能化信托产品，同时结合“双碳”概念，有效完善绿色金融产品供给。

五、物联网技术在绿色信托中的应用

随着物联网技术在全球范围内的广泛应用，“物联网+金融”的新业态形式逐渐形成。具体到信托行业，一方面，物联网能较大程度解决信托业信息不对称问题；另一方面，物联网能有效提高信托公司风险管控能力。以物联网技术在碳信托中的应用为例，以体现以物联网为核心，结合区块链、云计算、大数据等技术与信托业的深度融合以及给金融管理模式带来的变革（见图 8-11）。

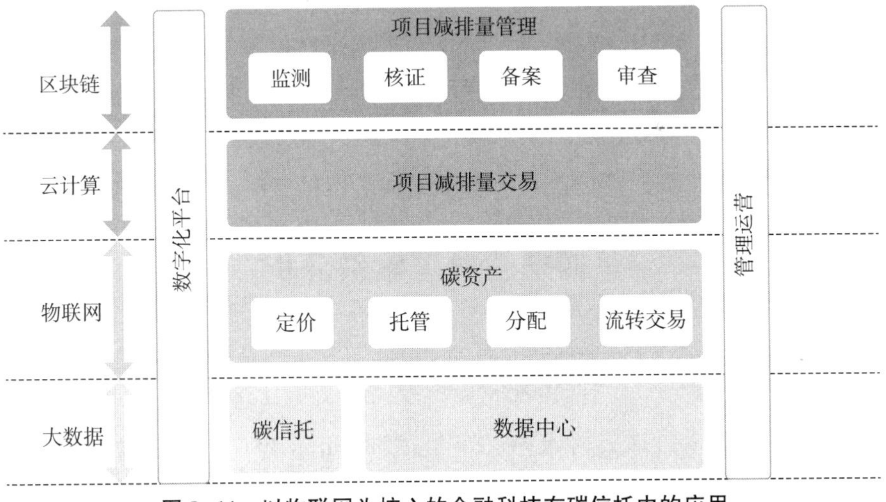

图 8-11　以物联网为核心的金融科技在碳信托中的应用

“双碳”目标引领下，碳信托是绿色信托的功能延展和服务细分领域，聚焦于与碳资产相关的碳减排，通过转型金融服务帮助高碳企业节能减排降碳，推动企业可持续发展。当前，信托业已有部分公司开展了碳信托的前瞻性探索，如中航信托成立全国首单“碳中和”主题绿色信托计划，投资标的覆盖全国范围内可交易的优质碳资产，助力碳资产合理定价与有效流转，充分发挥碳信托制度功能优势，有效凸显碳资产的商业及社会价值。

2021年7月，人民银行发布绿色金融标准《金融机构环境信息披露指南》（JR/T 0227—2021），为引导、规范金融机构开展环境信息披露提供有力支撑。同月，《环境权益融资工具》（JR/T 0228—2021）金融行业标准发布，为金融机构开展环境权益融资活动提供参考依据。以上两项标准有助于信托公司参与生态环境建设及完善公司治理，有利于信托产品在运行阶段信息披露，也使得信托公司管理产品特别是绿色信托和碳信托更加规范、透明。

碳资产所表征的碳排放权需要折算为二氧化碳当量值，即度量温室效应的基本单位作为计量的标准和依据①，从形式上体现为数字资产，可以理解为，碳资产本身就是一种数字资产，由此，随着科技进步及碳金融覆盖面不断增加，对碳信托数字化管理能力提出了新的要求。碳资产从定价、托管、分配到流转交易全流程均离不开数字化平台，对于核心交易文件、权属证明文件可以利用物联网技术，实现业务全程定位追踪，强化风险管控手段，由此，数字化基础设施建设对于信托公司开展碳信托业务尤为关键。从数字化管理及服务方式的角度来看，碳排放权虽属于无形资产，但仍与其所依托的实体企业或自然人紧密联系。由此可见，物联网与区块链、云计算、大数据等技术相结合能够从环境中采集大量数据，并将实体企业或自然人与碳资产的管理运营相关联，真正有效管理碳资产，实现信托利益。

第四节　典型案例分析

一、ESG责任投资体系创新背景

近年来，随着“碳达峰碳中和”目标的提出，ESG可持续发展迎来重大机遇，科技助推绿色普惠金融成为众多持牌金融机构的战略重点。信托公司也在积极开展ESG探索与实践，将ESG纳入未来规划并贯穿到业务流程中。作为业内的先行者，平安信托利用金融科技将ESG概念渗透信托项目管理流程，促进信托业绿色金融发展。2020年，平安信托全面搭建了ESG责任投资体系，通过风控系统引入由中经社与平安集团联合发布的

① 袁田．“双碳”目标指导下的碳信托创新发展［J］．北大金融评论杂志，2021（8）．

“新华 CN-ESG 评价体系”，将 ESG 理念植入信托项目评审流程，拓展绿色金融纵深边界。

二、金融科技赋能信托公司服务内容

2020 年 12 月，中国平安集团在海南博鳌举行 2020 中国企业家博鳌论坛·中国财富峰会发布新华 CN-ESG 评价体系。该系统是中国平安集团和新华社中国经济信息社在环境、社会和公司治理（ESG）研究合作的一部分，旨在为企业和投资者提供“产品+咨询”一站式解决方案，推动中国的可持续投资和社会发展。该体系参考了境内外与 ESG 相关的合规披露标准，聚焦中国企业 ESG 的核心问题，如当地经济发展阶段和国内监管要求。同时，通过对标国内现有公司治理专业标准和专家访谈方式优化治理维度，使得指标体系更切合中国实际（见图 8-12）。

图 8-12　新华 CN-ESG 评价体系

（资料来源：中国经济信息社）

该评价体系从环境、社会、治理、业务四个维度，融合 41 个行业、400 多个数据点和 40 多个符合境内外要求的行业风险和机遇矩阵指标。该系统采用了前沿技术，包括自然语言处理（NLP）技术、关联分析、机器学习、遥感卫星等，进行数据采集、补充和交叉验证以及基于人工智能（AI）的智能评估。指标评分全部智能化，避免人为主观差异，权重设置贴合市场回测结果，实时进行智能舆情监控，动态发布企业 ESG 评分。此外，除了企业自身表现，还可以通过横向、纵向对比 ESG 数据表现，在综合评价以及环境、社会、治理、业务的细分维度下，对公司历史表现进行对比查看，或在同行业、同地区范围内整体查看目标公司的表现情况及所处位置。基于新华 CN-ESG 评价体系，平安信托将金融科技赋能公司服务内容，创新绿色金融业务发展。

三、创新 ESG 责任体系效果评价

平安信托纳入的新华 CN-ESG 评价体系能够帮助企业和投资者构建符合中国和国际标准的 ESG 系统，为 ESG 风险控制、模型构建和投资组合管理提供科技化工具和数据支持。2020 年，平安信托积极践行 ESG 责任投资理念，聚焦中部、西部民生项目、健康、环保等重点行业，全年累计投入实体经济规模近 3000 亿元，助力实体经济高质量发展。截至 2020 年底，平安信托投向绿色产业业务共 15 笔，存续规模超过 100 亿元；投向环保产业业务共 20 笔，存续规模 130 亿元。截至 2021 年 11 月底，平安信托存续绿色信托规模超过 150 亿元。2021 年，为落实集团绿色金融发展战略，平安信托成立了绿色金融办公室，统筹开拓发展绿色金融业务，并运用领先科技赋能环境保护与治理，打造数字化绿色金融服务平台。

四、案例启示

2020 年，平安信托搭建 ESG 责任投资体系，引入新华 CN-ESG 评价体系，开启信托业数字化经营时代。资金匹配达成率方面，实现资产、资金和产品的线上化和移动化，资金匹配达成率提高 13%；产品创新方面，该体系可以为公司开发多样化的 ESG 产品提供数据支持，对信托公司 ESG 主题产品进行综合评价并改善其 ESG 信息披露程序，发掘盈利因子，为投资者提供参考工具；业务流程方面，借助资金资产撮合模型、项目远程尽调、移动审批，产品创设成立自动化，产品报告、监管报送自动化等智能应用，保障疫情期间业务平稳、高效运转；风险管理方面，持续推动风险管理信息系统建设，提高精细化管理水平，保障信息来源真实性，更好感知 ESG 风险，实现智慧风控管理。

从平安信托搭建 ESG 责任投资体系，引入新华 CN-ESG 评价体系之举可以看出，“科技+金融”的新模式已经成为信托业进一步开拓发展空间、深化战略转型的必经之路，目前仍处于初始探索阶段。如何落实金融科技服务实体经济，支持产业发展，促进普惠金融的战略要求，是包括信托公司在内的金融机构都需要思考的命题。平安信托作为信托行业发展的佼佼

者，在智能营销、智能风控等五大领域近三十个业务场景实现数字化、智能化的同时，将技术优势应用于绿色普惠金融的实践，数智赋能各类民生项目和重点行业。

随着“双碳”目标的提出和一系列绿色金融发展政策的印发，国内绿色金融顶层设计正在逐步完善，绿色发展已进入“快车道”。在此背景下，无论是政策要求、还是金融机构自身发展的需求，都要高效、安全地发展绿色金融，因此，在推动全社会低碳转型过程中，金融科技已成为不可或缺的关键力量。2022 年初中国信托业协会会长姚江涛接受采访时表示：“‘绿色资管’是践行国家‘双碳’战略的重要举措，也是资管机构服务绿色低碳经济发展的时代要求。”由此，信托业将继续加大在绿色信托领域的投资力度，结合金融科技数字化转型，创新信托业务模式，支持中国可持续发展目标实现。

第九章　金融科技赋能绿色金融创新：碳金融

发展碳金融市场作为实现节能减排的手段，受到越来越多国家的重视。碳金融市场是全球气候治理的重要抓手，自 1992 年《联合国气候变化框架公约》签订以来不断发展。按照运行机制作为分类标准，全球碳金融市场主要由基于配额的市场和基于项目的市场两部分构成：前者主要包括欧盟碳排放交易机制（EU ETS）和中国全国碳排放权交易市场（全国碳市场）等；后者最典型包括清洁发展机制（CDM）和联合履约机制（JI），其中，配额型交易市场发展占主导地位。在碳金融市场领域，金融科技可通过夯实数据基础、支持碳金融工具创新、助力个人碳交易、助力碳金融货币结算等方式赋能绿色金融创新。本章围绕我国碳金融发展现状、痛点问题以及金融科技在碳金融领域的运用三个维度对上述议题进行了详细分析与阐述，并结合案例分析了金融科技在碳金融市场上的具体应用。

第一节　碳金融发展现状

碳金融（Carbon Finance）是指所有服务于减少温室气体排放的各种金融交易和金融制度安排。它的兴起源于《联合国气候变化框架公约》（UNFCCC）和《京都议定书》（Kyoto Protocol）两项国际协议。其中，《京都议定书》规定的三种市场机制催生出一个以二氧化碳排放权为标的资产的碳金融市场。

碳金融市场（Carbon Finance Market）有狭义和广义之分。狭义的碳金融市场专指以碳排放权为标的资产的碳交易市场。碳排放权（亦称碳权）通常指权利人在符合法律规定的条件下向环境排放污染物的权利。如果允许这项权利在特定条件下进行交易，便成为可交易的排放权，即“碳排放权交易”。由于在所有的温室气体中，二氧化碳占据了绝对主导地位，因此温室气体排放权的交易简称为“碳交易”，而从事排放权交易的市场被称为“碳交易市场”。

广义的碳金融市场则指与温室气体排放权相关的各种金融交易活动和金融制度安排。它不仅包括碳交易，还包括一切与碳投融资相关的经济活动。具体包括：（1）碳信贷市场，如商业银行的碳金融创新、绿色信贷、CDM 项目抵押贷款等；（2）碳现货市场，如基于碳配额和碳项目交易的市场；（3）碳衍生品市场，如碳远期、碳期货、碳互换、碳期权等衍生产品市场；（4）碳资产证券化，如碳债券等；（5）机构投资者和风险投资者介入的金融活动，如碳信托、碳基金、碳保险等；（6）与发展低碳能源项目投融资活动相关的咨询、担保等碳中介服务市场。

一、国际碳金融发展

碳市场涵盖了配额市场和项目市场，包括各气候交易所的碳金融产品及衍生产品等。国际气候协议是碳市场建立的基础。碳交易概念在 1992 年《联合国气候变化框架公约》中首次被提及，指国家、地区或企业通过合法途径从政府、国际组织或碳排放交易机构获得被允许排放生产过程产生的排放物的权利。此后，《京都议定书》与《巴黎协定》等重要气候协议进一步促进完善碳市场概念。碳市场是碳交易的市场，可分为强制交易市场和自愿交易市场。前者指由国家或地区政府法律明确规定温室气体排放总量，并据此确定纳入减排规划中各企业的具体排放量；后者指企业间通过一定协议，相互约定温室气体减排量，并通过交易调节余缺。

1. 国际气候协议发展历程

（1）《联合国气候变化框架公约》

《联合国气候变化框架公约》（以下简称《公约》）是 1992 年 5 月 22 日联合国政府间谈判委员会就气候变化问题达成的公约，1992 年 6 月 4 日在巴西里约热内卢举行的联合国环境与发展会议（地球环境首脑会议）上通过。

《公约》是世界上第一个为全面控制二氧化碳等温室气体排放，以应对全球气候变暖给人类经济和社会带来不利影响的国际公约，也是国际社会在对付全球气候变化问题上进行国际合作的一个基本框架。《公约》的诞生是人类应对气候变化的里程碑，是国际气候谈判的基石。它是一个具有权威性、普遍性和全面性的国际框架，重点控制大气中二氧化碳、甲烷和其他造成“温室效应”的气体的排放，将温室气体的浓度稳定在使气候系统免遭破坏的水平上。《公约》对发达国家和发展中国家规定的义务以及履行义务的程序进行了一定的区分。《公约》要求发达国家作为温室气体的排放大户，应采取具体措施限制温室气体的排放，还应向发展中国家提供资金、技术等，以支付发展中国家履行公约义务所需的费用。发展中国家要承担提供温室气体源与温室气体汇国家清单的义务，制定并执行包含关于温室气体源与汇方面措施的方案，不承担具有法律约束力的限控义务。《公约》还建立了一个向发展中国家提供资金和技术，使其能够履行公约义务的资金机制。

《公约》将缔约方分为三类，分别为附件Ⅰ缔约方、附件Ⅱ缔约方以及发展中国家缔约方。附件Ⅰ由24个OECD国家（Organization for Economic Cooperation and Development）、欧洲共同体以及11个向市场经济过渡的国家组成，附件Ⅱ由24个OECD国家及欧洲共同体组成。附件Ⅰ缔约方承担减排义务，附件Ⅱ缔约方在此基础上承担为发展中国家提供资金、技术援助等的义务，发展中国家不承担减排义务（见表9-1）。

表9-1 《联合国气候变化框架公约》缔约方

附件Ⅰ缔约方	澳大利亚、欧洲共同体、奥地利、爱沙尼亚、白俄罗斯、芬兰、比利时、法国、保加利亚、德国、加拿大、希腊、捷克斯洛伐克、匈牙利、丹麦、冰岛、爱尔兰、罗马尼亚、意大利、俄罗斯联邦、日本、西班牙、拉脱维亚、瑞典、立陶宛、瑞士、卢森堡、土耳其、荷兰、乌克兰、新西兰、大不列颠及北爱尔兰联合王国、挪威、美利坚合众国、波兰、葡萄牙
附件Ⅱ缔约方	澳大利亚、意大利、奥地利、日本、比利时、卢森堡、加拿大、荷兰、丹麦、新西兰、欧洲共同体、挪威、芬兰、葡萄牙、法国、西班牙、德国、瑞士、希腊、土耳其、瑞典、冰岛、大不列颠及北爱尔兰联合王国、爱尔兰、美利坚合众国

资料来源：根据公开资料整理。

（2）《京都议定书》

《京都议定书》是人类第一部限制各国温室气体排放的国际法案，1997年12月，《公约》第3次缔约方大会在日本京都召开。149个国家和地区的代表通过了旨在限制发达国家温室气体排放量以抑制全球变暖的《京都议定书》。

《京都议定书》建立了旨在落实减排目标的三种灵活履约合作机制，包括联合履约机制（JI）、清洁发展机制（CDM）和碳排放权交易机制（ET），建立了碳排放权的市场交易机制，并实现了AAUs（ET下的配额）、ERUs（JI下的配额）以及CERs（核证减排量）的交易。AAUs可通过免费发放、拍卖等方式获得，而 ERUs 和 CERs 需要经过核证程序。这些机制允许发达国家通过碳交易市场等灵活完成减排任务，而发展中国家可以从发达国家获得相关技术和资金支持，合作实现减排目标。

JI 是指附件 I 的缔约国之间交易和转让由合作项目产生的减排单位 ERUs，使超额排放国家实现履约义务的机制。具体做法是投资国向东道国提供资金技术支持或双方合作开发东道国的项目，从而获得基于项目的 ERUs。由东道国转让给投资国，同时在东道国的配额上扣减相应额度。一般情况下投资国的减排成本较高，通过与减排成本较低的东道国合作开发低成本的减排信用，实现互惠双赢。JI 属于基线减排与信用交易型（Baseline-and-Trade），针对不同项目运用适当方法设定减排基准，该基准线是在没有实施该项目时的合理估计排放量，当企业减排后的排放量低于基准线，则可通过核证获得减排信用用于履约（见图 9-1）。

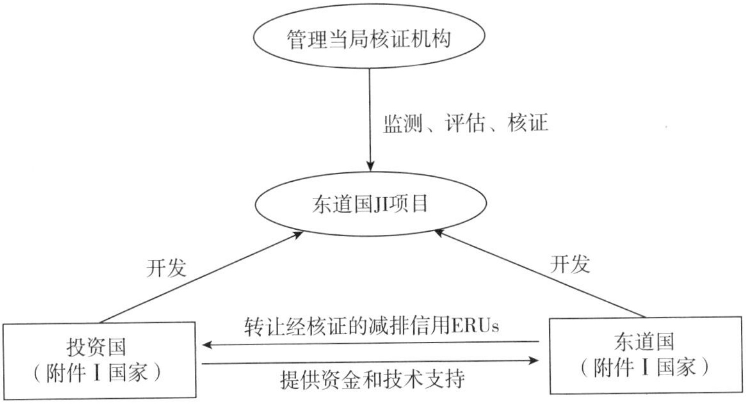

图 9-1 联合履约机制（JI）

（资料来源：杨星．碳金融概论［M］．广州：华南理工大学出版社，2014.）

CDM 是附件 I 的缔约国通过资金支持或者技术援助等形式，与发展中国家开展减少温室气体项目的开发与合作，取得经核证的减排单位 CERs，用于附件 I 的缔约国履约的机制。CDM 也属于基线减排与信用交易型，但与 JI 不同的是，其东道主为非附件 I 国家。CDM 是唯一一个涉及发展中国家的交易机制，不仅为发展中国家开发新能源提供技术支持，还能以低成本开发 CERs，降低履约成本。根据《京都议定书》，CDM 的目的在于协助未列入附件 I 的发展中国家实现可持续发展和达成《公约》的最终目标，同时协助附件 I 的发达国家履行承诺。《京都议定书》还规定，CDM 各方需自愿参加，并证明 CDM 可获得与气候相关的实际可测量的长期效益，同时还要求减排具有额外性，即 CDM 项目活动所带来的减排量相对于基准线是额外的，这种项目及其减排量在没有外来 CDM 支持的情况下，存在一些障碍因素，靠国内条件难以实现（见图 9-2）。

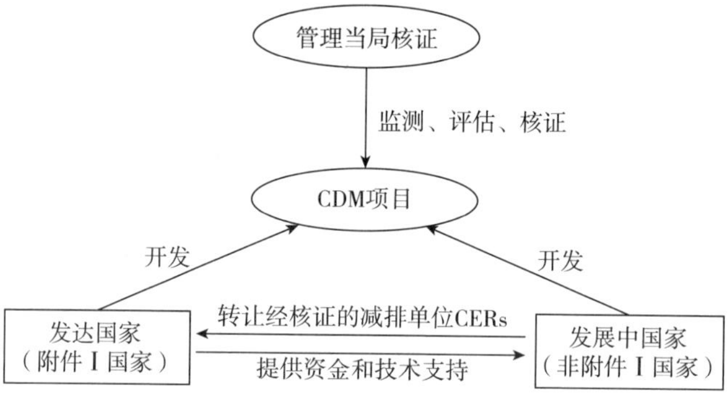

图 9-2　清洁发展机制（CDM）

（资料来源：杨星．碳金融概论［M］．广州：华南理工大学出版社，2014.）

ET 是指附件Ⅰ的缔约国相互间交易转让配额 AAUs，以使超额排放国家通过购买节余排放国家的多余配额，完成减排义务的机制。这是国际碳排放权交易市场的制度基础。ET 属于总量控制与交易型（Cap - and - Trade），即事前设定一个总体排放量上限，转化为一定量配额，再根据成员情况的不同对配额进行分配。它主要利用了不同国家的边际减排成本差异，边际减排成本低的国家可实现超额减排，从而将多余配额出售获益，而边际减排成本高的国家通过购买配额节约减排成本，因为配额交易可实现减排成本的最小化（见图 9-3）。

（3）《巴黎协定》

2015 年 12 月 12 日，举世瞩目的巴黎气候变化大会结束，达成了以《巴黎协定》为核心的一系列成果，标志着全球气候治理进入了新的阶段。《巴黎协定》共 29 条，涵盖了长期目标、减缓、适应、损失损害、资金、技术、能力建设、透明度及全球盘点等主要内容。《巴黎协定》被认为是确立了以“国家自主贡献”为主体的全球气候变化治理体系，是全球应对气候变化努力的里程碑和转折点。

与 1997 年签署的仅要求发达国家减排的《京都议定书》和 2009 年由部分国家提出的《哥本哈根协议》相比较，《巴黎协定》是国际社会采用多边机制，在全球气候治理方面迈出的重要一步，主要有以下四个方面的标志性进步。

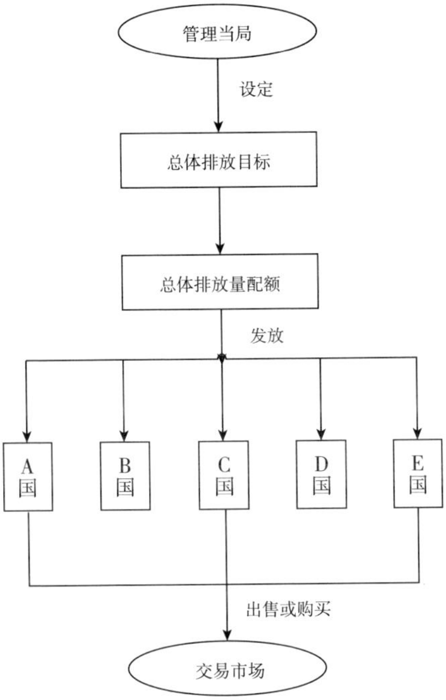

图 9-3 碳排放权交易机制（ET）

（资料来源：杨星．碳金融概论［M］．广州：华南理工大学出版社，2014.）

第一，建立了一套“自下而上”设定行动目标与“自上而下”的核算、透明度、遵约规则相结合的体系。第二，引入“以全球盘点为核心，以5年为周期”的升级更新机制，确保行动与目标的一致性。第三，将“1.5摄氏度温控目标”引入全球气候治理的目标中，体现了空前的气候治理力度。第四，气候变化资金内涵和范围发生变化，成为《巴黎协定》三大目标之一。

2021年11月，作为《格拉斯哥气候公约》（Glasgow Climate Pact）的一部分，格拉斯哥举办的第26届联合国气候变化大会（COP26）上就2015年《巴黎协定》第6条达成了最终协议，完成了此前2018年COP24卡托维兹气候大会未达成一致的国际碳交易规则谈判。其中第6条第2款指出，要为国际减碳合作建立一个会计框架，允许国际碳排放权转让，将多个国家的碳排放交易体系连通，并避免重复计算。第6条第4款指出，要建立一个联合国中央机制，让各个国家经核证的减排量互认互通，并允许一个国家通过交易减排量，去完成其自身的减排目标。有关全球碳市场减排量互认互通的细则谈判计划将在未来2年内完成。

2022年11月12日，在沙姆沙伊赫举办了第27届世界气候大会（COP27），将气候问题的“减缓与适应”扩充至“减缓、适应与损失和损害”，并就此决定建立一项新的基金，以补偿因气候引起的灾害造成的“损失和损害”。

2. 全球碳市场发展情况概述

与2021年相比，2022年全球新增2个国家级碳市场和1个州级碳市场，分别是奥地利、黑山和华盛顿州碳市场。总量方面，至2022年末，全球共有28个碳市场正在运行；有8个碳市场正在建设中，包括哥伦比亚、印度尼西亚和越南的碳市场，预计将在未来几年内投入运行；另外还有12个正在考虑的碳市场。整体而言，欧洲和北美的碳市场发展较为领先。

（1）欧盟碳排放交易体系（EU ETS）

欧盟碳排放交易体系（EU ETS）于2005年初开始运行，目前是全球发展最完善的碳市场，目前有27个成员国和3个非欧盟国家。欧盟碳排放交易体系采用总量交易模式（Cap-and-Trade），各成员国根据欧盟委员会颁布的规则，为本国设置排放上限，并确定纳入企业的范围，向纳入企业分配一定数量的排放许可权（EUA）。如果企业实际排放量少于规定上限，则可将剩余部分在碳市场出售，反之则需要在碳市场购买排放权。目前欧盟碳排放交易体系涵盖了多个行业，包括电力、钢铁、水泥、化工、航天等，其中电力行业是排放大户，约占欧盟排放总量的四分之一。

欧盟碳排放交易体系的配额及其衍生品主要在洲际交易所（ICE）和欧洲能源交易所（EEX）进行。据ICAP统计，欧盟碳市场2009年至2020年通过配额拍卖共获得808亿美元收入，占同期全球碳市场拍卖所得近80%。EU ETS的发展经历了四个阶段的演进过程。①

第一阶段（2005—2007年）：这一阶段是EU ETS的试运营与探索阶段，没有明确的总排放上限，交易品种较少，仅二氧化碳排放权参与交易，覆盖行业也仅限于功率在20MW以上的电力、钢铁行业的大型排放企业。有偿分配尚未大规模应用，这一阶段95%配额都是免费分配的。

第二阶段（2008—2012年）：这一阶段，EU ETS正式开始运营，试运营阶段的配额不可应用于第二阶段产生的排放量履约，也成为导致第一阶段配额价格暴跌的重要原因之一。EU ETS纳入挪威、冰岛和列支敦士登作

① 祁宗超、何超．全球碳市场的建设经验和中国启示．湘财证券［EB/OL］. 2021. https://pdf.dfcfw.com/pdf/H3_AP202109171516816750_1.pdf? 1631907124000.pdf.

为成员，扩大了温室气体排放覆盖规模，同时覆盖行业增加了航空业，在欧盟范围内实行统一的排放上限以取代各成员国的自主决策。此外，虽然有偿分配有所增长，但免费配额占比仅由95%降至90%，未显著改变配额分配机制。

第三阶段（2013—2020年）：这一阶段，欧盟对总量限制政策和配额分配机制分别进行重要改革，要求排放总量每年以1.74%速度下降，另一方面显著提高有偿分配占比，超过半数的配额变为有偿分配，其中电力行业不再获得任何免费配额，只能参与拍卖或在二级市场中购买，免费配额主要集中在钢铁、电解铝等具有“高碳泄漏风险行业”。第三阶段后期，市场稳定储备机制（MSR）于2019年开始运行，旨在通过明确配额管理规则解决配额供需失衡问题，避免频繁的、市场无法预期的行政调控，并提高市场抵御冲击的能力。

第四阶段（2021—2030年）：EU ETS总量限制要求提高，将年度总量折减因子由1.74%提高至2.2%，进一步提高减排速度。配额分配机制方面，第四阶段与第三阶段基本保持一致，未做重大改变，但提出了减少“高碳泄漏风险行业”的免费碳配额计划，并以碳边界调节机制（CBAM）作为配套。2023年4月，欧洲议会正式投票通过了碳边境调节机制。[①]

（2）全球其他主要碳市场

美国第一个强制交易市场区域性排放交易体系（RGGI）于2009年正式生效，目前已覆盖美国12个州，宾夕法尼亚州正考虑加入。它是全球首个完全以拍卖方式进行分配的排放交易体系，一级市场主要以季度拍卖为主，二级市场主要进行碳配额及其金融衍生品的交易，RGGI只针对单一的电力行业。RGGI首个履约期内，实际排放量低于初始配额达35%，供需失衡的市场环境导致碳价持续走低且市场活跃度较差，RGGI从两方面予以应对，一是对初始总量进行削减，二是陆续设计和出台配套的调节机制，包括清除储备配额、成本控制储备（CCR）、碳抵消等。在此影响下，一级市场参与者和拍卖价格双双提高，二级市场流动性明显改善。随着区域温室气体倡议（RGGI）各个成员州通过关于2020年后碳市场运行的相关法规，从2021年起，所有12个成员州均实行更加严格的年度总量减量因子和排放控制储备。

---

① ICAP. EU Emissions Trading System（EU ETS）[EB/OL]. 2021. https：//icapcarbonaction. com/en/？option=com_etsmap&task=export&format=pdf&layout=list&systems%5B%5D=43.

美国加利福尼亚州（以下简称加州）于2006年通过了《全球温室效应治理法案》，要求到2020年将温室气体排放降至1990年水平。为了实现这个减排目标，加州制定了包括碳排放权交易在内的多个行动计划。加州的碳排放权交易机制于2013年1月开始执行，涉及加州境内358家企业的600多座设施，包括水泥厂、钢铁厂、食品加工企业、电力公司和炼油厂等，涉及的排放占加州排放量的85%。关于加州碳市场立法的修正案于2021年1月生效。这些修正案包括调整配额价格控制机制、减少抵消信用的使用额度，以及在2030年之前更大幅度地降低总量。此外，加州和魁北克的碳市场已从2014年1月开始实现连接，互相认可对方的碳配额和碳抵消信用，共用一个登记系统拍卖平台、市场运营和监管信息等，但在管理上保持独立。

德国在2021年1月启动了从上游覆盖供暖与运输行业的全国碳市场。由于欧盟碳市场覆盖了德国的能源、制造业和国内航空业，这一德国国家碳市场的启动，使得德国大多数的行业部门都已被碳市场覆盖。德国国家碳市场将分阶段逐步实施，2021年到2025年实行固定价格机制，并将逐年提高每吨二氧化碳的价格。从2026年开始价格将按市场供需，以拍卖确定。德国碳市场纳入的是欧盟碳市场之外的行业，而这些行业的减排目标是由并根据《欧洲共尽职责条例》对每个成员国进行规定的减排目标确定其年度减排目标。因此，德国碳市场是根据这一目标来确定其年度减排目标的。

英国正式脱欧后，在2021年初启动了自己的国内碳市场，2020年是欧盟碳市场覆盖英国的最后一年。英国碳市场机制安排与欧盟碳市场第四阶段的设计基本一致。总量最初设定为比英国在欧盟碳市场中名义上的总量份额低5%。总量将逐年下调，并与英国的法定净零目标保持一致。英国正在考虑将其碳市场的覆盖范围扩大到电力、工业和国内航空以外的行业，并表示愿意与包括欧盟碳市场在内的其他体系探讨联系。

韩国于2015年1月启动了全国性碳排放权交易市场（KETS），韩国碳市场覆盖了八大行业：钢铁、水泥、石油化工、炼油、能源、建筑、废弃物处理和航空业，纳入排放规模占全国温室气体排放总量的68%。韩国在全面启动碳排放权交易市场前就已经通过相关立法来界定参与企业，规范交易形式，其中起到重要作用的有《低碳绿色增长基本法》和《温室气体排放配额分配与交易法》，其为韩国碳市场的开展奠定了坚实的法律基础。

此外，韩国政府先后颁布了《温室气体排放配额分配与交易法实施法令》（2012 年）、《碳汇管理和改进法》及其实施条令（2013 年）、《碳排放配额国家分配计划》（2014 年）以及其他相关法律配套制度等，从立法层面上保障了韩国碳排放权交易体系的顺利运行。韩国于 2021 年开始进入国家碳市场的第三阶段。在这一阶段实行了更加严格的排放上限，更新了配额分配规则，并允许金融中介以及其他第三方机构参与二级市场。第三阶段的拍卖比例也提高到 10%，同时减少了所允许的抵销额度。这一碳排放权交易体系的覆盖范围未来将扩大到建筑业和大型运输公司。此外，韩国在 2020 年宣布了至 2050 年实现净零排放的长期目标，预计将在未来几年制定新的气候政策框架，为实现这一目标铺平道路。

日本尚未在全国层面建立碳市场，但是在东京建立了城市级别的东京都碳市场，覆盖了年能源消耗量 1500 千升原油及以上的 1200 家大型工商业场所，其中包括 1000 家商业、公共场所和 200 家工业场所，主要限制控排场所的电力消耗，即间接排放。东京都碳市场控排对象可自主提出减排目标、选择配额分配方法，而并非由政府强制决定，制度设计以鼓励为主，控排对象即便没有完成减排目标也不会被施以高额经济处罚。2021 年 9 月，日本经济产业省表示，作为到 2050 年实现碳中和目标的一部分，计划在 2022 年 4 月至 2023 年 3 月，启动全国示范性碳信用额度交易市场，以大力推动碳减排货币化，鼓励更多本土企业自主减排，同时也向跨国公司开放，预计将有 400～500 家公司参与其中，同时将向东盟国家开放，同时也欢迎欧洲和美国等其他国家的企业。参与者可以通过购买碳信用额度来完成自己的减排任务，同时也可以将未使用的额度进行出售。

3. 国际碳金融产品发展情况

碳金融产品是指以碳排放权为基础形成的金融衍生产品。参考《欧盟金融工具市场法规》（Markets in Financial Instruments Directive，MiFID）中的分类方法，可以将碳金融产品分为交易型工具、融资型工具和支持型工具三大类。交易型工具主要包含碳期货、碳期权、碳远期、碳掉期、碳基金和碳债券等。融资型工具则包括碳质押、碳回购和碳托管等。碳市场支持型工具包括碳指数和碳保险等。其中，以碳期货为代表的交易型工具是目前最主要的碳金融产品，其与碳现货交易共同构成了碳市场的核心。

纵观全球，不论是欧盟碳交易体系（EU ETS）还是美国区域温室气体减排倡议（RGGI），在碳市场设计过程中均同时考虑碳现货与远期、期货等衍生品交易工具，从而构成完整的碳金融市场体系。EU ETS 的主要交易场所欧洲气候交易所（ECX）和欧洲能源交易所（EEX）自 2005 年碳市场启动伊始，便同时开展碳配额（EUA）以及核证减排量（CER 和 ERU）的现货、期货与期权交易，为强制控排企业和自愿减排项目参与者提供高效便捷的风险管理工具。在美国 RGGI 碳交易体系中，期货交易甚至早于现货出现。RGGI 的现货交易于 2009 年 1 月启动，而芝加哥气候交易所（CCX）在 2008 年 8 月便已经开始 RGGI 期货交易。期货先于现货推出，不仅为控排企业对冲碳价风险提供了管理手段，而且期货的价格发现功能也为 RGGI 碳排放权的初次分配提供了重要的价格参考。

随着全球气候意识的逐渐觉醒和全球气候行动的不断加码，国际碳排放权二级市场交易活跃度持续提升。以欧盟为例，EU ETS 自 2021 年初进入第四阶段后，配额发放逐渐收紧，有偿拍卖比例和配额抵减速度进一步上调。2021 年欧洲受到干旱影响清洁能源发力不及往年，叠加俄乌冲突导致外部石油、天然气供应不足，带动了市场对高碳能源的需求，并引发了对碳配额长期需求的增加，导致 EUA 配额价格持续高涨，并于年底攀升至接近 100 欧元/吨的高位（见图 9-4）。

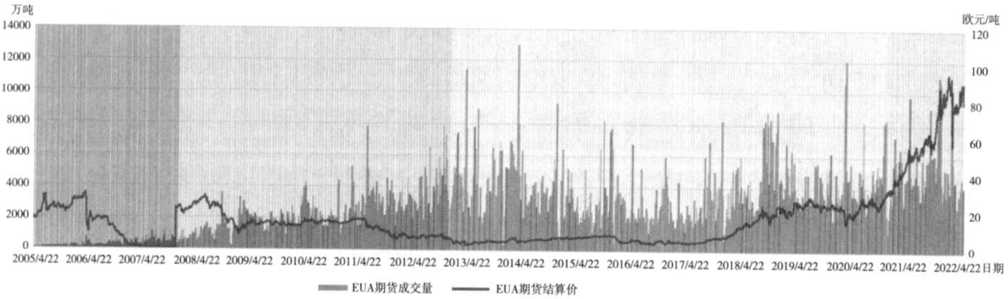

图 9-4　欧盟碳排放期货成交量和结算价历史走势

二、国内碳金融发展

我国碳金融市场发展历程可以分为三个阶段：第一阶段始于 2005 年，我国开始通过清洁发展机制（CDM）项目参与国际碳金融市场；第二阶段始于 2011 年的总量控制下的试点碳交易市场，围绕试点碳市场碳配额的总量控制交易和国家核证自愿减排量（CCER）的碳抵消机制展开，但总体上仍处于建设初期；第三阶段即全国碳市场于 2017 年启动建设，并于

2021 年 1 月 1 日正式进入第一个履约期，正式建立全国范围内的统一碳价机制。

目前，中国碳金融市场存在碳排放权交易法律法规不健全、统一的碳交易市场尚未形成、市场活跃度低，交易集中在履约期月份，以及跨部门监管机制尚未建立等问题。金融科技在碳金融市场建设中，可以逐步为碳金融市场相关低碳信贷业务、碳金融产品评估、碳金融货币结算、个人碳交易，以及碳排放权交易机制完善提供技术支撑。

1. 试点碳市场

自 2011 年起，我国在北京、天津、上海、重庆、湖北、广东、深圳、福建陆续建立区域性碳排放权交易试点。2012 年至 2014 年，试点地区相继针对碳交易管理办法、MRV（监控、报告与核实）方法及规则、配额分配制度和交易相关制度等碳交易制度出台一系列政策文件，为试点碳市场建立打下基础。2013 年，各试点碳市场相继启动，并在此后的发展过程中不断完善各项制度，并对碳远期、碳掉期等碳金融衍生品进行了探索。

2021 年，试点碳市场在疫情与经济压力下保持稳定，成交额小幅增长。根据万得数据统计，截至 2021 年 12 月 31 日，试点碳市场累计配额成交量约 5 亿吨二氧化碳当量，成交额约 120 亿元。[①] 2021 年中国试点碳市场总成交量受疫情等多种因素影响有所下降，但广东、湖北、深圳等规模较大的试点碳市场成交均价继续上升，因此总成交额出现小幅上涨，显示良好发展趋势（见图 9-6）。

2022 年地方试点碳市场总体成交量呈现下降的态势，由 2021 年的 6157.5 万吨下降到 5056.9 万吨，总量下降超过 1100 万吨，降幅达 18%。逐个市场来看，大部分试点碳市场的交易活跃度出现下降，仅湖北、上海和福建碳市场的成交量有所增加[②]（见图 9-5）。

① 国务院新闻办公室．中国应对气候变化的政策与行动［EB/OL］．2021. http://www.gov.cn/zhengce/2021-10/27/content_5646697.htm。

② 中央财经大学绿色金融国际研究院．2022 中国碳市场年报［R］．2023.

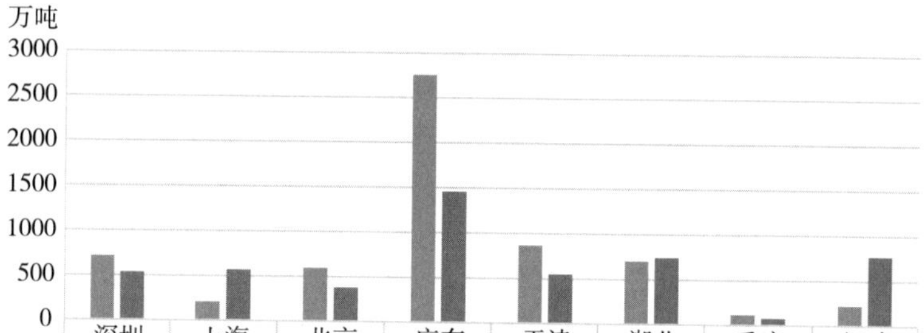

	深圳	上海	北京	广东	天津	湖北	重庆	福建
■2021年总成交量	710	206	594	2751	862	699	115	222
■2022年总成交量	531	565	375	1461	545	739	76	766

■2021年总成交量 ■2022年总成交量

图 9-5 2021—2022 年试点碳市场总成交量

（资料来源：各试点交易所，wind，2022. 中央财经大学绿色金融国际研究院整理）

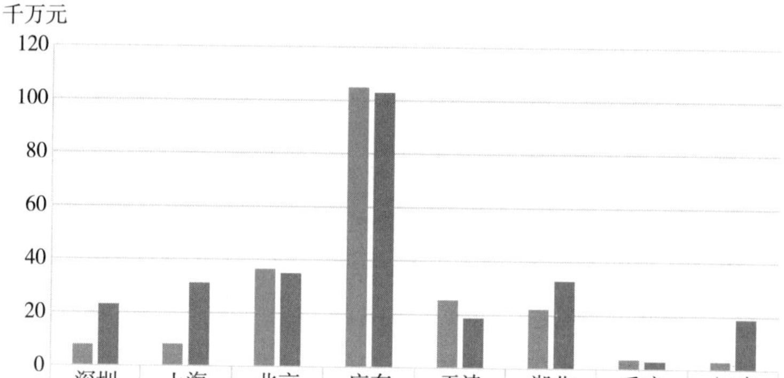

	深圳	上海	北京	广东	天津	湖北	重庆	福建
■2021年总成交额	8	8	36	105	25	22	4	3
■2022年总成交额	23	31	35	103	19	33	3	19

■2021年总成交额 ■2022年总成交额

图 9-6 2021—2022 年试点碳市场总成交额

（资料来源：各试点交易所，wind，2022. 中央财经大学绿色金融国际研究院整理）

2022 年，从各试点碳市场规模占比来看，广东碳市场交易量 1460. 91 万吨，交易金额 10. 3 亿元，分别占全国碳交易试点 28. 9%和 38. 8%，相比 2021 年占比相对减少，但仍位居全国试点碳交易首位，维持整体占比最高的趋势。整体来看，上海、湖北和福建试点碳市场成交量提升的同时，在整体试点碳市场中的占比也在提升，深圳、上海、湖北和福建试点碳市场的成交额占比相比于 2021 年亦有所提升。2022 年重庆试点碳市场的规模占比相对较小，其余试点碳市场规模占比更加均衡化（见图 9-7 和图 9-8）。

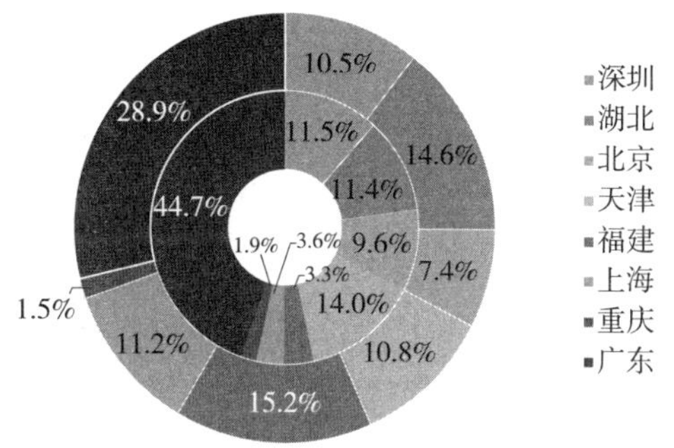

图 9-7　试点碳市场 2021—2022 年度成交量占比变化

（资料来源：各试点交易所，wind，2022. 中央财经大学绿色金融国际研究院整理）

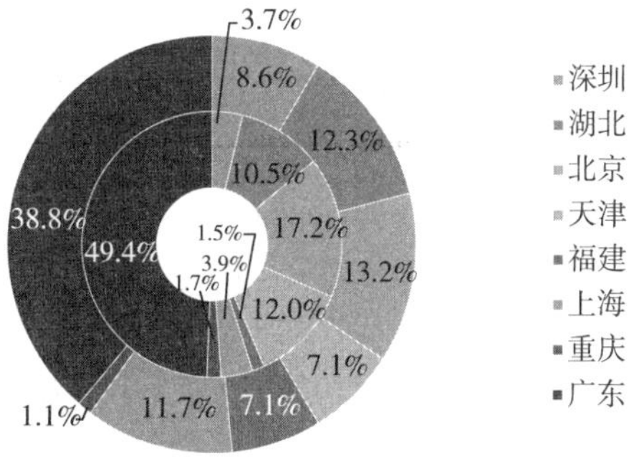

图 9-8　试点碳市场 2021—2022 年度成交额占比变化

（资料来源：各试点交易所，wind，2022. 中央财经大学绿色金融国际研究院整理）

2. 全国碳市场

2021 年是中国全国碳市场（以下简称全国碳市场）的首个履约期，自 2021 年 1 月 1 日开始至 12 月 31 日止，首批纳入发电行业重点排放单位共 2162 家，覆盖二氧化碳排放量约 45 亿吨，成为全球覆盖排放量规模最大的碳市场。截至履约日，重点排放单位一次履约率高达 99.5%，第一个履约期顺利收官。

2021 年全国碳市场总体进展顺利，碳配额累计成交 1.79 亿吨，成交额为 76.61 亿元，远超试点碳市场规模；履约完成率达 99.5%，市场运行平稳，风险可控，为未来进一步扩大碳市场规模奠定良好基础。全年碳配额均价为 42.85 元/吨，最高达 62.29 元/吨，履约截止日收盘价为 54.22 元/吨，相比开盘价上涨 13%。整体而言，全国碳市场碳价高于大多数试点碳市场，且更稳定，有利于企业加快低碳转型进程，助力实现双碳目标（见图 9-9）。

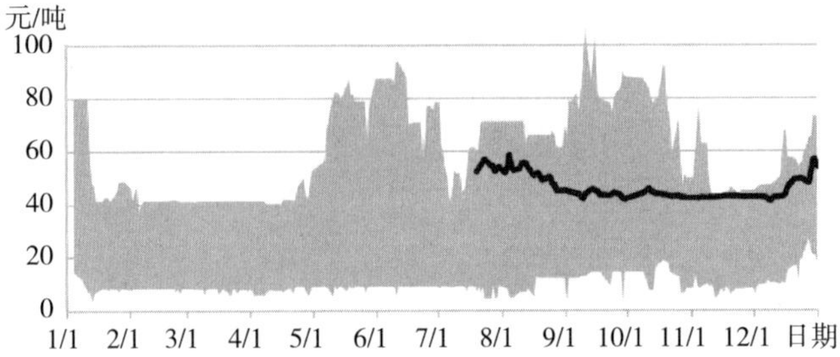

注：黑线表示全国碳市场挂牌协议交易碳价，灰色区域为试点碳市场价格区间。

图 9-9 全国碳市场与试点碳市场碳价对比

（资料来源：上海环境能源交易所，各试点交易所，Wind 数据库中央财经大学绿色金融国际研究院整理）

2022 年，CEA 成交量 5088.9 万吨，成交额 28.1 亿元，同比 2021 年分别大幅下降 71.54%和 63.27%。原因主要是我国碳市场目前的履约周期安排为两年履约一次，2022 年底并无履约清缴要求。根据生态环境部发布的《2021、2022 年度全国碳排放权交易配额总量设定与分配实施方案（发电行业）》，全国碳市场要求重点排放单位于 2021 年 12 月 30 日完成对 2019—2020 年第一履约期实际排放量的履约清缴。相应的，全国碳市场 2021—2022 年第二履约期的实际排放量需要于 2023 年 12 月 30 日完成清缴（见表 9-2）。

表 9-2 2021—2022 年全国碳市场年度成交情况

年份	成交总量（万吨）	成交总额（亿元）	挂牌成交量（万吨）	挂牌成交额（亿元）	大宗协议成交量（万吨）	大宗协议成交额（亿元）	成交均价（元/吨）	收盘价（元/吨）
2021	17878.93	76.61	3077.46	14.51	14801.48	62.10	42.85	54.22
2022	5088.95	28.14	621.90	3.58	4467.05	24.56	55.30	55.00
年度变化	-71.54%	-63.27%	-79.79%	-75.33%	-69.82%	-60.45%	+29.05%	+1.44%

资料来源：上海环境能源交易所。

2022 年的 CEA 成交总量中，挂牌协议年成交量 621.90 吨，年成交额 3.58 亿元，分别占年成交总量和总额的 12.22%和 12.72%。CEA 挂牌交易的最高成交价为 61.60 元/吨，最低成交 50.54 元/吨，成交均价位 55.30 元/吨，同比增长 29.05%，年终收盘价为每吨 55.00 元/吨，较上年度最后一个交易日上涨 1.44%。

2022 年 CEA 大宗协议成交量 4467.05 万吨，年成交额 24.56 亿元，分别占 CEA 年成交总量和总额的 87.78%和 87.28%。连续两年 CEA 的成交方式结构中都呈现出协议成交为主的特点（见图 9-10）。

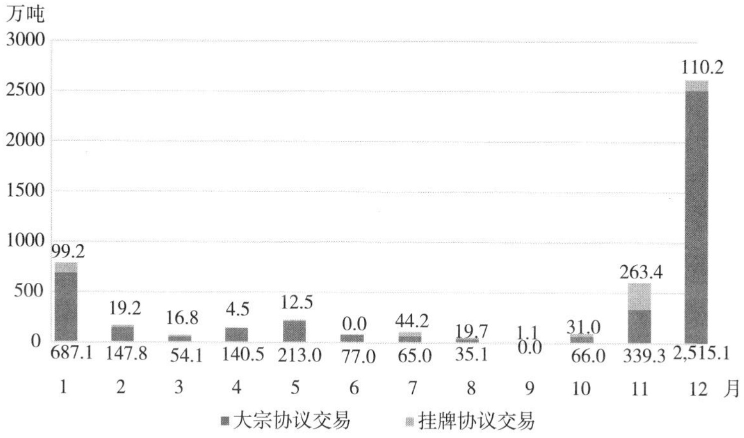

图 9-10　全国碳市场 2022 年每月交易量

（资料来源：上海环境能源交易所）

年内的成交量方面，2022 年全国碳市场每个交易日都有交易，日均成交量为 21.03 万吨。市场的交易呈现明显的季节性，体现为交易主要集中在年初和年末。其中 1 月、2 月成交量分别为 786.25 万吨、167.06 万吨，共占全年总成交量的 19%。11 月全国碳市场交易量明显增加，并于 12 月实现激增，11 月、12 月成交量分别为 729.84 万吨、2625.30 万吨，共占全年总成交量的 66%（见图 9-11）。

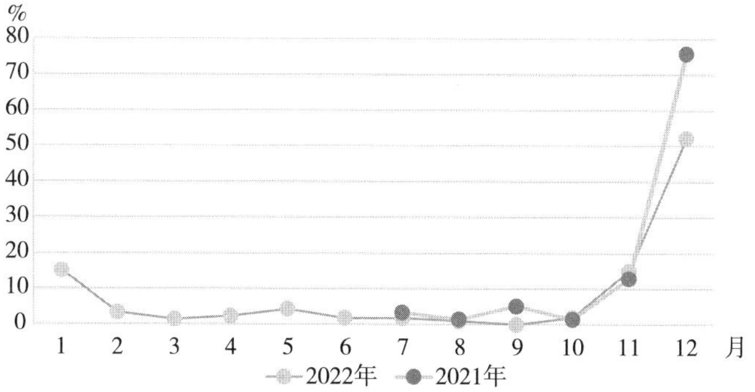

图 9-11　全国碳市场各月成交量占总成交量的比例

（资料来源：上海环境能源交易所）

第二节 碳金融发展痛点问题

发展碳金融是应对气候变化行动的一部分，面临与气候行动同样的难题。包括二氧化碳在内的大多数温室气体是具有全球一致特点的，即任何一处产生的排放对气候变化的贡献相同，相应地，任何一处减排行动对减缓气候变化的贡献也相同。因此，应对气候变化具有典型的公共品性质，使气候这一公共资源被过度使用，同时使得应对气候变化行动成为了正外部性极强、易在全球范围内产生广泛“搭便车”效应的公共品。碳金融领域各类蓄意逃避责任以实现“搭便车”效果、享受他人应对气候变化行动成果的行为也广泛存在，且与金融科技发展存在一定关联。本节旨在梳理碳金融市场中存在的主要痛点问题，未来通过加大金融科技的运用，这些问题或许有望缓解和得到解决。

一、碳市场欺诈现象阻碍其健康稳定运行

碳市场是通过市场机制促进减排的政策工具，其市场属性导致通过漏洞获取非法收益的现象始终存在，碳金融发展过程中存在部分群体利用投资者对应对气候变化的关注而骗取利益，造成多种欺诈现象。具体而言，主要包括投资欺诈、交易欺诈和公众利益欺诈三个类别。①

1. 投资欺诈

由于投资者无法直接观察到投资价值所在，同时也对碳金融投资项目缺乏了解，对风险、流动性等缺乏认识，需要相关制度和政策来约束中间人，要求其具备一定资质，并遵守诚信原则、如实披露相关信息，不以谎报、虚报、遗漏、隐瞒等方式进行误导。当交易平台不成熟、交易制度不完善时，投资欺诈就可能出现。

如澳大利亚电话营销机构 Western Field Holding Inc（WFH）通过打电话给客户讨论环境问题以制造骗局，引诱他们投资“境外碳信用”项目与产品，并建立了一个貌似真实的网站，用假的“投资证书”来获得投资者的信任，而实际上这些碳信用投资项目并不存在，因而投资者购买的投资证

① 唐希音 . 国际碳市场中的金融欺诈及其分析 . [EB/OL]. 2019. https：//www. arx. cfa/~/media/47637C8E90034F45A3022312D1C48167. ashx.

书也无法满足其购买需求。[①] 另一个案例中，Shift2Neutral 是碳抵消市场的一个高风险经纪人。该公司及其合作伙伴曾经与刚果各省、部落首领和土地所有者签署环境合同与可再生能源协议，声称其目的是保护森林、动植物和提高人民生活水平。此后，该协议被宣布无效，但 Shift2Neutral 并没有在其网站上公布这一点。此外，它的网站只公布了自己的认证标准和项目的笼统描述，没有说明具体的碳减排效果。通过这种方式，这些经纪商向投资者出售无权交付的项目。[②]

2. 交易欺诈

交易欺诈在过去主要产生了三种类型：增值税欺诈、价格操纵和碳信用非法回购。

（1）增值税欺诈

增值税欺诈主要发生在欧盟碳市场中。由于欧盟成员国间实施关税同盟，欧盟成员国间跨境碳交易无须缴纳增值税，而国内碳交易需缴纳，为借助碳市场进行增值税骗税提供了可乘之机。增值税骗税案件主要发生在 2008 年和 2009 年，欧盟各国发现查处的碳交易增值税骗税案件超 120 起，给欧盟各成员国造成的直接财政损失总额高达 50 亿欧元。欧盟碳市场中发现的增值税骗税是利用税收处理延时性和交易者身份信息校验不严格等监管疏漏实施的。增值税欺诈基本模式为：欧盟 A 国交易商从欧盟 B 国购买大量碳信用额度，然后在 A 国以包括增值税在内的溢价出售，并将其据为己有，甚至在两者之间反复交易同一批货物，以此持续获利（见图 9-12）。[③]

（2）价格操纵

碳排放交易中价格操纵的实质是在实际控制人相同的两家公司间进行交易，人为操纵价格，利用避税天堂来降低税费获取收益。A 公司需要额外购买碳信用来抵消自己的碳排放量。A 公司在非洲持有子公司 B，专门投资绿色项目以生成所需的碳信用额度。B 公司先以极低的价格出售碳信用额度

---

① SCAMwatch. WesternField Holdings Inc. carbon credit investment scams [EB/OL]. 2010. https://www.scamwatch.gov.au/news-alerts/westernfield-holdings-inc-carbon-credit-investment-scams.

② REDD-Monitor. Supreme Court finds Shift2Neutral issued "fake" and "valueless" carbon credits [EB/OL]. 2014. https://redd-monitor.org/2014/02/20/supreme-court-finds-shift2neutral-issued-fake-and-valueless-carbon-credits/.

③ Frunza, M., Guegan, D. and Thiebaut, F. Missing Trader Fraud on the Emissions Market [J]. Journal of Financial Crime, 2011.

给 C 公司（低利润低税负），C 公司再以极高的价格出售给 A 公司（避税地无税负），如此能以极低的税费获得了极高的利润（见图 9-13）。

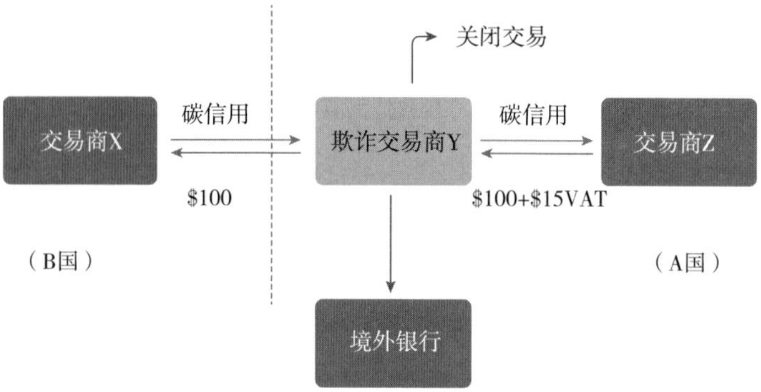

图 9-12　增值税诈骗流程

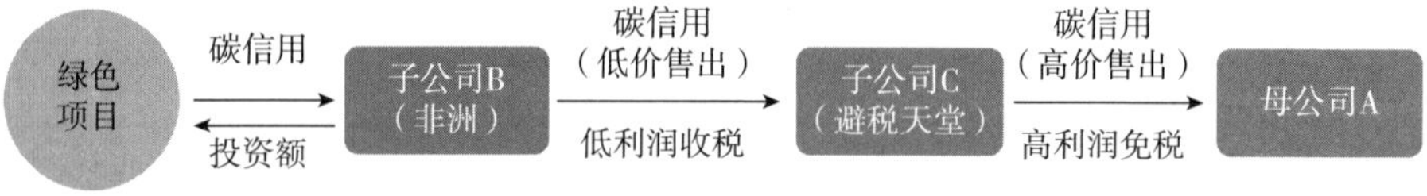

图 9-13　碳交易价格操纵流程

（3）碳信用非法回购

碳信用非法回购主要是指在自愿市场和强制市场上重复计算碳信用额度。正常情况下，已使用的碳信用被发行机构确认回收以后就能进行二次出售。尽管降低了重新发行的交易成本，却也增加了转售中的欺诈风险。一种欺诈模式是不法分子利用这两个市场间的漏洞，将在一个市场上使用过的碳信用额度在另一个市场再次出售。化工企业罗地亚和水泥企业拉法基就曾被指控在使用 CDM 项目中获得的减排额度来完成自愿的企业减排目标以后，还将这些额度以盈利的价格进行出售，造成了重复计算。另一种模式为已被使用过的碳信用额度经折价售出后，购买者迅速以高价转售给场外交易市场中不知情的购买者。匈牙利曾经爆发过类似的丑闻。匈牙利政府将从企业处回收的 200 万欧元碳配额强制市场出售给日本的自愿碳市场，但事实上这些碳信用经过数次转手后又回到了欧洲市场。二次出售在日本是合法的，而在欧洲则是被禁止的。最后这个事件导致了碳信用现货价格的崩盘（见图 9-14）。[①]

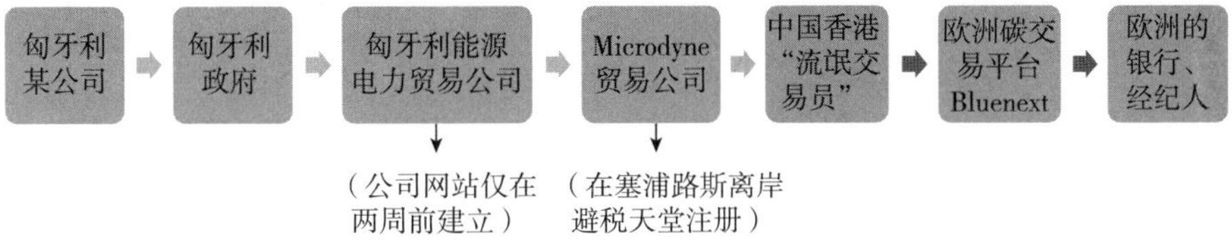

图 9-14　碳信用非法回购流程

3. 公众利益欺诈

在缺乏足够规制的碳减排项目发展过程中，有时其运作或盈利是以牺牲更广泛的公众利益为代价，甚至还会加剧全球变暖。如 CDM 机制将发达国家与发展中国家联系在一起，发达国家向发展中国家购买碳排放额度，在低成本完成自身减排指标要求的同时，给予发展中国家资金和技术上的支持，从而理论上实现“双赢”。然而，现实中这却可能导致“碳殖民”与“绿色掠夺”，导致发展中国家居民的公众利益被减排项目绑定，丧失进一步发展的机会。[②]

另外，CDM 项目还需通过国家指定的权力机关进行批准，容易滋生腐败问题。这个问题主要出现在发展中国家建设森林碳汇项目并用于发达国家的碳抵消中。如在巴布亚新几内亚和秘鲁，私营开发商和非政府组织曾劝说当地的土著领导人签字放弃对热带雨林的权利。而土著人民迫于压力，在无法获知实情的情况下，签署了那些有问题的“碳协议”。此外，巴布亚新几内亚的官员也被人指责伪造碳信用证书作为碳信用交易的凭证来应付当地领导人。[③]

二、MRV 制度保障能力不足

MRV 即为监测、报告与核查，是碳市场主管部门确定控排企业实际排放量和配额发放依据的核心环节。一个健全有效的 MRV 体系能够在最大程

---

① The Economist. The wrong sort of recycling Hungary's sale of used carbon credits damages investor confidence [EB/OL]. 2010. https://www.economist.com/finance-and-economics/2010/03/25/the-wrong-sort-of-recycling.

② Lyons, K. and Westoby, P. Carbon colonialism and the new land grab: Plantation forestry in Uganda and its livelihood impacts [J]. Journal of Rural Studies, 2014. https://doi.org/10.1016/j.jrurstud.2014.06.002.

③ Walters R. and Peter M. Crime and the Commodification of Carbon [EB/OL]. 2013. http://ndl.ethernet.edu.et/bitstream/123456789/71299/1/Reece%20Walters.pdf#page=100.

度上确保企业碳排放和活动数据的真实准确，是碳交易市场稳定运行的前提和基石。当前，世界各主要碳市场旨在保障碳市场信息准确的 MRV 制度都以排放主体、管理机构和第三方核查机构为主体。各碳市场的稳定运行都有赖于控排企业排放数据的准确性，但由于直接测量二氧化碳排放量成本较高，中国以及国外的碳市场大多以参数核算的方法计算碳排放量。从技术角度看，计算出来的碳排放数据，5%以内的偏差难以避免，但在政策标准有缺失、监管不够严格的情况下，就会出现数据造假等违规现象（见图 9-15）。①

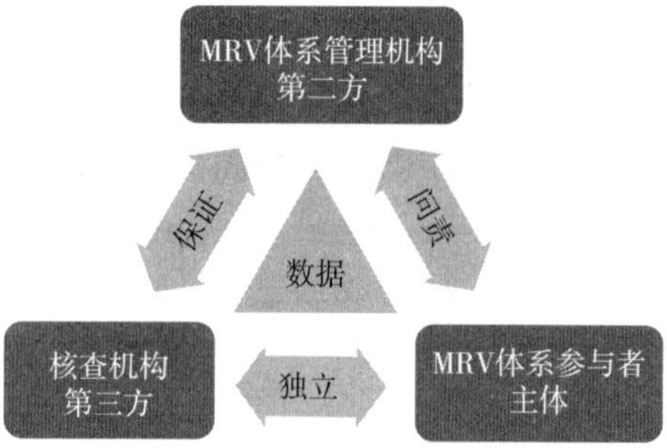

图 9-15　碳市场 MRV 体系结构

全国碳市场启动后，纳入控排名单的重点排放单位必须从碳市场购买配额以完成其超额碳排放量的履约。全国碳市场碳价在 2021 年 12 月运行至 50 元/吨左右，一家年碳排放量 1000 万吨的控排企业，若能通过 MRV 制度漏洞操纵数据，将排放量降低 10%～30%，则可减少 0.5 亿元至 1.5 亿元的支出，对企业有巨大诱惑力。事实上，全国碳市场已经出现排放数据造假的案例。此后生态环境部立刻组织各地方生态环境厅开展自查自纠，严厉打击 MRV 造假等危害碳市场稳定运行的行为。

该类造假事件出现的原因在于虽然当前 MRV 体系已较完善，但仍无法绝对避免数据造假的空间。由于企业的减排成本由自己承担，减排获利却是全球性的，即减排行为具有显著正外部性，成本利益分配高度失衡，因此企业在逐利情况下天然具有通过数据造假以降低成本的倾向。

实际上，上述鄂尔多斯集团 MRV 造假事件既反映出我国 MRV 体系建设尚不完善，同时也暴露出重点控排企业在接受宣贯教育方面的欠缺。根

① 生态环境部．企业温室气体核查指南（试行）[EB/OL]．2020. http：//www. mee. gov. cn/xxgk2018/xxgk/xxgk06/202012/W020201216546527651537. pdf.

据《2021 年中国碳价调查报告》的统计结果，仅有 5%和 4%的受调查控排企业表示能够熟练使用碳市场的注册登记系统和交易系统。在全部受访者中，有超过 45%和 41%的受访者认为“碳排放核查”和“碳排放监测”报告需要更完善的能力建设，而且这一比例在控排企业受访者中进一步提升至 49%。

三、全国碳市场碳金融工具供给不足

当前，全国碳市场虽已取得一定发展，运行较为稳定，但以碳配额为基础的碳金融相关工具创新仍然不足。

目前最主要以全国碳市场碳配额为基础的碳金融工具是碳排放质押贷款，虽然总量已超过 15 亿元，但这个规模和碳市场总覆盖规模相比仍然过小。由于全国碳市场覆盖的发电行业是我国碳排放总量最大的行业，年排放二氧化碳超过 40 亿吨，以 40 元/吨的碳价来计算的话，碳配额质押贷款总规模上限在千亿级别，当前仅仅开发了全部市场潜力的约 1%。

其他碳排放权相关金融创新工具在试点碳市场也曾出现，如 2021 年 1 月兴业信托与福建三钢闽光以 100 万吨福建试点碳市场配额为基础共同开发了 1000 万元规模的碳排放权绿色信托。① 但总体而言，限于创新业务的开拓难度、能力建设不足、配套政策制度仍待完善等原因，目前以碳配额为基础的各项金融工具开发仍然滞后。

全球范围来看，碳期货等碳金融衍生品在发展过程中也涌现了不少问题和经验教训，值得我国去借鉴吸取，特别是金融衍生品最常涉及的内幕交易和过度投机。2021 年 11 月下旬，受能源价格不断上涨的影响，欧盟碳价屡创新高接近 80 欧元/吨，自 10 月中旬以来涨幅接近 50%。波兰和捷克等碳赤字成员国及其国内控排部门难以承受如此飙涨的碳成本，指责欧盟碳排放交易市场存在期货期权的过度投机，呼吁展开监管调查。最终经过调查，欧洲证券与市场管理局发布初步报告，认为碳市场不存在操纵或过度投机，市场中投资基金份额偏低，只占 8%，价格上涨主要是由于政策和经济因素。尽管最后的调查结果并未找到市场操纵和过度投机的证据，但是这种风险在碳期货市场中却尤为突出，对碳市场体系的高效有序运行构成很大威胁。

---

① 中国环境报．福建首单碳排放权绿色信托发行 破解工业企业资金短缺难题［EB/OL］. 2021. http：//dgepb. dg. gov. cn/ztlm/cjgjstwmjssfszl/stjy/content/post_3466922. html.

第三节 金融科技在碳金融领域的运用

金融科技在碳金融领域的应用，是碳金融发展过程中自发衍生出的实际需求，不仅可以给消费者带来下游效益，也可以给监管机构、企业和金融机构带来上游效益。这些数字工具可以改善普通公民和机构的财务决策，帮助人们在储蓄、消费和投资时能够优先考虑可持续发展的方式，进一步推动权责一体化。金融科技能够帮助政府管理部门和企业获取与温室气体排放有关的各种信息，规范碳核算，实现碳资产管理数字化，丰富监管工具箱。通过数字技术提升碳排放数据获取、传递、存储、计算的能力，提高统计的精准性、便捷性、安全性、可信性和高效性，助力碳排放核算的实时化、精准化和自动化，促进碳金融高效运转。

金融科技对碳金融现存问题的解决具有促进作用。金融科技可作为碳金融市场基础设施的一部分，如区块链去中心化、透明安全、不可篡改、信息可溯的技术特征，可以保障数据质量，提高碳配额、碳信用额度的可信度和与实际需求的匹配程度，以及加强配额流通、交易等各环节建设，从而赋能碳市场，提高碳金融整体运行效率、促进充分发挥碳市场作为气候减缓重要政策工具的作用。① 另外，随着数据质量提高，碳金融工具创新也更具备可操作性。数字技术与碳金融深度融合，可在客户筛选、投资决策、交易定价、投/贷后管理、信息披露、投资者教育等方面提供更多支持。

一、区块链等技术夯实碳市场数据基础

区块链是一种新型信息记录方式，即分布式账本，通过数据“上链”解决可信度、协同性、透明度等问题开始成为政企等机构的选择。区块链具有去中心化、防篡改、可追溯、全程留痕等技术特点，能够较完好地支撑碳足迹全生命周期的可信记录、碳排放全要素的可信流转，推动数字化溯源和管理全生命周期碳足迹，可为碳交易场景提供更安全、更高效、更

① GFMA. Unlocking the Potential of Carbon Markets to Achieve Global Net Zero [EB/OL]. 2021. https://www.gfma.org/wp-content/uploads/2021/10/unlocking-the-potential-of-carbon-markets-to-achieve-global-net-zero-full-report-consolidated-vfinal1.pdf.

经济的市场环境，以及可视、可信、可靠的监管环境。①

2021 年 9 月，国家发展改革委提出利用区块链等新技术开展绿色电力交易试点，可以全面记录绿色电力生产、交易、消费等各环节信息，保证不可篡改，实现绿色电力全生命周期追踪。目前，国家电网已将基于区块链的绿色证书交易系统申请专利，开启了区块链应用于低碳电力的新篇章。

绿色电力交易与碳交易的数据基础构成类似，区块链技术应用原理也类似，绿色电力交易的成功经验可以复制到碳市场。基于区块链的碳排放信息与二氧化碳排放物理监测设备、物联网自动报送数据等技术手段相结合，可以保障数据的真实性、可靠性与可验证性，从而推动碳市场形成更合理的价格信号。此外，区块链、物联网与云计算等技术的运用也可以促进数据分析、核实，使电力数据与碳排放数据相互印证，推动各市场主体碳权偏差量出清，保障绿色电力和碳市场不产生重复交易等漏洞（见图 9-16）。②

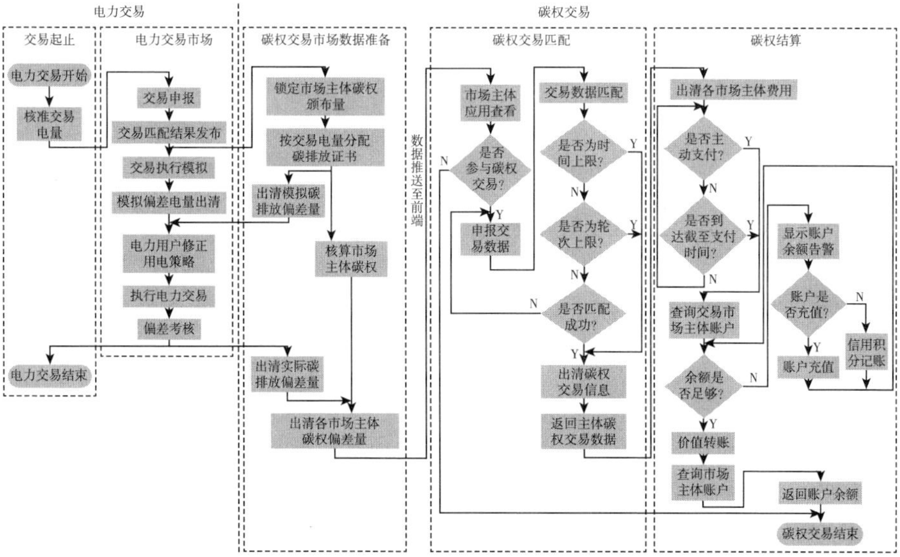

图 9-16 电力行业区块链碳排放权交易与结算过程

（资料来源：基于区块链技术的电力碳排放权交易市场机制设计与应用）

① 国家电网．基于区块链的碳交易应用标准（IEEE 国际标准获批立项）[EB/OL]. 2021. http：//www.tanjiaoyi.com/article-33547-1.html.

② 吉斌等．基于区块链技术的电力碳排放权交易市场机制设计与应用．[J]．电力系统自动化，2021，45（12）．

区块链技术在碳金融领域的应用，将显著减少在数据存储分析过程中出现人为错误的可能性，大大提升碳排放管理的安全性、可靠性以及评估审核的效率，帮助企业建立高效可信的碳资产管理体系，有利于解决透明度不够、数据中心化操作存在风险以及互信等问题。目前的碳市场可看作电力交易的衍生市场，通过区块链技术，可引入碳交易多轮匹配与出清方式。随着我国全国碳市场不断纳入更多行业，应用于碳市场电力行业的金融科技手段也可以应用于其他行业的碳排放与碳配额信息管理。

除碳配额与区块链等金融科技的结合外，碳信用额度产品（如 CCER）同样是金融科技的应用场景。通过运用区块链、大数据、云计算等金融科技技术，金融机构可构建碳信用项目融资的技术评估体系及相应的信息系统，从而提供增信服务。金融科技的应用也降低了商业银行介入碳金融，并为其提供担保、增信等各项服务的成本，促进碳金融市场的良性发展。

金融科技应用于数据质量的提高也有助于政府监管部门提升碳管理效率。区块链有助于减少虚假交易与数据造假行为，结合人工智能、大数据与云计算等技术，可进一步促进实现碳市场良性可持续发展。对于各级政府主管部门，通过建立综合性的碳管理大数据平台，运用大数据、云计算等手段，提高政府对碳减排的管理、监督能力，并改进碳配额总量限制与分配机制。对于企业能耗和碳排放数据报送、碳排放配额分配、温室气体清单编制等工作，也可以通过大数据平台理顺各业务间的数据关联关系，打通各业务之间的数据流，实现应对气候变化工作智慧化、高效化、便捷化和精准化。数字技术帮助企业建立高效可信的碳资产管理体系。①

二、支持基于碳资产的碳金融工具创新

通过区块链等金融科技，金融机构可在信贷、债券、基金、保险等各领域开发与碳排放信息挂钩的低碳金融工具。目前，由于基础数据缺乏，金融机构在开发创新型碳金融工具的时候存在许多顾虑。如由于碳配额价格走势不确定、碳排放趋势与碳配额分配机制不确定导致各银行对碳配额质押贷款的质押量与贷款额度比例存在一定区别，同时由于市场违约情况不清晰，相关保险产品开发存在障碍。金融科技的应用可促进相关信

① 中国信通院．数字碳中和白皮书［EB/OL］．2021. http：//www. hibor. com. cn/data/628885357f8f40185bf058c44dc5e28a. html.

息的产生、分享与分析，如基于区块链可产生不可伪造、不可篡改的碳排放信息，基于物联网自动信息报送可将信息传输至互联网信息共享平台，从而促进信息传播，基于大数据与人工智能等科技则可以对信息进行更有效的分析，从而得出更具体、对碳金融工具开发与创新更有价值的结论。整合区块链、物联网与人工智能三项技术，就可以在很大程度上填补当前的信息缺口，满足金融机构开发创新碳金融产品的基本信息需求。

另外，金融机构也可以基于大数据等金融科技建立金融工具的信息管理系统。如通过大数据、人工智能等技术研发碳配额质押贷款管理系统，银行业可通过这一特有的管理和运行机制来支撑碳配额质押贷款等碳金融业务的开展，支持低碳经济，实现金融业的可持续发展。

商业银行通过建立低碳信贷管理系统，可对低碳项目进行筛选，优先扶持有利于增加国民收入、改善生态环境、提高比较效益的低碳经济、循环经济和朝阳产业项目，引导和鼓励企业走技术创新、循环经济的道路，转变能源消费模式，促进低碳经济的发展。同时，通过信贷系统建立低碳项目标准体系，对节能环保、新能源、资源综合利用等方面逐步建立绿色信贷项目分类标准，在信贷管理系统中对所有贷款项目进行分类管理，提高办贷效率，节约放贷成本。此外，通过信贷系统与低碳项目标准体系建立信贷资产保全机制，对经营性低碳项目落实全额抵押、第三方担保和风险准备金等资产保全措施，对非经营性低碳项目完善资产抵押、质押担保和风险准备金机制①。

对于期货交易所和期货监管部门来说，其承担着市场监管的作用，期货衍生品的高杠杆性以及市场违规的风险“传染”都是无法忽视的。监管机构可通过系统的嵌入、应用对接等手段形成数字化的监管协议，实时抓取市场主体的相关数据以及各类业务特征，推动事后追查变成事前监管，加大风险监测的预警分析。结合大数据、人工智能、机器学习等新兴技术全面监测企业的数据，对经营机构和投资者的交易行为做到实时预防与预警，同时还可以假设特定场景对风险进行压力测试，评估出风险可能存在的影响，从而提高监管效率、更好发挥金融科技支持碳金融发展的效果。

未来，更完善的碳金融基础数据将可在以下方面发挥重要作用：一是努力开展碳金融工具与碳金融衍生品的创新；二是拓展投资渠道，多方面

---

① 李小庆．面向碳金融的银行科技创新［J］．中国金融电脑，2013（11）：64-68.

筹集低碳资金，尝试参与碳债券，协助政府或企业向社会发行一定时期有偿低碳债券，筹措低碳项目资金；三是与地方政府合作设立促进经济发展的碳基金，定向参与并扶持地方低碳经济建设和低碳项目开发；四是为碳交易提供中介服务，开展碳信用的登记、授信和托管，进行碳配额与碳信用额度的支付、结算和清算，大力推动碳市场的发展；五是在碳金融领域大力发展咨询等服务，凭借信息优势为碳排放交易企业提供信息支持和交易便利，探索合作可能，为碳金融发展提供信息基础与分析成果，并推动碳金融创新的更好落地①。

三、助力个人碳交易业务发展

个人碳交易目前仍存在许多难题：一是碳市场通常呈现“抓大放小”的特征，根据“二八原则”，经济中数量占20%的高排放主体产生的排放约占总排放量的80%，因此碳市场通常选择纳入头部的大型排放主体、放弃小型企业与个人等数量众多但排放规模很小的主体，个人碳交易导致市场主体数量激增，监控、监管和测算难度也随之大大提升；二是个人碳排放标准和模式的确定存在争议；三是绿色环保信息披露力度不够。随着互联网、金融科技的发展壮大，大数据、云计算、区块链、人工智能、物联网等新技术的发展和应用，为解决上述问题提供了新的方法和思路。

区块链技术有助于开拓以个人为基础的碳交易市场，产生数量效应、提升行业透明度、监管度，从而达成建立市场和企业减排的多赢方案。降低交易成本、增加流通性，产生巨大的绿色产业需求，助推碳交易市场发展。同时，在碳交易过程中，可将碳资产的开发、交易、配额拍卖等所有流程都编译成智能合约运行在区块链上并自动化处理。用户在碳交易区块链网络中根据自身节点类型，提交碳配额等信息进行注册，由权威机构经过核验后给用户颁发数字证书，作为网络中代表身份的统一标识，并进一步发挥金融科技的各项优势，如匿名化交易、保障用户隐私安全；交易数据透明化，方便市场参与者和监管者查验；去中心化点对点交易，降低时间和信任成本等。通过降低交易成本、增加流通性，产生巨大的绿色产业需求、供给数量效应，有效解决了传统交易市场的诸多缺陷与不足。

此外，“共同富裕”是我国的重要国策，如何将“碳达峰碳中和”目标与“共同富裕”有机结合也是政府、市场和社会高度关注的问题。“碳普

---

① 李小庆．面向碳金融的银行科技创新［J］．中国金融电脑，2013（11）：64-68.

惠”是通过碳交易促进公众从减排行为中获益的重要方式，需要以成熟的个人碳交易机制作为基础。金融科技的创新为公众广泛参与碳金融交易活动、发展碳普惠业务奠定基础。

四、助力碳金融货币结算

尽管我国已经初步具有规模化碳减排市场，但参与行业和深度有待进一步发展，与欧洲相比，碳金融市场发展和交易活力仍有欠缺。在国际碳金融市场和碳资本的角逐中，人民币如果成为碳金融的主要结算货币，将对我国推动人民币国际化产生显著助力。与国际大宗商品、特别是与当前能源贸易的计价和结算绑定通常是一国货币崛起的原点，沿循成为国际货币的基本路径：国际结算货币—国际储备货币—国际锚货币，碳交易可帮助人民币提升国际货币地位。

在国际碳交易中，新能源企业与碳汇企业等是典型的可以产生大量减排量的企业，同时需要大量资金以扩大投资规模，而化石能源企业是典型的对碳配额存在大量需求的企业，将支付大量资金用于排放指标购买。因此，未来大量参与国际碳交易结算的货币将进一步增加流通与购买能力，而这一结算货币仍将主要取决于各国的政治、经济与军事影响力。

如果以国家为单位参照石油美元体系，并假设美元是这一环流中的主要结算货币，则在这一情景下的低碳美元环流体系构想会是：部分减排成本较低的国家选择减排并出售配额，并以美元结算，减排成本较高的国家则需要储备美元以购买碳配额，获得低碳美元的国家再将该部分资金投入以美国国债为代表的美元计价资产中，从而实现低碳美元的环流，额外创造世界其余国家对美元的需求。

“碳—货币”环流建立基础与“石油—货币”环流不同。全球石油储备高度集中于少数国家，从而造成了大量贸易需求，且石油美元体系建立时，美国的政治与经济影响力非常大，在这一情况下，基于美国和沙特的双边协议就完成了石油美元体系的初始构建。与之相比，新能源与碳排放权等碳相关资源本质上都是分散的，并不是天然高度集中于少数国家，而当今世界也呈现多极化发展的趋势，新能源框架下各国职能更为模糊且趋向统一，由此产生的货币环流复杂程度将远甚于石油美元体系，相应货币盈余投资的资产也将在一开始就具有多元化的特点，不再仅投资于以美债为代表的美元计价资产，形成低碳美元体系的难度远大于石油美元体系。

在这一过程中，人民币将存在成为国际结算、储备货币的巨大机遇，鼓励使用人民币作为相关活动的跨境结算货币等将有助于人民币国际化，并促进低碳人民币在全球碳金融结算中的应用。

数字金融基础设施建设推进促进了数字人民币的发展，为人民币成为碳金融结算货币提供了额外助力。根据《中国数字人民币的研发进展白皮书》介绍，数字人民币具备“可编程性”，可以通过加载不影响货币功能的智能合约实现可编程性，使数字人民币在确保安全与合规的前提下，根据交易双方商定的条件、规则进行自动支付交易。这将为数字人民币在国际碳交易结算中的应用带来创新空间。①

由此，基于金融科技手段，开发和完善人民币境外结算系统，推进人民币作为碳金融的主导货币，具体来看可以分为三个层次：一是使人民币在国际低碳交易中被广泛地用来计价和结算；二是人民币在低碳外汇市场上被广泛用作交易货币；三是成为各国碳外汇储备中的主要货币，从而使人民币成长为国际碳金融的锚货币，使我国在全球碳交易市场获取更多的话语权。②

第四节　典型案例分析

当前，金融科技在绿色金融领域的应用案例已有很多，碳金融由于并非信贷、债券等典型金融工具，而是基于碳定价机制，相对覆盖范围较小、受关注程度也较低。目前，金融科技赋能碳金融的项目仍在起步与探索阶段。本部分将选取两个不同类型的金融科技应用案例进行分析。

一、中国华电集团碳排放管理系统

（一）案例背景

中国华电集团是中国五大电力集团之一。全国碳市场要求纳入 2162 家年度温室气体排放量达到 2.6 万吨二氧化碳当量的发电企业，中国华电集团下属 100 余家火电企业满足这一准入标准，已纳入全国碳市场，预计碳配额

---

① 中国人民银行．中国数字人民币的研发进展白皮书［EB/OL］．2021. http：//www.gov.cn/xinwen/2021-07/16/content_5625569.htm.

② 李小庆．面向碳金融的银行科技创新［J］．中国金融电脑，2013（11）：64-68.

现货资产总规模将超百亿元。庞大的碳排放规模与交易、履约需求对中国华电集团提出了碳排放高效管理的现实要求。

（二）案例内容

为高效开展碳排放管理工作，有效防范碳交易、碳金融风险，实现国有资本保值增值，中国华电集团积极谋划部署，将金融科技应用于碳资产管理，建立了一套基于实时数据的数字化、智能化、可视化的电力企业集团碳排放管理系统，实现了企业的碳排放数据管理、国家自愿减排（CCER）项目管理、碳配额履约管理、碳交易管理、智能分析决策、监督考核管理和综合资讯七大功能模块，具有以下优点。

一是能够提高数据获取的可靠性及效率。充分利用现有数据资源，实现数据集成与共享，简化填报和审查程序，自动生成数据月报和年度排放报告。大幅减少人工数据报送量，每月每台机组由原填报 9 个页面 40 多个数据，减少为 1 个页面 3 个数据，减少企业至少 80%的工作量。

二是提升碳排放配额履约及碳资产管理效率。可根据全国和试点碳排放配额分配不同规则的设定进行灵活配置；实现燃煤和燃气不同机组排放量运算方案的设定，供企业自行优化选择；利用规则配置自动比对及算法优化，提升碳资产管理水平。

三是实现自上而下的可视化管理：可从“集团公司—区域公司—项目公司—机组设备”逐级对数据指标及工作进度进行管控；构建碳交易资讯平台，可快速在集团内实现交易信息公开、资讯检索、新闻快报、资料分享、专家答疑等交流互动。

（三）效果评价

自 2019 年 8 月上线以来，该系统已实现对中国华电集团国内全部 30 家直属单位、下属 100 余家火力发电企业碳排放数据、碳排放权履约交易和碳资产管理的全面实时监管，大大提升了企业碳排放数据获取速度及可靠性，赋能企业碳交易管理和履约交易策略及开展能力建设。该系统不仅符合现存不同试点碳市场规则，也可以满足全国碳市场的注册交易系统要求，为集团主动积极参与全国碳市场，开展碳排放权履约交易和碳资产管理提供了有力的抓手，也为电力企业绿色低碳发展和数字化转型树立了典范。[①]

华电集团的碳排放管理系统也在全国碳市场产生了现实效益。2021 年 12 月 14 日，华电碳资产公司协助中国华电集团最后一家重点排放单位完成碳配额清缴，标志着中国华电提前完成全部 100 余家重点排放单位碳排放的配额清缴，实现了在全国碳市场首个履约期 100%履约。[②]

（四）案例启示

全国碳市场中的碳市场交易与履约行为对国内发电企业而言是新生事物，许多企业对碳市场机制熟悉程度不足，尚未充分理解碳配额、碳交易、碳资产管理的价值所在，健全的碳排放、碳资产管理系统可以显著提高企业的履约能力，也更易通过碳交易提高资金利用效率，把握碳交易中的机遇，更充分地挖掘碳配额的价值。

中国华电集团在全国碳市场运营之际，在自身碳管理经验基础之上开发了碳排放管理系统，并整合了涵盖碳配额和自愿减排量（CCER）的碳资产管理系统，实现对履约、交易等各类分析决策与监督管理的全方位辅助作用，通过数字化、智能化、可视化建设帮助系统应用效率进一步提高，有效实现了碳管理系统建设的初衷，切实减少了华电集团在全国碳市场的履约与交易中面临的各项成本，增强了在碳市场中把握机会的能力。华电集团的成功可以为我国各类企业主体带来重要的启示，包括已纳入全国碳市场管理的电力行业企业、未来将纳入的钢铁、有色等重点行业企业及所有希望提前布局未来全方位提高的碳排放成本的企业，为其通过金融科技与碳市场相结合提高碳管理能力提供重要的参考经验。

二、蚂蚁森林助力个人碳账户构建

（一）案例背景

互联网通过金融科技赋能个人碳金融市场，促进广大互联网用户群体

① 孙蕊．金融科技推动中国绿色金融发展：案例与展望．保尔森基金会［EB/OL］．2021. https：//paulsoninstitute. org. cn/wp-content/uploads/2021/06/CH-2021-Fintech-Report_Final_0618_s. pdf.

② 尹洪昌．首个履约期临近，碳中和这一交易暴增数倍［EB/OL］．2021. https：//wallstreetcn. com/articles/3647703.

参与减排行动是实现碳中和目标的重要助力。蚂蚁森林是金融科技在个人碳金融市场应用的典型案例，通过将个人低碳行为经大数据量化，并转化成真实的树，从而让个人低碳行为通过实质的林业碳汇项目得以呈现，大大鼓励了公众参与的积极性。①

（二）案例内容

从“蚂蚁森林”的行为主体来看，主要包括主办方、执行方、用户端、政府端和自然环境端。阿里巴巴集团作为主办方，需要投入一定资金，维护网络信息平台的正常运作、不断更新完善线上平台、开发平台新功能。在互联网端的创新中起到主导作用的同时，阿里集团也需要在种植真树过程中将减排量、资金与相关人工造林组织三者相适配，同样需要互联网技术的辅助。而用户端方面，用户需要定时收取、积累能量，这种类似“偷菜、收菜”的游戏模式正好符合了用户时间碎片化的特点，该平台正潜移默化地改变着用户的行为方式和消费观，使其向绿色低碳的方向发展。在“蚂蚁森林”平台中，支付宝需要记录用户的低碳行为并计算为能量，如何监控及测算用户的碳排放情况需要互联网、金融科技的不断创新优化。同时，用户通过“蚂蚁森林”拥有个人“碳账户”，在个人碳账户的记录测算中也将运用到人工智能、量化金融等技术。

从“蚂蚁森林”的建立运行机制分析，涉及有效低碳行为的量化记录、监测体系的建立、碳减排的展示等过程均需要金融科技的不断创新加持。

第一，低碳行为的有效性判定需要一定的标准。低碳行为广义上定义为可以减少二氧化碳排放量的行为，但并不是所有的低碳行为都会被“蚂蚁森林”平台监测和记录。目前该平台只能通过网络移动的各种消费记录类量化低碳行为，主要包括步行、通过支付宝平台进行线下支付、生活缴费、网络购票、预约挂号、电子发票等。而没有通过该平台完成的个人、家庭低碳行为并不会被记录到个人碳账户之中。

第二，明确有效低碳行为的范围后，还需要构建一套监测体系来实时记录用户的低碳行为。如步行步数可以通过手机传感器记录、线下支付的数据可以通过支付宝平台的转账清单记录等。然而，平台当前计步数据的

① 曹云梦，江宏川，郑惠梓，等．“蚂蚁森林”建立机制分析与发展建议［J］．管理观察，2019（8）．

准确性有待提高，手机型号以及消费标准的限定也使得绿色能量的计算存在局限性，且各平台计算方式不一致。

第三，在用户的有效低碳行为被支付宝平台监测到之后，如何将个人碳减排量化是“蚂蚁森林”全过程的关键一步。现行的个人碳减排计算方法是与北京环境交易所合作开发的一套算法。行为中对应能量最低的行为是一次线下支付，能产生5g能量；购买火车票或电影票能产生200~400克的能量。能量积累到一定的数值就可以兑换真实的树。由于区域间的差异和树种差异等因素，不同树种的种植需要不同的能量值。为此，大自然保护协会（TNC）提供了一套经蚂蚁森林专家委员会认可的、用于计算不同树种的单株碳汇量的科学方法，如一棵樟子松的碳汇量为146.21公斤。用户兑换真树后当前能量被清零，但总的贡献能量会被持续记录。但目前来看，“蚂蚁森林”的能量计算方法透明度低，只公开了低碳行为类型对应的能量值，并未详细公开具体的计算方法，目前尚不足以建立规范、统一、认可度高的个人碳金融市场。

第四，将减排量通过合理方式展示给用户有助于提高用户黏性。当前，在用户的好友列表中会有总体能量积累的排行榜，各用户之间可以互动收取自己的能量或“偷取”他人的能量实现累积；同时低碳行为的最终奖励为种植一棵真树并发放一张种树的电子证书，种植地点在平台上可以通过地图查找到。为了保障种树的真实性，平台还通过实景地图使种树结果更加透明，从而保持用户黏性、提高用户活跃度。

（三）效果评价

蚂蚁金服作为互联网金融领域的巨擘，率先开发了个人碳账户平台“蚂蚁森林”，成为目前全球最大的碳账户平台。公司涵盖移动支付、理财、消费贷款、大数据信贷等一系列金融科技业务模式。“蚂蚁森林”主要用于度量用户日常生活中的碳减排量，步行、网络购票、在线支付等行为减少的碳排放量被计算成虚拟的“能量”数值，用户通过收取、积累能量可以申请种树。蚂蚁金服和其他公益组织就会在中国的某个地区种下一棵真树，并授予用户一张具有唯一编号的植树证书，用于记录种植真树的公益机构和具体区域。2018年2月13日，联合国开发计划署（UNDP）在北京发布的《2017中国碳金融市场研究报告》中介绍了蚂蚁森林产品，并给予其高度赞誉，称其在全球市场具有独一无二的实践意义。

（四）案例启示

根据上述案例内容介绍与案例分析，在“蚂蚁森林”运行机制的构建与完善中，人工智能、量化测算、互联网等技术的参与必不可少，应将其运用到碳减排量化准确性提高、平台玩法创新、提高用户端黏性、提高透明度、保护用户隐私等过程中去。

“蚂蚁森林”使得环境保护得到了最为广泛的参与，极大程度提高了人们的环保意识，为生态环境的恢复作出了贡献，将更多的投资机构与绿色金融联系起来，让绿色生活变得可测量，并将其转化为一个真正的“交易”树。在未来，随着数以亿计的用户和越来越多的公司参与，越来越多的绿色经济领域将被赋予金融属性，真正做到下游消费端倒逼上游产品和服务的绿色化，从而推动国民经济向绿色转型。

第十章　金融科技赋能绿色金融监管

绿色金融监管作为防止由于市场失灵引起的局部或整体金融危机的一种制度，对绿色金融活动进行支持与引导：一方面可以加强绿色金融业务产品的监管协调，维护绿色金融体系正常运行；另一方面可以化解金融风险，维护金融稳定。同时，由于资本逐利性和环境外部性的矛盾、短期经济效益与长期绿色效益的矛盾，限制了绿色融资的数量和绿色金融的发展。这都要求金融监管部门深调研、真落实，以减少绿色投融资壁垒、促进环境外部性内部化，进而推动绿色金融健康长远发展。然而，在绿色金融朝纵深发展的过程中，金融监管仍存在规划路径模糊、监管边界模糊、识别标准不一致、披露机制不完善、监管技术手段薄弱等问题。此时，借助金融科技的力量，可以在标准推广、信息统计、风险评估等方面更加精准高效，从而有效提升监管效率、减少“漂绿”风险。本章围绕我国绿色金融监管现状、痛点问题以及金融科技在绿色金融监管领域的运用三个维度对上述议题进行了分析与阐述，并结合中国人民银行绿色金融信息管理系统以及湖州市绿色金融综合服务平台两大国内案例，分析了金融科技在绿色金融监管领域的具体实践与应用。

第一节　绿色金融监管现状

一、绿色金融监管体系

一般来说，金融监管体系包括金融监管理论体系、组织体系、内容体系和法律法规体系。绿色金融作为金融的分支领域，为支持环境改善、应对气候变化和资源节约高效利用的经济活动，即对环保、节能、清洁能源、绿色交通、绿色建筑等领域的项目投融资、项目运营、风险管理等提供金融服务，绿色金融监管体系既具备金融监管的普适特点，亦有其特殊性。较传统金融而言，绿色金融需要金融、财政、环保等政策和相关法律法规的共同支持；其监管对象同样包括金融机构、融资主体以及第三方认证和评级机构等其他市场参与主体。

（一）绿色金融监管理论体系

类比金融监管理论，绿色金融监管理论也分为三类：一是基础理论，是绿色金融监管最一般或根本性的理论，揭示绿色金融监管普遍本质和一般发展规律；二是应用理论，包括绿色金融监管准则以及各种监管实务操作的具体程序和具体方法技术等；三是相关理论，指与绿色金融监管有关联的其他学科的理论，如环境科学理论等。三者相辅相成、有机结合，共同构成绿色金融监管理论体系，基本要素如图 10-1 所示。

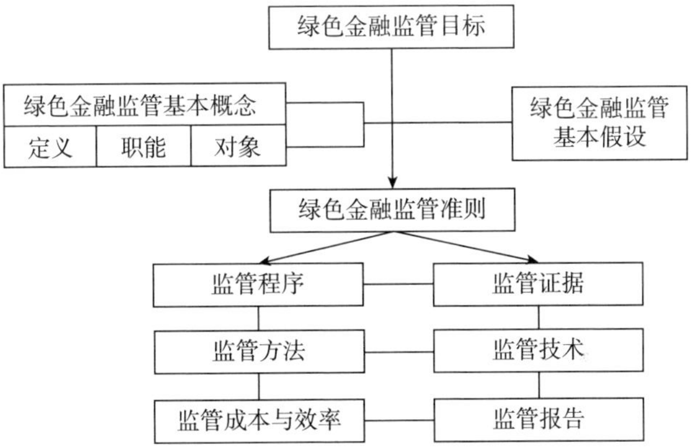

图 10-1 金融监管理论体系

（二）绿色金融监管组织体系

由于绿色金融政策通常需要与产业政策、财政政策以及环保政策密切配合，过去较长时间内，绿色金融监管机构除了传统的“一委一行两会”——金融稳定发展委员会、中国人民银行、银保监会、证监会外，还涉及发展改革委、财政部、生态环境部等部门。中国人民银行统筹协调绿色金融监管，制定货币政策调控经济并维护金融稳定，银保监会和证监会分别负责银行业、保险业和证券业的绿色金融监管，发展改革委负责制定相关产业政策和标准，财政部负责制定财政奖惩、补贴等财政政策，生态环境部负责制定环境政策法规，通过直接影响经济实体环境表现影响绿色金融作用的发挥。

此外，广义的绿色金融监管还包括各金融机构的内部控制、行业自律组织的监管、社会中介组织的监管等。无论绿色信贷、绿色债券、绿色保险还是绿色基金，起步发展之时主要是以市场主体自律为主，但随着各类市场的规模化发展，行业协会或学会开始发挥行业自律的作用。银行间市场交易商协会和银行业协会成立的绿色信贷业务专业委员会，对绿色信贷实施行业自律监督；证券业协会成立的绿色证券专业委员会，对绿色证券实施行业自律监督；中国证券投资基金业协会则在绿色基金的发展与监督中正发挥重要作用；中国信托业协会发布《绿色信托指引》推动规范发展绿色信托。但基于绿色金融统计与信息披露的局限性，社会监督作用有限。

各监管部门间，以及监管部门与社会组织间在政策制定和信息获取方面多有联系，在监管中若能发挥协同作用，必将大大降低监管成本，增强绿色金融监管效率。

（三）绿色金融监管内容体系

概括而言，绿色金融监管的目标是促成建立和维护一个稳定、健全和高效的绿色金融体系，保证金融机构和绿色金融市场健康发展。一方面是维护绿色金融体系正常运行，加强绿色金融业务产品的监管协调，确保社会资本投入绿色产业，同时抑制污染性投资，支持经济向绿色化转型发展；另一方面是化解金融风险，维护金融稳定。有效防范绿色信贷和绿色债券的违约风险，充分发挥股权融资作用，防止出现绿色项目杠杆率过高、资本空转和“洗绿”等问题，守住不发生系统性金融风险底线。

与其目标相适应，绿色金融监管的内容主要包括：“绿色”标准的制定与运用，信息披露和统计数据共享机制的建立与落实，绿色金融业务产品的监管协调，气候与环境风险的监测评价以及绿色金融运用效果评价，包含对绿色产业的支持效果评价、对高污染高能耗产能过剩（两高一剩）行业的抑制效果评价以及环境改善效果评价等。

（四）绿色金融监管法律法规体系

法律法规是监管内容的具象化安排，是实现监管目标的手段，期望通过法律法规及制度安排使绿色金融市场体系平稳有序运行，切实促进经济绿色低碳转型并防范化解相关风险。金融监管法律法规体系大体包括四个层次，一是行业性法律，如银行法、证券法、保险法等；二是行业内法律，主要针对特定种类金融机构制定，如商业银行法、投资银行法等；三是专业性法规，主要针对开展的业务经营而制定，如票据法、进出口信用法、外资利用法、银行审计法等；四是监管当局依据法律制定的一系列管理办法，不属于法律范畴，而是作为法律的补充或实施的细则，带有强烈的行政色彩，是各金融机构必须遵守的规则。

我国绿色金融监管立法发展大致可分为四个阶段。第一阶段是1995年至2006年，属萌芽期。1995年，中国人民银行颁布了《关于贯彻信贷政策与加强环境保护工作有关问题的通知》，要求在信贷政策制定中将支持经济发展与资源保护、改善生态相结合。第二阶段是2007年至2011年，属起步期。在此阶段出现了真正意义上法律层面的绿色金融规范条款：2007年修订通过的《中华人民共和国节约能源法》第六十五条、2008年通过的《中华人民共和国循环经济促进法》第四十五条；第三阶段是2012年至2015年，属缓行期。其间发行了《绿色信贷指引》《绿色债券支持项目目录》，是绿色金融监管专门立法走出的重要一步。第四阶段是2016年至今，属渐进期。该阶段以中国人民银行等七部门联合发布的《关于构建绿色金融体系的指导意见》为开端，全面启动了我国绿色金融监管的探索工作。

由于绿色金融涉及多部门的协调，亟须法律或行政法规这样高位阶的法律进行统筹协调，目前涉及多部门职责分工的规定如生态环境部发布的《环境信息依法披露制度改革方案》（部门规章），以及深圳人大颁布的《深圳经济特区绿色金融条例》（地方性法规），前者作为部门规章对国家发展改革委、中国人民银行、中国证监会等同级部门职责做出规定效力有限，而后者作为地方性法规，对地方各部门落实更具强制力。

二、全国性绿色金融监管框架

金融业的信息不对称性特点决定了政府监管的必要性，其目的是有效防止金融风险，推动绿色金融市场健康有序协调发展。2016年8月31日，中国人民银行等七部门联合发布《关于构建绿色金融体系的指导意见》（以下简称《指导意见》），对绿色金融监管提出明确要求，要求规范监管规则、强化信息披露、建立预警机制以及监督资金运用。这是中国系统部署发展绿色金融的标志性文件，所涉部门有推动绿色金融发展及在各自职责范围内开展监管的责任。

（一）绿色识别与统计

目前除《指导意见》对绿色金融进行定义外，主要有两类绿色标准。一类是针对特定绿色金融工具的，如原银监会制定的《绿色信贷指引》以及人民银行、发展改革委、证监会发布的《绿色债券支持项目目录》；除绿色信贷和绿色债券外，目前尚未有针对其他绿色金融工具的特定标准。另一类是对绿色产业的界定。2019 年 3 月，国家发展改革委、中国人民银行等七部门联合发布《绿色产业指导目录（2019 年版）》（以下简称《目录》），该《目录》的出台为各部门制定相关政策措施提供了“绿色”判断标准，也可以提高监管部门的监管效率，具体体现在：一是可以根据《目录》，建立监督和评估机制，避免政策贯彻执行的差异，防止监管套利；二是可以提高绿色项目识别效率，为各方准确判断金融产品的绿色属性、防止出现“洗绿”等现象提供较为权威的参照标准；三是有利于建立统一的信息披露框架和数据统计口径，推动信息和统计数据共享；四是有助于建立风险预警机制，可以更有效地监督和评估绿色项目，防止金融风险；五是有助于各地方政府及有关部门纵向观察本地绿色金融发展进程、横向比较与其他地区的差异，加强对当地绿色金融现状的认知。从当地实际出发，制定相关政策，促进当地绿色金融健康有序发展。

与此同时，监管部门也制定了统计标准以及定期报告的要求，目前有人民银行《绿色贷款专项统计制度》（2019 年修订）和银保监会《绿色融资统计制度》（2020 年）。后者包括环境、安全等重大风险企业信贷情况统计及绿色融资统计，其中绿色融资统计范围较广，包括表内和表外项目：表内项目包括绿色信贷、绿色债券投资；表外项目统计绿色银行承兑汇票、绿色信用证余额，且要求测算绿色信贷的环境效益。

（二）环境信息披露

环境信息涵盖两方面：一是融资企业、融资项目自身的环境影响信息；二是金融机构经营活动及投融资活动的环境影响信息，包括绿色金融业务的开展和创新情况。信息是金融市场有效的基础，环境信息则是绿色金融以及绿色金融监管职能发挥的基础。环境信息核算和披露在绿色金融提出伊始就被提出，其重要性也不言而喻。虽然目前仍以自愿性披露为主，尚未形成强制性的企业和金融机构环境信息披露制度，但该进程一直在有序推进：从高污染行业到低污染行业，从上市企业、发债主体到其他企业，从非金融企业到金融机构。

根据生态环境部《环境信息依法披露制度改革方案》，预期2025年将会形成环境信息强制性披露制度。届时，企业将被要求依法按时、如实披露环境信息，监管部门也将多方协作，严格执行监督处罚相关措施，确保制度有效运行。对于金融机构的环境信息披露，人民银行于2021年7月发布《金融机构环境信息披露指南》，该指南在绿色金融改革创新试验区率先试行。同时，还推出《金融机构碳核算技术指南（试行）》，将环境信息披露与碳达峰碳中和目标挂钩，为金融机构碳核算提供技术指导。

（三）气候风险监测与管理

目前，我国金融监管机构发布的专项应对气候变化政策极为有限，亟须完善。2007年，原保监会印发《关于做好保险业应对全球变暖引发极端天气气候事件有关事项的通知》，首次提出要重视气候持续变暖对我国经济社会发展造成的负面影响；2013年，国家发展改革委发布《国家适应气候变化战略》为统筹开展适应气候变化政策与行动提供了战略指导；2014年，国家发展改革委会同有关部门在《国家应对气候变化规划（2014—2020年）》中提出加快建立全国碳排放交易市场、健全碳排放交易支撑体系、强化金融支持；2016年，国务院发布《关于印发“十三五”控制温室气体排放工作方案的通知》提出，以投资政策引导、强化金融支持为重点，推动开展气候投融资试点工作，做好各类试点经验总结和推广，形成一批各具特色的低碳发展模式；2019年，国务院办公厅印发《国务院办公厅关于支持国家级新区深化改革创新加快推动高质量发展的指导意见》，支持有条件的新区创新生态环境管理制度，推动开展气候投融资工作，提高生态环境质量。其中，2014年发布的《国家应对气候变化规划（2014—2020年）》明确提出完善投资政策、强化金融支持，探索运用投资补助、贷款贴息等多种手段，引导社会资本广泛投入应对气候变化领域，引导银行业金融机构建立和完善绿色信贷机制，鼓励金融机构创新金融产品和服务方式，拓宽融资渠道，积极为符合条件的低碳项目提供融资支持，提高抵抗气候变化风险的能力。

（四）绿色金融业务考核评价

监管机构之所以重视金融机构绿色金融业务考核评价，一是严控资源流向“两高一剩”行业，鼓励并引导资源流向绿色产业，严控气候环境相关金融风险；二是评价结果可作为结构性货币政策和审慎管理工具的重要依据。2021 年 6 月中国人民银行发布《银行业金融机构绿色金融评价方案》，方案指出绿色金融业务是指银行业金融机构（法人，下同）开展的各项符合绿色金融标准及相关规定的业务，包括但不限于绿色贷款、绿色证券、绿色股权投资、绿色租赁、绿色信托、绿色理财等。同时，还指出绿色金融评价结果将纳入央行金融机构评级等中国人民银行政策和审慎管理工具，这也意味着绿色金融将会对金融机构经营以及金融稳定性产生一定的影响。

三、地方性绿色金融监管框架

自 2017 年起，我国先后两批建立起七省十市（区）绿色金融改革创新试验区，在绿色金融政策推动及市场实践中先行先试，探索可复制推广经验，在绿色金融监管领域也有更多创新举措。

在监管主体方面，一方面促进监管机构间的沟通协调；另一方面发挥行业自律的作用，作为传统金融监管的重要补充。湖州市建立覆盖银、证、保的绿色金融行业自律机制，通过行业自律、公约提倡等措施，促进绿色金融规范发展。自律机制先后出台《湖州市绿色金融行业自律机制工作指引》《湖州市绿色金融行业自律公约》等办法，在《湖州市绿色信贷服务自律公约》中，各成员单位共同承诺在绿色贷款认定程序、定价机制、授信管理、考核规范、信息披露等方面加强规范。

在监管形式方面，包括数据统计、绩效评价考核、风险监测及预警等。数据统计需要保证数据的真实性、有效性和及时性，需要建立统一的统计制度，畅通的信息传递渠道，以及有效的数据核查机制。如浙江湖州建立起绿色银行监管信息平台（绿茵系统），跟踪评估银行机构对重点绿色产业的支持力度、环境风险情况和绿色经营目标完成进度，并建立绿色金融统计数据质量监督问责制度保证数据质量。在绩效评价方面，各试验区面向下辖县区、市级部门以及金融机构开展绿色金融改革创新试验区建设工作考核，并将银行业金融机构的绿色金融业务绩效纳入宏观审慎评估体系。

浙江湖州建立全国首个地方性"绿色银行"监管评价体系，建立绿色专营机构事前准入、事后评估机制，并开发全国首个绿色银行综合发展指数（绿茵指数）。在风险监测及预警方面，贵州省金融办发布《贵安新区绿色金融风险监测和评估办法》（黔府金发〔2018〕19号）、《贵安新区绿色金融风险预警工作方案》（黔府金发〔2018〕17号），银保监局进一步部署绿色信贷和绿色保险监测和评估工作。广东省依托地方金融风险监测平台金鹰系统，建立起实时高效的绿色金融风险监测及管理信息系统。

《深圳经济特区绿色金融条例》，以地方性法规的形式，规定了市人民政府、市地方金融监管部门、"一行两会"驻深机构、绿色金融专业委员会、行业协会等机构的监管分工，以及市发展改革、工业和信息化、生态环境、住房建设、交通运输等部门需发挥的作用，并明确金融机构和融资主体在绿色金融活动中的责任和义务。就环境信息披露而言，规定企业和金融机构实现披露环境信息的时间表，明确负责制定披露要求的监管部门（金融机构环境信息披露要求由国家金融监管部门规定，国家金融监管部门未规定的，由市地方金融监管部门会同中央驻深金融监管机构制定），明确金融机构、融资企业、认证和评级机构违反规定所承担的法律责任，包括行为罚（责令限期改正）、财产罚（罚款）、声誉罚（将该机构的违法行为信息提供给信用信息管理机构，并通过绿色金融公共服务平台网站、政府网站或者新闻媒体向社会公布）等行政处罚形式。

第二节　绿色金融监管痛点问题

当前，绿色转型发展日益受到各方关注。金融监管部门在推动绿色发展方面做出诸多努力和探索，尤其是近年来，践行新发展理念，坚持"绿水青山就是金山银山"，在金融供给侧结构性改革不断深化的过程中，助推相关产业绿色转型发展。然而，绿色金融朝向纵深发展中，绿色金融监管仍然面临不少堵点、痛点和难点，有待进一步完善。

一、缺乏上位法与顶层设计支持

目前，金融机构的环境法律责任尚不明确，是归属生态环境部负责还是人民银行？抑或是参照更高位阶的人大法律或国务院行政法规规定？目前还不得而知。此外，我国《应对气候变化法》尚未出台，低碳发展领域并无全国性法律或条例支持，立法进程缓慢。金融业气候风险管理的研究和讨论只是停留在金融监管部门顶层和少数机构之间。举例而言，在使用或交易以碳排放权为代表的环境权益类资产时，尚未出台统一的政策法规以明确初始额度分配方法以及定价方法等。

二、绿色金融的监管边界模糊

推广绿色金融发展不仅涉及金融机构和监管部门，还与发展改革委、财政部、住房和城乡建设部、生态环境部等政府部门密切相关。此外，还离不开中央和地方的协调。因此，绿色金融指引政策应和监管部门政策，以及各部委出台的绿色产业政策、财税政策等相协调。同时，地方政策相关部门也必须做到政策对接、责权划分以及相互配合。但目前，仍缺少对于各部门具体监管职责划分的文件，也尚未建立明确的协调机制，存在监管交叉和监管空白等问题。如对于绿色资产的界定和统计，人民银行和原银保监会分别统计绿色信贷数据，但口径不同；《绿色债券支持项目目录》已更新并删除清洁煤等高碳项目，但绿色产业指导目录未做相应更新。

三、绿色识别标准不统一

2021 年，人民银行、发展改革委、证监会共同发布了《绿色债券支持项目目录（2021 年版）》，绿色债券标准得到了统一，并实现了与国际绿色债券标准的接轨。但目前，各部委仍执行各自的绿色行业标准，地方也因地制宜出台和制定了一些地方绿色标准。具体来说，绿色信贷与绿色债券对绿色项目的认定标准不一致，且与发展改革委绿色产业标准不一致，绿色信贷方面也有中国人民银行和银保监会两套标准。首先，绿色识别标准不统一不利于建立统一的监督和评估机制，使得监管部门在判断绿色资金流向时效率低下，为监管套利和“漂绿”“洗绿”提供温床；其次，不同的绿色标准增加了市场主体对政策的不确定性预期；最后，削弱了不同时期不同标准统计数据的可比性，不利于各地方金融监管部门纵向观察本地绿色金融发展进程、横向比较与其他地区的差异。

四、环境信息披露机制不完善

目前对于信息披露要求的政策表述多以“建议”展开，尚未出台“强制性”披露条款。由于公共气候环境数据质量和可得性不高，环境数据的量化、标准化程度不足，这严重制约了风险分析质量和可信度，阻碍监管部门建立切实有效的环境质量评估标准以及核查、问责机制，因而进一步影响了监管的有效性和及时性。特别是在碳中和愿景下，需要核算并披露相关项目、资产的碳足迹，对环境信息披露的要求更高，难度更大，进一步提高了监管信息的获取难度。然而，目前尚未公开披露碳排放重点企业的初始配额、排放情况以及交易情况等信息，监管方和投资者均难以捕捉到该类企业的“碳表现”，无法准确评估企业的气候风险。

五、绿色金融监管技术手段薄弱

近年来，随着绿色金融市场的快速发展，对金融机构和监管部门均提出了更高的要求：金融机构需在投融资决策过程中更多考虑环境、气候因素，监管部门需改进绿色金融业务监管流程，加强绿色金融业务产品的监管协调，落实监管信息和统计数据共享机制，通过政策激励等措施引导市场资源更多流向绿色产业领域。然而，目前我国现有的气候与环境风险监测指标多为“粗放型”，缺少精细、全面的指标体系，也尚未利用人工智能、大数据、物联网等技术改进绿色金融业务监管流程。其次，金融机构多偏重前期评估，而绿色金融领域的融资多为以未来收益为抵押的项目融资，融资周期长、规模大，因此，仅靠前期评估无法满足银行对借款人环境风险持续关注的需要。最后，监管措施更新速度滞后于绿色金融以及金融科技的发展速度，弱化了监管机构对绿色金融市场的调控能力，对绿色金融市场的公平和运行效率产生不利影响。

第三节 金融科技在绿色金融监管领域的运用

一、金融科技在绿色金融监管领域可发挥的作用

金融科技自 2017 年兴起，逐步应用于金融领域之中，其在金融领域的运用经历了三个阶段，分别侧重于代替手工、金融创新以及“金融科技+”。目前，运用金融科技降低金融机构风险，主要有以下三个途径：一是建立技术平台处理综合信息、利用大数据完善小微企业信用信息，降低商业银行由于银企信息不对称所带来的信贷风险；二是利用人工智能对现有风控体系再造，解决保险业风险控制难题；三是使用全方位用户画像分析等技

术手段，构建智能化风控体系，降低证券业风险。

在绿色金融监管领域，借助金融科技的力量亦可以在标准推广、信息统计以及风险评估等方面提供更加准确高效的服务，实现绿色识别精准化、评级定价智能化、预警处置自动化，以有效提升监管效率，降低“洗绿”和“漂绿”的风险。如中国人民银行在湖州率先开展绿色金融信息管理系统建设，该系统可实现绿色信贷数据的全量、实时逐笔报送，有利于中国人民银行对辖区内银行绿色信贷的信息精准统计、管理和业绩评价。此外，金融科技手段还可以有效提升环境风险识别能力、量化评估环境风险和进行智能定价、建立绿色评级数据库和绿色评级模型。传统模式下，银行在进行贷款投放时，需要由专职人员对绿色企业或项目做出专业评估，做出绿色认定结果，而这一筛查过程需要采集大量的相关信息，如测算项目产生的环境效益，采集企业排污许可，企业环境处罚，安全事故生产等多类环境表现。而借助金融科技手段则能够进行大数据抓取和智能评判，有效增加识别和评估效率。因此，金融科技在绿色金融监管领域的运用可针对绿色金融监管的难点、痛点，探索创造更高效、更有效的监管措施和报告机制，在标准推广、统计、审计与反“洗绿”等方面提供更加准确高效的服务，助力绿色金融改革发展。

（一）搭建信息平台

信息不对称是导致金融市场失灵的一大原因，绿色金融在传统信用数据基础上，增加了企业的环境信用信息需求，相较财务数据更难得，金融科技在收集、整合、分析数据以及保证数据可信度方面具有优势，可改善绿色金融运行和监管中的信息不对称问题。具体实现途径包括搭建各类信息平台。

第一，绿色金融与绿色项目对接平台。汇集企业融资需求信息和绿色信贷、绿色股权投资等不同渠道绿色金融供给信息，线上撮合绿色金融业务；快速对接政府优惠政策，简化申请和落地。

第二，企业绿色信用信息平台。整合多个政府部门的信息及数据，建立包括各类企业 ESG 信息的绿色信用信息体系。将环境处罚信息、企业排污许可证信息、绿色项目可研报告、信用数据等信息整合在统一的公开数据信息共享平台。对已经集成共享的数据进行标准化、规范化的数据管理，并对资料来源进行统一标注，以解决更新不及时等问题，并实现数据的可溯源。同时，通过提升政府对企业、项目、金融机构三方绿色专业服务能力的时效性和科学性，帮助绿色融资主体降低用于第三方审核的成本，帮助金融机构对融资主体进行进一步ESG风险识别。在碳中和愿景下，特别核算并披露碳排放数据，包括但不限于全国碳市场的行业及企业碳排放数据，探索开展碳排放数据集成和个人/企业碳足迹核算。

第三，绿色金融统计监测管理系统。通过对绿色金融业务信息的实时采集、统计分析和管理应用，为绿色金融支持政策和衍生交易等提供充分的信息和数据基础。运用区块链技术记录绿色低碳项目和资产的来源与识别认定过程，通过大数据和人工智能的方法提高绿色低碳项目和资产环境效益测算以及风险量化的效率。在提高绿色金融业务数据报送、统计分析效率的同时实现了绿色资产可追溯、反洗绿的效果。实现对绿色金融工具的效益测评，为政府和监管部门政策激励、绩效考核提供系统支持，并探索绿色信贷业绩评价自动化。

（二）建立监管沙盒

建立支持绿色金融科技的“监管沙盒”。“监管沙盒”作为一个受监督的安全测试区，通过设立限制性条件和制定风险管理措施，允许企业在真实的市场环境中，以真实的个人用户与企业用户为对象测试创新产品、服务和商业模式，有助于减少创新理念进入市场的时间与潜在成本，并降低监管的不确定性。

在“监管沙盒”中创新运用区块链技术为绿色债券、绿色资产证券化产品的底层标的资产建立项目池，实时向投资者披露项目风险情况和环境效益，以此减少第三方鉴证成本、提高债券发行效率、增强信息透明度。此外，利用“沙盒监管”机制，支持绿色资产跨境交易，鼓励以区块链技术为境外资金登记记账凭证，全程监控记录境外资金投资机构的收益和变化情况，做到低成本实时跟踪并不可篡改。同时，利用区块链记录信息，在境外资金赎回的过程中，提供资金交易记录和收益记录，以便快速完成赎回手续。

（三）分析和防范气候与环境风险

一是解决我国绿色金融的微观基础所存在的短板，疏通将环境风险管理转化为微观管理的渠道。第一，确定项目的绿色程度是识别与管理环境风险的前提，可以利用金融科技技术集成企业环境表现检测能力，通过大数据技术获取目标客户的环境表现信息，提升绿色项目的精确识别能力；第二，区块链可用于确保资金流向绿色领域，对募集资金的精准追踪有助于识别和管理环境风险；第三，应用区块链技术还可以实现资金的可追溯、多方信息记账以保证信息的透明与不可篡改。

二是利用金融科技技术支持金融监管机构开展气候与环境风险分析。金融科技可以运用物联网、大数据、云计算等技术手段建立动态模型，分析气候和环境风险的转换途径，实时和动态监测气候与环境风险。同时，建立绿色评级数据库和模型，利用大数据不断调整风险评估模型对应的调整因子。既可服务于保险公司、商业银行等金融机构，通过对环境风险量化分析，从而进行科学定价；也可服务于资管机构，将环境风险纳入投资决策中。

（四）推动落实激励政策

运用大数据、云计算技术对金融机构的绿色业绩进行定性、定量的综合评价，达成科技使监管更加智慧的愿景。一是通过指标模型化、定量指标自动采集、评价流程在线化、评价体系数据化等方式，将其用于绿色信贷绩效评价和绿色银行考核。基于这些考核结果，推动用于支持低碳项目的绿色再贷款、碳减排支持工具的有效运行；二是利用大数据平台发挥政策工具和奖补措施的精准滴灌作用，优化资源配置，构建绿色金融有效支持实体经济高质量发展的体制机制。具体来讲，借助大数据平台、机器学习等金融科技力量对企业进行绿色评价，并将绿色评价纳入再贷款和再贴现、差别存款准备金、抵押补充贷款等货币政策工具中，引导金融机构扩大绿色资金投放，优化信贷资产结构，并逐步降低“两高一剩”行业贷款占比，提升气候友好型行业比重。

二、金融科技在绿色监管领域的已有实践

（一）中国人民银行开发绿色金融监管综合信息系统

中国人民银行牵头开发了绿色金融监管综合信息系统，以湖州市作为试点，要求各金融机构进行绿色金融数据的实时推送。系统通过金融科技手段，可以准确识别、标记符合监管口径的绿色信贷等数据，从而实现监

管数据的及时生成、统计和推送。系统也可以按照不同的用户视角，特别是在面向管理人员的方面，直观地展现条形图、雷达图、趋势线等制式报表、个性化报表，辅佐用户的日常管理。同时，系统还可以提供多种口径、多种维度的数据分析统计功能。

（二）生态环境部建立生态环境数据中心

生态环境部已经建立的生态环境数据中心包含环境质量信息、生态环境信息、污染源信息、环境管理业务等 10 大类资源数据；同时，向社会公众公开提供了各类形式的环境数据分析报告，如空气环境质量、水环境质量、自然保护区等报告。各地政府、企业等用户可通过预留的 API 接口接入数据中心，获取相关数据。生态环境数据中心通过大数据的建设和应用，推动了信息资源整合互联和数据开放共享，促进了业务协同，在提高了环境数据应用效能的同时也为各类项目评估提供了有效的数据支撑。

（三）绿色金融改革创新试验区经验列举

各绿色金融改革创新试验区也分别结合地方绿色金融以及金融科技发展水平，防范环境相关金融风险，完善绿色金融监管。

广东广州：依托广东省地方金融风险监测平台，建立实时高效的绿色金融风险监测及管理信息系统。将辖区内企业及金融业务信息载入监测平台并进行分类处理，及时发现化解并处置金融风险。广州市在全国地方政府中率先建立金融风险监测防控中心，目前防控中心金鹰系统共监测全市 12.10 万家市场主体，实现对 24.65 万家目标企业全天候监测，累计提供风险线索 663 条，各有关单位累计反馈 654 条，核查反馈率达 98%，监管科技运用初见成效，实现了“主动发现—精准预警—深度分析—协同处置—持续监测”的全链条防控机制和闭环管理。

浙江湖州：湖州市政府借助大数据、云计算等技术建立了“绿贷通”“绿融通”“绿信通”平台，为小微企业提供 ESG 评价、绿色认定、银行贷款、政策担保、股权融资、政策兑现等全生命周期绿色金融服务，支持中小微企业的绿色可持续发展。截至 2021 年 12 月，平台已评定绿色企业 762 家，已评定绿色项目 148 个，授信企业 28431 家，累计帮助中小微企业完成 2872.47 亿元融资。

浙江衢州：一是首创安环责任险，建立“监管+保险+风控+科技”的综合社会管理新机制。二是创新打造金融科技赋能的绿色金融服务信用信息平台“衢融通”。三是借助科技手段，打造集市场主体信用信息收集、绿色标识、银企融资对接、风险预警监测、信保基金增信融资等功能于一体的衢州市绿色金融服务信用信息平台。该平台开通企业绿色评价申请端口，将衢州市绿色企业（项目）标准嵌入平台，根据46项三级指标调取企业相关数据，根据指标权重通过大数据对286家企业进行运算，快速得出初评结果，同时开通第三方评价入口进行复评，形成评估报告和绿色评级结果。截至2020年末，该平台累计完成线上融资对接8650笔，金额408.05亿元，共计5324家企业获得融资。四是衢州银保监分局于2019年建成并上线绿色金融“五量”评价系统，该系统包括五大类共113个指标，全面而细致地评价银行的绿色金融建设成效，包括绿色信贷体量、专营机构情况、绿色产品数量、风险质量、创新能量五方面，涵盖规模、效率、指标预警、行为分析类、综合评价各类型指标，可汇总生成机构和区域的绿色发展指标，对辖内绿色银行进行微观监管之外，精准剖析其薄弱环节、进一步引导绿色银行提升绿色金融发展质效，自建成以来已对辖内28家绿色金融试点行开展全面评估评价，是衢州绿色金融改革建设的创新成果，也是衢州绿色金融监管的重要基础设施。五是在全国率先试点“个人碳账户”体系，构建银行“个人碳账户”平台，并运用金融科技手段，探索以银行账户系统为依托，以当前国内权威公开的碳排放计量标准为依据，通过发掘目前银行账户系统蕴含的绿色支付、绿色出行、绿色生活等“大数据”，建设“个人碳账户”，通过碳积分引导个人绿色行为。截至2020年底，衢州市银行机构累计配置碳账户488.72万个，当年累计减少碳排放2364.86吨，上线以来累计减少碳排放4076.69吨。截至2022年6月，衢州市27家金融机构先后开展碳账户应用试点，累计发放碳账户贷款195亿元。

甘肃兰州新区：兰州新区积极与金融科技公司在平台功能定位、金融科技方式、绿色专业服务、建设方案等方面进行重点对接，已完成绿色金融综合服务平台招投标和项目建设合同签订，确定兰州新区“绿金通”品牌名称。平台建设主要内容包括面向企业和金融机构提供金融产品展示、银企融资信息撮合、绿色政策对接、部分企业社会信息数据对接等相关功能；提供线上绿色金融专业服务、绿色智能识别服务、环境效益测算服务。

三、当前绿色金融监管应用金融科技时的不足和待开发领域

一是金融科技运用广度和深度有待提高。目前各试验区已经在通过运

用大数据、云平台等技术，建设绿色项目库、绿色金融服务平台等基础设施，但总体来看，金融科技的运用场景较为有限，多数停留在项目信息收集和统计、市场资源展示和交易等层面，聚焦解决运行效率问题，尚未完全发挥金融科技的各项功能，对现有成功应用案例也缺乏总结和推广。此外，大数据、人工智能和云计算是目前中国绿色金融应用的三大主要技术，区块链和物联网应用相对较少。未来，可以通过运用区块链技术，实现资金的可追溯、多方信息记账以保证信息的透明与不可篡改；可以通过人工智能、物联网等技术优化绿色金融业务监管流程，创新交易监控、绩效评价等监管工具。

二是需加强气候与环境风险管理的科技创新应用。绿色金融领域中的气候和环境风险具有独特性，其是在绿色金融的不断发展中逐步体现出来，而新兴的金融科技尚未与之形成有效的方案对接。未来，可借助金融科技分析气候和环境风险的转换途径，模拟金融机构对企业估值、放贷、提供融资服务时所进行的环境审计流程，并从中提炼出一系列融资相关环境风险指标。在此基础上，建立风险评价模型及智能定价系统，并利用大数据不断调整风险评估模型对应的调整因子，实时和动态监测气候与环境风险。

三是缺少为绿色金融科技创新提供“监管沙盒”。我国在北京、上海等地都设立的金融科技“监管沙盒”，但是缺乏对绿色金融的支持，几乎没有为绿色金融产品创新等场景设计的产品进入“监管沙盒”，也没有“监管沙盒”试点地区明确提出支持绿色金融产品的金融科技服务措施。

第四节 典型案例分析

一、中国人民银行绿色金融信息管理系统

（一）案例背景

中国人民银行在与相关部委和学界专家深入研究国际经验和总结本国实践的基础上，于2016年协同六部门印发《关于构建绿色金融体系的指导意见》，构建绿色金融体系已上升为中国国家战略，人民银行在绿色金融政策设计、标准制定、试点建设、国际合作等方面牵头推动中国绿色金融的发展。

作为绿色金融政策制定、监管与调整的重要保障之一，绿色金融相关的数据报送管理等基础设施建设相对滞后，普遍存在数据报送不及时、信息数据不全面不准确、考核标准不统一不完善、监管考核难且成本高等问题。

2018 年，人民银行以绿色信贷为突破口，提出明确的工作要求，“建立绿色信贷业务管理系统，推动金融机构提升绿色信贷管理能力、提高绿色信贷数据报送的精确性，为宏观决策和政策制定提供行业投向、贷款定价、资产质量和环境效益等数据支撑，为顶层制度设计打好基础”。为此，人民银行从银行业绿色信贷出发，由人民银行研究局牵头，开展绿色金融信息管理系统建设，并在绿色金融改革创新试点之一的浙江省湖州市进行试点，探索通过金融科技手段，建立绿色信贷信息管理系统。

（二）案例内容

中国人民银行绿色金融信息管理系统连接人民银行与金融机构，集绿色信贷统计分析、绿色信贷流程监管、绿色信贷政策实施效应评估为一体，通过运用大数据、人工智能、云计算等金融科技手段，打造数据可溯源、可比较、可计量的绿色信贷业务的信息管理平台，提高数据获取的速度及可靠性，加强绿色认定和统计质量，同时促进业绩考核和政策制定（见图 10-2）。

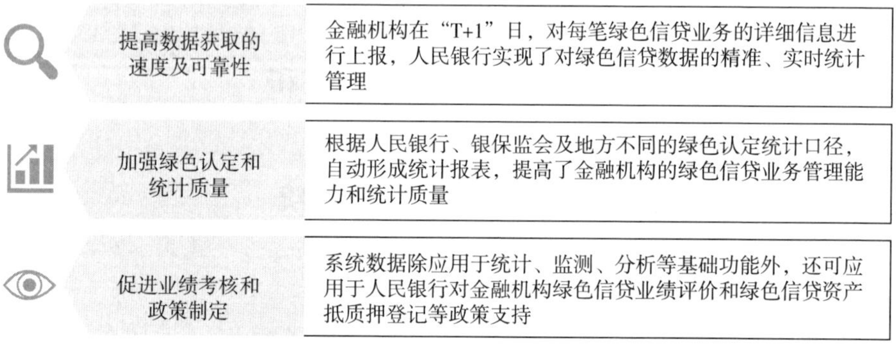

图 10-2　中国人民银行绿色金融信息管理系统三大优点

中国人民银行绿色金融信息管理系统的功能主要通过管理驾驶舱、报送管理、统计分析、业绩评价、政策支持、信息管理六大模块实现。管理驾驶舱从绿色贷款分布、绿色贷款投向、绿色信贷余额及占比、绿色贷款质量、环境效益指标、环境与社会风险、政策支持等不同维度展示各个金融机构的绿色金融数据全景及排名动态。报送管理模块逐笔展示已报送绿色贷款业务，提供每笔绿色贷款的详细信息，包括绿色认定标准及环境效益指标，监管机构可据此进行业务巡检。统计分析模块根据人民银行、银保监会及当地不同统计口径的最新要求，提供各时间敞口的各类业务口径统计分析，包括金融机构、客户所在地及所属行业、客户规模、绿色认定分类等多维度动态组合查询。业绩评价模块依据人民银行绿色信贷业绩评价相关要求，提供绿色信贷业绩评价模型、指标、评分及权重的配置与计算，对金融机构进行定性和定量评价。政策支持模块提供绿色信贷资产质押再贷款业务的信息登记与统计，监控金融机构绿色信贷资产质押再贷款状态。信息管理模块提供用户友好的绿色金融政策学习、案例分享等信息发布和管理（见图 10-3）。

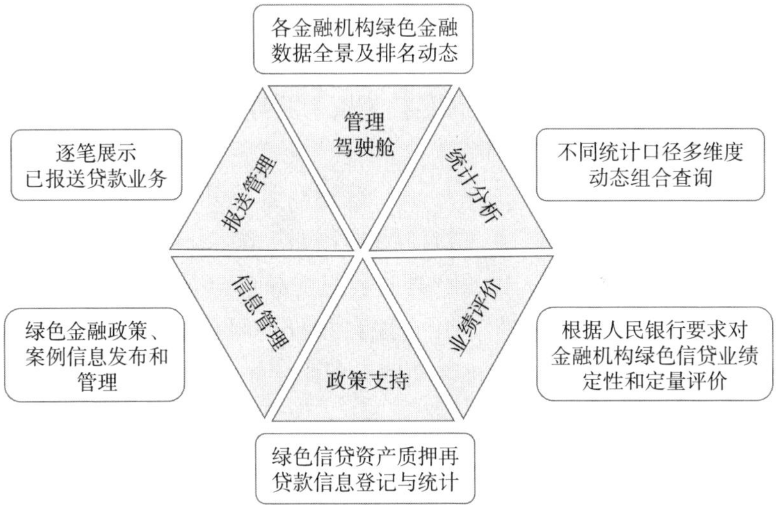

图 10-3　中国人民银行绿色金融信息管理系统主要功能

（三）效果评价

中国人民银行绿色金融信息管理系统于 2019 年 8 月 23 日在中国人民银行湖州中心支行正式上线。截至目前，实现了湖州市辖区内的全部 36 家银行与人民银行端（湖州市中心支行）的全量、准实时逐笔数据报送，人民银行湖州市中心支行实现了对辖区内所有银行绿色信贷的精准信息统计、全面信息管理和业绩评价。

在湖州试点的基础上，该系统扩展到浙江省下辖各地市的人民银行系统使用。2020 年 2 月，中国人民银行、银保监会、证监会、外汇局及上海市政府联合发布的《关于进一步加快上海国际金融中心建设和金融支持长三角一体化发展的意见》明确提出，在长三角推广应用绿色金融信息管理系统，推动长三角绿色金融服务平台一体化建设，未来该系统将在长三角地区得到更广泛的应用。

（四）案例启示

完善并推广中国人民银行绿色金融信息管理系统，有利于金融监管部门实现绿色金融信息的全面实时统一管理，促进金融机构的绿色化转型升级，为宏观决策和政策制定提供数据支撑，从而进一步推动绿色金融体系建设。

关于中国人民银行绿色金融信息管理系统，后续还需开展以下工作。

系统完善：增加环境效益计算工具和绿色智能识别功能，有效防范“洗绿”风险；进一步探索开发绿色信贷资产质押、央行内部评级、金融机构环境效益交易机制等功能创新。

试点推广：在人民银行的指导下，适时在其他几个中国绿色金融改革创新试验区进行推广使用，并逐步扩展到全国应用。

国际视角：探索通过人民银行与监管机构绿色金融网络（NGFS）等绿色金融国际合作平台，就如何利用金融科技推动绿色金融监管进行经验交流，推动国内绿色金融监管标准及实践与国际接轨。

二、湖州市绿色金融综合服务平台

（一）案例背景

中国绿色金融市场目前主要在金融机构和大中型企业之间开展合作，小微企业的参与仍较有限。工信部的统计数据表明，截至 2018 年底，中国的中小微企业数量已超过 3000 万家，贡献了全国 50%以上税收，60%以上 GDP，70%以上技术创新成果和 80%以上劳动力就业。人民银行、银保监会、财政部等监管部门也通过开展政策制定、普惠金融试点等工作引导金融机构加大对小微企业的金融支持力度。尽管如此，小微企业融资仍面临银企信息不对称、抵押难、担保贵、风险大、金融资源可获得性低等困难和挑战。如何低成本、有效地对小微企业的绿色资产和经营活动进行识别和认证，支持小微企业的绿色可持续发展，从而推动绿色小微融资，则是难上加难。

浙江省湖州市是中国首批创建绿色金融改革创新试验区的城市之一。湖州市小微企业数量众多，据不完全统计，湖州市生产制造及服务等各类小微企业数量达4万至5万家，企业数量占比99%以上。基于当地的资源禀赋和产业特点，扶持小微企业的绿色可持续发展是其绿色金融的重点工作之一。

（二）案例内容

湖州市金融办牵头建立了湖州市绿色金融综合服务平台，借助大数据、云服务等金融科技手段，通过搭建和运行“绿贷通”“绿融通”和“绿信通”三大服务系统，为小微企业提供银行贷款、股权融资、绿色评价等金融服务，建立企业（项目）绿色识别标准，引导金融服务精准对接、主动服务绿色小微企业，有效提升了当地小微企业融资效率，降低了企业融资成本，改善了企业融资环境（见图10-4）。

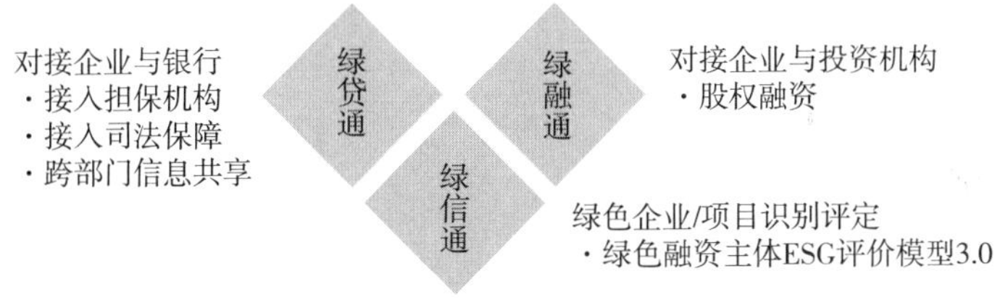

图10-4　湖州市绿色金融综合服务平台三大系统

“绿贷通”——企业与银行的对接平台。借助大数据、云服务等技术，“绿贷通”汇集了湖州市辖所有36家银行和300余款信贷产品，为企业与银行打造高效的对接平台；上线“担保集市”，将传统的“企业—银行—担保机构”的“串联模式”，改为贷款与担保两个流程完全融合的“并联模式”，实现银行与担保公司同时调查、审核，提高融资效率，截至2020年底，湖州市五家政策性担保机构全部进驻，已累计为350余家企业提供担保，担保金额近9亿元；整合湖州市工商、税务、环境等31个主管部门单位的企业信息，实现了跨部门信息共享，提高绿色小微企业的融资效率；将司法保障接入“绿贷通”平台，建立绿色金融纠纷调解中心，打造了“大数据+普惠金融+智慧法院”的湖州模式，高效、便捷、低成本地防范和化解银行与企业间的融资纠纷。

“绿融通”——企业与资本的对接平台。通过“绿融通”服务平台，把投资机构和企业股权融资信息进行对接，拓展企业的股权融资渠道，提高融资效率。

“绿信通”——企业与项目的绿色评定平台。湖州市制定了中国首个地方绿色融资主体认定评价标准，通过“绿信通”平台，对小微企业和项目进行绿色认定评价并实现50%绿色评价指标数据的自动获得和评判，有效破解小微企业“绿色识别难”的问题。升级后的绿色融资主体 ESG 评价模型，实现企业绿色评价自动化、全面化及绿色融资主体 ESG 评价和绿色企业一站式认定。在此基础上，地方政府落实绿色金融激励政策，对评价为“深绿、中绿、浅绿”的企业和项目进行贷款贴息补助。

（三）效果评价

湖州市绿色金融综合服务平台在破解中小微企业的绿色评定难和信息不对称、改善小微企业融资环境、提高融资效率及降低融资成本等方面，显现出金融科技在促进小微企业融资及绿色发展中的作用。自 2018 年底三大服务系统陆续上线以来，截至 2022 年 6 月底，在该平台上已累计注册中小微企业近 4 万余家，银行 36 家，投资机构 127 家，帮助 3 万余家绿色中小微企业获得银行授信超过 3000 亿元，为 122 个项目和投资机构对接融资 109. 05 亿元；而该平台具备的信用担保和司法保障功能，以及不断升级的企业 ESG 评级功能，降低了企业偿还债务及支付收益潜在的信用风险，使企业融资更为通畅。

此外，湖州市绿色金融综合服务平台在甘肃省兰州市、四川省成都市新都区、河北省邢台市、浙江省舟山市等其他省市得到成功复制推广，对各地小微企业实现绿色融资的帮助支持作用成效显著。

（四）案例启示

利用大数据等金融科技手段，地方政府可以通过搭建小微企业与银行及资本市场对接平台，为小微企业提供更多的融资渠道和完善便捷的服务，解决小微企业融资信息不对称的问题，改善资本市场的就绪程度和信息可获得性，引导支持小微企业绿色可持续发展。

考虑到小微企业内生的高风险特点，在提高小微企业绿色融资便捷性的同时，需要加强风险识别与管理，建立跨部门协调保障机制，对重大事项及潜在风险进行定期会商，促进绿色金融服务于小微企业可持续发展，并合理控制相关金融风险。此外可以探索更加开放、有效的平台运营模式，总结绿色信贷超市、绿色融资主体认定、企业数据共享等绿色金融平台经验，探索在中国其他有条件的省市进行推广，并在国际层面开展绿色金融与金融科技应用的经验交流。